L'ART DE JOUIR
Pour un matérialisme hédoniste

MICHEL ONFRAY

[signature]
14-11-2007

L'Art de jouir

Pour un matérialisme hédoniste

GRASSET

ISBN : 2-253-94198-0 - 1re publication - LGF
ISBN : 978-2-253-94198-9 - 1re publication - LGF

« Vivre de telle sorte qu'il te faille désirer revivre, c'est là ton devoir. »

NIETZSCHE
Fragments posthumes 1881-1887.

Ouverture

Tombeau pour La Mettrie

J'aime La Mettrie pour son cynisme, son insolence et son ironie. Pour le matérialisme hédoniste qu'il développe en pleine période d'optimisme béat, aussi. J'aime le pamphlétaire condamné par ses pairs médecins, l'époux et le père indigne qui s'entiche d'une fille de joie, pas même jolie, le philosophe dont Voltaire dira : « Il proscrit la vertu et les remords, fait l'éloge des vices, invite son lecteur à tous les désordres, le tout sans mauvaise intention. » J'aime le penseur qui fait dans ses textes l'éloge de la volupté et sait mourir, au bon moment, d'une indigestion de pâté d'aigle déguisé en pâté de faisan aux truffes, bien farci de mauvais lard, de hachis de porc et de gingembre. J'aime le libertin désespéré, conscient de la tyrannie de la Nécessité, l'esprit libre et l'athée radical. Pour, déjà, lui avoir emprunté son nom, en vertu des hasards patronymiques — il s'appelait en effet Julien Onfray de La Mettrie —, qu'il me soit permis d'ajouter à mon forfait en lui volant un titre : son *Art de jouir* est un petit texte délicieux...

Algodicée

In girum imus nocte et consumimur igni.
« Nous tournons en rond dans la nuit et nous
sommes dévorés par le feu. »

Guy DEBORD.

GÉNÉALOGIE DE MA MORALE

Mon corps paraissait s'échapper d'une faille pratiquée au rasoir sur ce que je ressentais comme le revers de mon cœur. La béance absorbait ma chair, mon sang et tout ce qui aurait pu se présenter sous forme d'âme. Les muscles se tendaient jusqu'à la tétanisation, la minéralisation, et le rythme cardiaque se transformait en stridences. La conscience disparaissait dans cette apocalypse devenue son seul objet ; je n'étais plus qu'une immense douleur accompagnée de torsions, quêtant désespérément une posture qui fût apaisante. En vain. Parfois, en un jeu de reflet, je me voyais métamorphosé en souffrance pure, comme diaphane ou cristallin, prêt à me briser en éclats et fragments multiples. Écho singulier d'une décomposition de type géologique.

La concentration du mal en un point d'une stupéfiante densité avait aboli toute distance entre la douleur et la conscience qui aurait pu l'appréhender. Une étrange alchimie liquéfiait la chair en énergie brûlante. Chaque instant menaçait d'une pulvérisation qui aurait signifié la fin — que je souhaitais.

Le médecin diagnostiqua un infarctus, j'allais avoir vingt-huit ans, et ce lundi 30 novembre, mon corps fit l'expérience d'une sapience qui se transformera en hédonisme.

L'ambulance tarda. La nuit était glaciale. Une brume que je ressentais de manière sonore couvrait la nuit qui allait encore durer deux ou trois heures. Dehors, allongé sur un brancard, les jambes trop longues et les pieds débordant dans un vide qui me paraissait léger, porteur, je fus placé dans le véhicule. J'eus le temps d'apercevoir dans l'obscurité trouée par la lumière jaune de sa cuisine mon voisin qui transformait ma douleur en spectacle. Il me vint à l'esprit, en même temps qu'un sourire ironique, cette idée de Lucrèce que je devais relire, plus tard : « Il est doux de contempler du rivage les flots soulevés par la tempête, et le péril d'un malheureux qui lutte contre la mort : non pas qu'on prenne plaisir à l'infortune d'autrui, mais parce que la vue est consolante des maux qu'on n'éprouve point. » Le désabusement, mais peut-être aussi la fatigue, s'ajoutèrent au souvenir du propos lucrétien : la porte se referma, et le véhicule s'en fut.

Pendant le voyage, la piqûre de morphine fit certainement son effet. La lenteur, la longueur, les bosses et les cahots de la route que je connaissais, l'extrême précaution avec laquelle se négociaient les virages, l'éclairage orange des réverbères que se faisait intermittent, soumis au rythme et à la cadence de la progression, tout cela me conduisait à l'hôpital et je pensais bien qu'il me faudrait mourir dans les heures à venir.

Bizarrement, j'exerçais ma conscience et ma lucidité sur un éclat dans la peinture blanche, crème, qui recouvrait la bouteille d'oxygène : petite géographie amusante dans laquelle j'effectuais un voyage, univers microscopique soudain hypertrophié et susceptible d'accueillir une âme grosse de malaise. Les coulures de la peinture faisaient comme de longues larmes ivoire, gelées.

La douleur me scella ensuite les paupières. Tous les mouvements nécessaires à ma descente de l'ambulance en vue d'une admission aux urgences de l'hôpital furent douloureux. J'avais envie d'un immense sommeil, d'une mort réparatrice. Le monde se fit exclusivement auditif. La lumière m'arrachait les yeux et, la tête renversée, je ne voyais que néons agressifs et faïences blanches. La souffrance et le déchirement du cœur finissaient par être acceptables : j'aurais pourtant donné ma vie pour en finir.

Mais, paradoxalement, puisque le pire semblait atteint, le réel fut découvert dans son entière dimension. Il y a une paix à savoir qu'un au-delà du pire est totalement exclu.

J'entendais le métal des aiguilles tinter dans les haricots d'acier. Puis l'ouïe décuplée, aux pouvoirs étonnants, je savais de manière sonore le petit jet que fait le liquide expulsé du piston des seringues. La céramique des murs réverbère les sons et les yeux fermés multiplient les résonances, les échos et les effets du silence — un vacarme blanc. Je sentais un drain, une perforation dans mon bras, sous ma peau. Ouvrant l'œil inondé par la clarté des lampes chirurgicales, je vis les flacons, puis les tuyaux reptiliens, verts, qui s'instillaient sous ma chair.

La douleur connaissait d'étranges métamorphoses : elle disparaissait pour mieux réapparaître, transfigurée. Après le fil d'acier qui sectionne le muscle cardiaque, je sentais une pointe d'une extrême finesse qui séparait les fibres ou un pincement sévère qui aurait contrit les chairs. Parfois, le corps entier accusait une lassitude et je connaissais l'envie d'en finir, le désir de la mort. Le néant est souhaitable et paraît doux quand la douleur anéantit toute maîtrise et que le corps est transformé en architecture animale. Souffrir comme une bête, c'est en effet connaître cette désertion de la conscience et de l'intelligence puis l'émergence d'un devenir immonde — la chair comme unique réceptacle de la mort, comme le lieu d'élection du trépas.

Autour de moi, j'entendais le médecin, les infirmières, le cardiologue dépêché d'urgence. On plaçait sous ma langue de dérisoires pilules en me demandant d'en comparer les effets et d'énoncer mes préférences. J'avais envie d'un rire immense qui aurait conclu ici mon existence. Rien n'a plus d'importance, hormis la fin qu'on veut dans les délais les plus vifs. Pour ajouter au grotesque et au dérisoire, il me fut donné d'assister à la panique d'une infirmière qui ne trouvait pas un médicament : j'allais mourir par défaut d'épicerie, la pharmacie était incomplète. La vie était bien une farce, jusqu'au bout. J'appris, plus tard, que les pilules convoitées étaient destinées à mon voisin d'infortune, sauvé ce petit matin-là d'une tentative de suicide qui n'était pas la première.

Je m'imaginais organisé autour d'une grimace, d'une blessure intérieure dont s'échappait ma vie avec une tranquille désinvolture. En jets continus, toutes les plaies, les déchirures, les traces de douleur emportaient avec elles des morceaux de mon corps. Il me semblait connaître l'éparpillement du sens, de la forme et de l'harmonie de mon organisme au profit d'une étrange folie, d'un dérèglement de la chair. La mort ne venait toujours pas. Je souffrais toujours autant et maudissais la vie de durer ainsi. Survivre ne m'importait plus. Continuer cette méchante comédie qu'est l'existence était au-dessus de mes forces. Je souhaitais le rideau cramoisi, lourd et voluptueux en un ultime ballet de plis sur scène.

Vinrent les premiers résultats d'analyse que les spécialistes commentèrent. Il fut décidé de me transporter par hélicoptère dans un centre hospitalier de région, mais l'épaisse couche de brouillard rendait l'opération délicate, sinon improbable. Pendant ce temps, l'oxygène m'entrait dans les narines par deux fins tubes de plastique collés sur mon nez par un sparadrap sec. L'arrivée du souffle froid au creux des fosses nasales était régulière et produisait un léger sifflement.

Une ambulance me transporta dans un matelas d'air qui conservait pour moi la mémoire de mes membres inertes, comme si la mort s'annonçait par l'oubli des formes habituelles. Le transit me fit retrouver l'air froid du dehors. Malgré les couvertures, la sueur se transforma en une pellicule réfrigérante, une couche de glace, fine comme du papier à cigarette — du moins l'imaginais-je. Je n'avais pas envie de cet écart de température qui me contrariait : j'avais le désir d'un trépas confortable.

Le trajet fut long et je connus l'étrange sensation conférée par l'inadéquation de la chair au temps : la durée avait remplacé l'objectivité du sablier. La douleur se matérialisait en mesures, en secondes, en fractions. J'étais vide du désir de vivre, mais vide aussi du désir de mort. Je n'avais plus envie de revenir à un monde si ridicule, si absurde, si dépourvu de sens. Passer si près de la mort et en réchapper me semblait malvenu, un peu comme une faute de goût — car il faut savoir mourir quand il en est encore temps.

Arrivé au point de havre, il fallut compter avec la nudité des corps blessés, fouillés comme des objets, des machines. La mort est simple, car elle transforme définitivement le corps en objet pur, quand la souffrance, plus compliquée, le place du côté de l'impureté : mélange de passivité et de conscience, de désordre et de savoir, d'impuissance et de certitude. La peau est incisée, la chair ouverte, le corps pénétré. Des sondes sont envoyées dans les artères et se fraient un passage en glissant le long des parois, jusqu'au cœur où elles fleurissent en bouquets métalliques. Le sang gicle de l'aine ouverte, glisse sur les jambes et l'on imagine sa propre chair maculée de son propre sang — un rouge vif et chaud sur une peau blanche et tiède.

Autour de moi s'affairaient de grands corps vêtus de vert, le visage masqué par des carrés de tissu tendus. L'éclairage est puissant et mortifie l'ombre. Recouvert d'un suaire chirurgical, le corps est réduit au lieu à investir qu'on détaille : le trou pratiqué dans le drap n'offre plus prise qu'à quelques centimètres carrés de chair, de peau. Par la sonde qu'un geste brutal fait pénétrer dans l'artère fémorale — on a soudainement l'impression que le muscle de la cuisse est traversé par un doigt d'acier — progresse jusqu'au cœur un serpent d'acier qui délire dans mon corps, ivre de la mort qu'il y boit, au milieu du sang et des pulsations liquides. L'idée qu'on se fait de la douleur magnifie la douleur. Savoir la chair violée par l'acier et assister, impuissant, à la démonstration par une image négative sur un écran ne suffit pas à convaincre. Je ne pouvais croire qu'il s'agissait de moi et refusais ce corps qui me refusait.

S'écartant de mon corps blessé, les médecins en finirent avec leur ballet : ils excluent la conscience de l'objet qu'ils jaugent, et le signifient en parlant, sur un ton badin, anodin, de banalités domestiques, comme si l'être avait quitté, en un spasme ultime, les muscles où il s'anime pourtant et sévit encore. Les mains levées, gantées d'un caoutchouc clair taché du rouge de mon sang, l'opérateur recula, découvrant à mon regard des salissures pourpres sur son vêtement — boucherie appliquée.

Un infirmier me prit dans ses bras et j'éprouvais ma nudité comme une régression animale que ne jugeait pas même ma conscience, trop anéantie : la pudeur meurt avec l'innocence. Je quittai la froide paillasse d'acier du bloc pour des draps souples dans un lit où l'on m'installa. Tout à mon deuil, je me dit que je ne mourrais pas cette fois-ci encore, et qu'il m'avait fallu souffrir autant pour rien.

La salle de réanimation fonctionne comme l'antichambre de la vie, à moins que ce ne soit celle de la mort. Chaque carcasse est sondée, branchée sur un matériel qui transforme en courbes, en signaux sonores, les péripéties du cœur dont on persistera à ignorer les raisons de son insolence. La nudité est de rigueur, hommes et femmes, chacun dans leur lit d'infortune où la chair tâche de se remettre des compromissions qu'elle vient de passer avec la mort. La vieillesse surgit parfois d'un drap mal posé qui ne recouvre plus les piteuses machines désertées par la santé et l'ordre.

Les veines sont perpétuellement perforées pour laisser passer un liquide qui fluidifie le sang et porte dans les vaisseaux du cerveau une folie qui déclenche d'indicibles maux de tête. On oublie que, dehors, la vie continue avec son cycle de lumières et de ténèbres, de jours et de nuits car, de façon constante, la pièce est inondée d'une clarté chirurgicale.

Entre la paix des muscles et les sollicitations de la conscience, les corps se meuvent comme ceux des batraciens et des reptiles : avec une extraordinaire lenteur, contemporaine des animaux qui ont le temps avec eux et n'ont rien changé à leurs habitudes préhistoriques. Les mains retombent souvent, épuisées, lourdes, et contrarient, dans la célérité de l'abandon, l'apathie qui précède. Les peaux sont plus blanches que les draps sur lesquels sont tatouées les initiales du centre hospitalier universitaire.

Les visites apportent leur quotient de vérité : elles disent la comédie sociale dans sa théâtralité la plus caricaturale. Ici, l'on prend la mesure du solipsisme et de l'immense sottise qu'il y aurait à croire qu'une communication est possible. La douleur est une odyssée singulière qui possède, avec le plaisir, l'étrange privilège de révéler la solitude, de montrer l'évidence métaphysique dans les clartés aveuglantes et terrorisantes. La connaissance de la douleur se métamorphose en connaissance par la douleur.

La visite au malade trahit un mélange de culpabilité et de jouissance : le visiteur connaît un malaise, tiraillé qu'il est entre la honte d'infliger sa santé et le bonheur qu'il y a de se savoir épargné, d'échapper au coup d'aile de la mort. Se réjouir ouvertement paraîtrait incongru, mal venu au milieu des oscilloscopes et des perfusions. Reste l'expression de circonstance, entre contrition et compassion. Le tout est d'un ridicule achevé et suffirait à déclencher le rire s'il n'y avait, pour le malade, un goût ironique à jouer le rôle qu'on lui demande d'endosser.

La présentation au corps blessé tient de l'odyssée des Rois Mages aussi bien que des transhumances estivales : les cadeaux imbéciles succèdent aux présents inutiles, les mots inappropriés fleurissent au milieu des végétations artificielles, et les tables de nuit s'encombrent des témoignages d'innocence — extrême dérision. Les visiteurs sont déguisés, affublés de blouses aux fermetures dorsales, de couvre-chaussures de papier qui font des pieds de clown et d'un bonnet qui transforme la tête en légume. Le tout est couvert d'un esprit de sérieux cubique. Accoutrés de la sorte, travaillés par la quête d'une expression de circonstance, ils prodiguent leurs conseils et leurs commentaires, leurs jugements et leurs propos de pauvres gens, leurs nouvelles sans intérêt : tout est inondé d'une cruelle lumière, sans pitié, qui renvoie dans l'indifférence tout ce qui n'est pas écho de l'expérience métaphysique dont la chair vient de faire connaissance. De retour d'apocalypse, l'exigence est olympienne.

Heureusement libéré des visites qui obligent à endosser les vêtements de la comédie, enfin débarrassé des spécialistes de réconciliation des bords de tombe, je sentais sur mon corps un drap qui me semblait lourd. Mon aine me faisait mal et j'avais l'impression de ne plus avoir de cœur, anesthésié que j'étais encore par la mémoire de la douleur. Sous mes doigts, je sentais l'adhésif qui tenait la sonde mélangée à ma chair — un corps étranger, métallique, marié en d'étranges noces monstrueuses à cette artère tuméfiée. Le silence était coupé par les plaintes régulières et pointues des électrocardiogrammes auxquels nous étions tous asservis. Sur la poitrine, et sur le côté, des pastilles adhésives captaient, de leurs rondeurs, les vibrations du corps, les pulsations et leurs musiques. Je me sentais abattu.

La porte s'est ouverte soudain, brutalement. Les battants se sont tout de suite refermés derrière un lit qu'un infirmier poussait avec hébétude. On a déplacé la couche qui juxtaposait la mienne pour faire place à l'entrant, objet d'un ballet infernal. Tout s'est passé en un quasi-silence. Le médecin donnait des ordres, à mi-chemin du conseil et de l'impératif. Sa voix était ferme, ses gestes précis. Autour de lui allaient et venaient plusieurs personnes qui coordonnaient tous les mouvements. Nu et blanc, le grand corps d'un vieil homme était inerte. On lui ouvrit la bouche pour enfoncer dans sa gorge un système de ventilation. Les mains prises par les deux poignées d'un électrochoc, le médecin invita les huit personnes affairées autour de lui à se reculer. Une infirmière écarta le stéthoscope du praticien qui balançait dangereusement en direction des parties métalliques du lit. Il plaça les deux fers sur la poitrine de l'homme. Sous le choc électrique, le corps se souleva, raide, tétanisé, plusieurs centimètres, peut-être. Puis une deuxième fois. Et une troisième. Presque debout sur le thorax, arc-bouté sur les côtes, les bras de sa blouse retroussés, le visage ravagé, un infirmier appuyait de tout son poids pour un massage cardiaque. La brutalité du geste répété faisait craquer les côtes comme des branches foulées dans les chemins d'un sous-bois d'automne. Un bruit sec, inscrit dans ma mémoire, et que seule la mort effacera.

Immobile dans mon lit, le regard tourné vers cette apocalypse, je subissais cette danse infernale. Une piqûre fut faite en direction du cœur. L'aiguille me paraissait si longue qu'elle semblait faite pour accéder aux entrailles du cosmos. Rien n'y fit.

Le médecin ne dit qu'un mot. Tous se sont dispersés, chacun retrouvant son poste. Le silence est tombé, plus glacial encore, et toujours brisé par les scintillements électriques du matériel de contrôle. L'infirmier s'approcha du grand corps, tira le drap sur le visage pour masquer la nudité essentielle. J'avais assisté à la scène sans révolte, convaincu d'avoir vu dans cette chair radicalement autre ce par quoi il me faudrait passer.

Les battements de la porte s'ouvrirent, le lit fut sorti de la salle de réanimation et le cadavre s'en fut, ailleurs, passant recouvert du suaire devant les visiteurs et la famille qui attendaient dans le couloir. A mes côtés, je ne pouvais détacher mon regard du trou laissé par la place vide du lit emporté. Mourir était donc si simple. Restait, après cette leçon de ténèbres, à faire du corps un partenaire de la conscience, à réconcilier la chair et l'intelligence. Toute existence est construite sur du sable, la mort est la seule certitude que nous ayons. Il s'agit moins de l'apprivoiser que de la mépriser. L'hédonisme est l'art de ce mépris.

Méthode

« Il y a plus de raison dans ton corps que dans l'essence même de ta sagesse. »

NIETZSCHE, *Ainsi parlait Zarathoustra.*

La passion de connaître conduit parfois les philosophes dans des boucheries, étranges pérégrinations qui permettent, après le sang et les viscères, de retrouver la quiétude des tours d'ivoire, là où s'élaborent les livres. La scène se passe pendant l'hiver de 1645, à Amsterdam, et l'on se plaît à imaginer que, non loin de là, s'amuse Spinoza, âgé de treize ans, et que Rembrand, pas plus éloigné, est en train de peindre *L'Adoration des bergers*... L'amateur de boucheries est René Descartes, le Poitevin quêtant la solitude et la tranquillité. Chaque jour, il rend visite à son boucher pour le regarder abattre des animaux. Parfois, il se fait apporter tel ou tel morceau, tel ou tel organe, chez lui, à son domicile, pour mieux en observer le détail après une anatomie qu'au dire des spécialistes il pratique sans dextérité, mais mieux qu'un dilettante. Le philosophe tient un journal précis et rigoureux de ses observations. Par ailleurs, il achetait, même à prix d'or, des chiens, des veaux et des lapins pour les disséquer. Son biographe Albert Baillet rapporte même qu'il plaçait tout aussi bien des morues et des anguilles que des cerveaux de moutons sous son scalpel.

A Sorbières qui le visitera, il montrera un veau dans son arrière-cour en ajoutant : « Voilà toute ma bibliothèque[1]. » Depuis plusieurs années, en effet, il avait abandonné toute lecture, préférant faire confiance à l'observation permise par la philosophie pratique. En fin de *Discours de la méthode* il avait dit consacrer dorénavant son énergie à la médecine et aux sciences susceptibles d'améliorer la qualité de la vie et sa longueur... La fouille des corps visait cette sagesse.

Pour enrichir son savoir en vue de l'écriture de son *Traité de l'homme*, Descartes se mit à étudier la formation des poulets dans l'œuf. Ensuite, il se préoccupa de l'analyse des cycles dans le corps humain : digestions, stases cardiaques, transpiration, tremblements et autres symptômes

organiques. Il voulait comprendre les mystères de l'énergie
qui traverse les corps et cesse avec la mort.

D'autres visiteurs l'auraient vu faire fonctionner une
étrange petite machine représentant un homme sur une
corde animée de mouvements, contorsions et cabrioles,
destinés à reproduire ceux des acrobates et spécialistes en
danses de corde[2]. Plus saisissant, on sait que Descartes eut
le désir de mettre au point une femme automate, une très
jeune femme, voire une enfant. A quelques-uns, il fit voir
l'objet placé dans une sorte de châsse par lui fabriquée.
L'automate avait même un prénom : Francine, celui de
l'enfant qu'il eut d'Hélène Jans et qui mourut, âgée de cinq
ans, lui laissant au corps une douleur qu'il reconnut la plus
grande de sa vie. « Le philosophe pensait simplement à
changer le petit mannequin en automate riant et pleurant,
touchant le clavecin, courant même à la rencontre de son
créateur pour se jeter dans ses bras. Il deviendrait moins
déchirant de se rappeler la minute effroyable où la petite
chambre couleur de ciel était devenue le caveau de l'absence[3]. »

On ne s'étonnera pas de constater que la découverte de la
structure des corps est contemporaine de celles de l'Amérique et de la révolution des planètes. Vésale et Copernic font
paraître leur livre majeur la même année. En traquant ainsi
les étoiles du système solaire ou les secrets contenus dans la
chair, le philosophe se faisait le rival des dieux. Fouiller les
corps est une entreprise démiurgique : le cadavre recèle la
vérité qu'on ne trouvera pas dans la Bible. C'est ce que savait
Galien qui, l'un des premiers, se vit interdire de leçon d'anatomie. Alors, pour s'approvisionner en corps, on soudoie les
miliciens qui gardent les chairs des suppliciés au pied des
échafauds, on subtilise les dépouilles de pauvres sur le trajet
qui les conduit de l'hôpital à la fosse commune. D'où la difficulté de lire simplement dans les muscles, les nerfs, sous
la peau.

Dès qu'il s'affranchira de la superstition, le médecin
abordera le corps comme une machine, subtile, certes,
mais tout de même comme une immense entreprise à
fabriquer de la vie, de l'énergie, de la force. Cabanis et La
Mettrie ont plus fait pour la philosophie que nombre de
spéculateurs idéalistes. La chair porte des mystères qui
permettent, sous forme paradoxale, l'oscillation entre le

corps compris comme une machine et les machines voulues comme des corps. D'où les succès remportés par les automates.

L'idée est ancienne : simuler la vie, pratiquer le leurre vital est une occupation ancestrale. De la colombe mobile d'Archytas à la clepsydre de Ktésibios — où pierres précieuses et diaphragmes d'or contribuent à conjurer l'oxydation et ajouter à la précision, fantasme d'une vie éternelle par le mouvement perpétuel — les hommes n'ont cessé de faire des cages qui donnent l'illusion de contenir la vie, le principe vital de dynamique.

L'homme devient un modèle avec Athanase Kircher promoteur d'une tête qui profère des sons quand Vaucanson, délaissant son canard qui digère les grains, met au point des anatomies artificielles capables de reproduire des fonctions biologiques. Le plus emblématique de la métaphysique qui sous-tend les fabricants d'automates est le joueur d'échecs du baron von Kempelen, par ailleurs père d'écrivains automatiques capables d'écrire cent sept mots — on songe à des contemporains... Le joueur automate était une étrange machine bardée de miroirs, de portes coulissantes et de mystérieuses pièces de menuiserie. L'objet fut transporté dans toutes les cours d'Europe. Et l'on vit même Catherine II et Napoléon jouer contre lui. Le fait qu'il ne gagnait pas invariablement et que ses temps de réflexion fussent inégaux et proportionnés aux coups avancés par l'adversaire attira l'attention d'Edgar Poe. Après enquête minutieuse, il parvint à cette conclusion : l'automate était habité d'un homme de petite taille qui pouvait, à l'aide des glaces, prendre connaissance des jeux et produire l'effet qu'on imagine. Le cœur de l'automate ne peut être habité que par une exceptionnelle énergie douée d'une dynamique ineffable, vraisemblablement destinée à le demeurer, et dont on peut, tout au moins, s'amuser à suivre les effets, à défaut d'en comprendre la logique.

NOTES

1. Gérard Milhaud, « Chronologie de Descartes » in *Descartes*, Europe, oct. 1978, p. 155.

2. Geneviève Rodis-Lewis, *Œuvre de Descartes*, Tome II, Vrin, p. 472, note 71.

3. Marcel Spada, *Descartes et Don Juan*, Fata Morgana, p. 42.

DE L'ANTÉRIORITÉ DU MELON SUR LA RAISON

Sans aucun doute, Dionysos est le père d'Apollon, du moins c'est son génie inspirateur, son musagète. Et cette paternité est jugée tellement honteuse qu'on ne cesse de s'évertuer à masquer cette coupable généalogie. L'idée qu'une pensée puisse être aussi radicalement produite par un corps heurte les consciences familières d'histoire de la philosophie. Une chair habitée par l'enthousiasme, le désordre et une étrange part qui fait songer à la folie, à l'hystérie, à la possession, voilà qui fait excentrique, incongru. Pourtant, nombre de philosophes ont connu ce que nous pourrions appeler des hapax existentiels, des expériences radicales et fondatrices au cours desquelles du corps surgissent des illuminations, des extases, des visions qui génèrent révélations et conversions qui prennent forme dans des conceptions du monde cohérentes et structurées.

La tension habite longuement la chair. Le corps est un étrange lieu où circulent influx et intuitions, énergies et forces. Parfois, la résolution des conflits, des énigmes, les solutions pour conjurer ombres et confusions apparaissent dans un moment d'une exceptionnelle densité qui scinde l'existence et inaugure une perspective riche de toutes les potentialités. Le corps du philosophe se présente donc comme un creuset où s'élaborent des expériences existentielles appelées, plus tard, à prendre forme dans des structures logiques, rigoureuses.

Le culte de la raison qui sévit dans le domaine de la pensée a vraisemblablement dissuadé plus d'un philosophe de faire part de ses expériences dans ce domaine. On ignore tout, par exemple, de la façon dont Hume a tiré Kant de son sommeil dogmatique ; on sait peu, dans le détail, du ravissement qui s'empare de Malebranche lorsqu'il découvre un ouvrage majeur de Descartes qui le convertit à la philosophie ; on est tout aussi peu renseigné sur la dépression nerveuse de Hegel et son hypothétique résolution par le recours à l'obsession dialectique. La raison ne produit d'ordre que lorsque le corps a fourni le matériau. Les familiers de l'homme neuronal diraient certainement comment une singularité philosophante, c'est peut-être avant tout un corps excentrique, une chair qui délire.

Tout pourrait commencer avec le corps de Socrate, si distinctement montré comme un organisme d'exception qui ne saurait être soumis aux aléas connus de tout un chacun. La chair du sage à visage de faune est inhumaine, au sens proprement étymologique, à mi-chemin, comme un fil tendu, d'un Apollonios de Tyane rusé et d'un Jésus démiurge. Sa divinité, aux yeux du commun des mortels, s'accompagne d'une solitude métaphysique. Socrate est l'incarnation emblématique du corps philosophique.

Admiratifs et subjugués, ses commensaux du *Banquet* disent qu'il ne saurait avoir de prédécesseur, pas plus que de rival, ni de double. Personne ne lui ressemble, ni dans le présent, ni dans le passé. On parle de lui comme d'un *gaillard*, une énergie. Le sommeil et l'alcool, par exemple, n'ont aucune prise sur lui. Tout aussi bien peut-il se passer de nourriture. Si l'on en croit les convives du banquet, les dissertations sur l'amour furent suivies de libations qui ont fait d'importantes victimes, sauf Socrate sorti indemne de cette soirée. De mémoire d'Athénien, on ne l'a d'ailleurs jamais vu tituber ni manifester un quelconque signe d'ébriété. Socrate a eu raison d'Eryximaque et de Phèdre, couchés de bonne heure, puis des autres. Après avoir épuisé les plus résistants, il s'en est allé et, après une toilette rapide, a pris le chemin de l'agora où, sans aucun doute, il aura confondu tous ses adversaires dans une joute rhétorique par lui maîtrisée.

Le corps de Socrate est, par ailleurs, d'une exceptionnelle résistance quant aux conditions climatiques. Les nuits attiques sont particulièrement rigoureuses, mais peu importe : « Un jour qu'il y avait la plus terrible gelée qui se pût, et que tout le monde, ou bien s'abstenait de quitter son gîte pour sortir, ou bien, en cas de sortie, se couvrait d'une quantité de choses extraordinaires, les pieds chaussés et enveloppés dans des feutres et des peaux d'agneau ; lui, au contraire, dans ces circonstances, il sortait avec un manteau tout pareil à celui qu'auparavant il avait coutume de porter, et, nu-pieds, il cheminait sur la glace plus aisément que les autres bien chaussés : regardé de travers par les soldats qui se croyaient nargués par lui[1]. » Le philosophe surclassant le militaire dans les exercices où il est censé briller...

Un corps pareillement doué ne peut porter qu'un esprit spécialement redoutable. Socrate est avant tout un méditatif que ses pensées absorbent au point qu'il en oublie ses rendez-vous et arrive sans vergogne en retard chez ses invités. On le verra, par exemple, sur le trajet le conduisant à un banquet faire une halte dont rien ne peut le distraire, ni saluts ni questions des Athéniens qui passent. Aristodème dira : « C'est son habitude de parfois s'écarter ainsi et de rester en plan où d'aventure il se trouve[2]. » Complices, les passants l'abandonnent à ses odyssées mentales. Certes, il arrivera à la moitié du souper, mais disposant d'une énergie redoutable qui lui permettra, ce soir-là tout particulièrement, de subjuguer avec maestria la totalité des convives.

« Du délire philosophique et de ses ivresses[3] », Socrate connaît les moindres arcanes. Les extases qu'il éprouve impressionnent fortement les personnes qui peuvent y assister. Alcibiade raconte l'une d'entre elles : « Ayant en effet concentré ses pensées dès l'aurore sur quelque problème, planté tout droit, il le considérait, et, comme la solution tardait à lui venir, il ne renonçait pas, mais restait planté, à chercher ; c'était déjà midi, les hommes en faisaient la remarque, et, pleins d'étonnement, ils se disaient l'un à l'autre : "Depuis le petit jour, Socrate est là, debout, en train de méditer quelque chose !" Finalement, le soir venu, quelques-uns de ceux qui l'observaient ayant, après le dîner, transporté dehors (car on été en été) leur couchage, joignaient ainsi l'agrément de dormir au frais la possibilité de surveiller Socrate, pour voir si, toute la nuit, il demeurerait ainsi, en plan. Or, il resta planté de la sorte jusqu'à l'aurore et au lever du soleil. Ensuite il s'en alla de là, après avoir fait sa prière au soleil[4]. » Étrange Socrate parent des mystiques païennes qui annonce de la sorte la

future passion de Plotin pour ce genre d'exercice proces-
sionnel. On retiendra de la description d'Alcibiade qu'elle
présente un Socrate tendu devant une difficulté, une résistance à briser, pulvériser. L'exercice mental se fait contre
une énergie dont le corps est porteur.

Pour compléter le portrait du corps exceptionnel de
Socrate, il faut préciser qu'aux capacités méditatives, il est
capable d'ajouter les vertus du courage physique et les
compétences d'un pragmatique familier de l'action. Dans
son panégyrique du sage, Alcibiade n'omet pas l'épisode de
Potidée au cours duquel Socrate lui sauva la vie, sur un
champ de bataille où il est venu le chercher, au mépris de
la mort qu'il encourait. En une autre occasion — la
déroute de l'armée à Délion — il se retire d'un pas normal,
en toute placidité, alors que les autres préfèrent le rythme
qu'habituellement on choisit en pareille situation.

Que la philosophie ait élu domicile dans ce corps d'élite
n'étonnera pas. Et il n'est pas sans paradoxe que chez ce
parangon de la raison, de l'usage logique et dialectique de
l'instrument, on puisse nettement distinguer une voix à
l'œuvre : le démon et ses chuchotements. La voix intérieure
qui se manifeste chez Socrate est extrêmement ancienne
puisqu'elle est à l'origine des premières désobéissances du
philosophe à l'égard de son père. Pour informer ce dernier
des qualités singulières de son fils, un oracle avertira toutefois le géniteur du sage qu'il pouvait laisser Socrate obéir
à cette voix « qui vaut mille pères[5] ».

Pour tenter de saisir la nature de cet étrange phénomène, on peut se reporter aux analyses de ce que peut bien
être la possession pour un poète. Sur ce sujet Socrate lui-
même enseigne : « Les bons poètes sont, pour nous, en
vertu d'une dispensation divine, les interprètes d'une pensée qui vient des dieux[6]. » Du divin, nous pourrions dire
qu'il se confond purement et simplement avec l'exceptionnel, l'étrange et l'irrationnel : ce qui échappe aux lois de
l'immédiatement compréhensible. Le divin gît dans le
corps et, du moins peut-on le penser, recourt à la médiation auditive pour se faire entendre.

Les philosophes ont l'oreille épaisse, y compris Nietzsche qui, en de si fréquentes occasions, fait pourtant
preuve d'une acuité impressionnante : chaque fois qu'il
s'intéresse au démon de Socrate, le philosophe allemand
conclut à une illusion auditive... L'étonnement est d'autant

plus grand que ce signe apparaissant chez l'Athénien pourrait donner à Nietzsche des arguments en faveur de sa thèse selon laquelle la philosophie entretient avec le corps des rapports d'intimité. Sur ce point, Bergson est plus perspicace quand il écrit dans *Les Deux Sources de la morale et de la religion* : « L'enseignement de Socrate si parfaitement rationnel, est suspendu à quelque chose qui semble dépasser la pure raison[7]. » Ce je-ne-sais-quoi situé au-delà de la raison est l'axis, le pivot sur lequel s'articule la pensée en devenir.

A Théagès, Socrate explique ce qu'il en est de ce démon : « En vertu d'une disposition divine, il y a chez moi quelque chose de divin, qui m'accompagne et dont les premières manifestations remontent à l'enfance. Et c'est une voix qui, lorsqu'elle se fait entendre, chaque fois me signifie de me détourner de ce que je suis sur le point de faire, mais qui jamais ne passe à l'action. De plus, si l'un de mes amis me fait part de quelque dessein et que la voix se fasse alors entendre, c'est identiquement pour en détourner et ne point permettre qu'on le réalise[8]. » Dans cette logique, le démon de Socrate l'invite à ne pas franchir un cours d'eau ou à ne pas entrer en commerce avec tel ou tel, à moins qu'il ne le mette en garde contre un désir de quitter le Lycée. Les amis du philosophe sont pressés de ne pas aller s'entraîner au stade ou, pour Timarque par exemple, à ne pas quitter le banquet dans lequel il se trouve : bien mal lui prit de désobéir car la mort attendait le bougre...

Si Socrate s'est défendu d'investir dans les affaires de la cité de façon concrète et politique, c'est à sa voix qu'il le doit. Le démon est également un indicateur fidèle en matière religieuse. Au cours du procès qui devait décider de sa mort, Socrate suscitera le mépris de ses juges qui diront par la condamnation qu'on sait dans quelle estime ils tiennent l'individualité d'exception. Devant ceux qui se font ses accusateurs, le philosophe entendra une fois encore sa voix : elle lui déconseillera de se défendre. D'abord parce qu'avec la mort, un homme encore jeune échappe à la décrépitude qu'apporte la vieillesse, ensuite parce qu'aux yeux d'un aristocrate un homme de valeur ne peut être lésé par quelqu'un qui ne le vaut pas.

Le démon de Socrate aura à subir les critiques et les réductions de nombre de commentateurs qui verront dans cette instance le signe d'un dérèglement ou d'une ferveur considérable, le trait qui marque le malade mental ou distingue le mystique aux visions extraordinaires. Loin des diagnostics psychiatriques ou religieux, on pourrait tout simplement se contenter de faire de cette voix la mise en forme poétique du principe d'intuition. Là encore, il faudrait reprendre Bergson et lire les pages qu'il consacre finement à la connaissance intuitive. Avant toute chose, il définit : « Intuition, écrit-il dans *La Pensée et le Mouvant*, signifie d'abord conscience, mais conscience immédiate, vision qui se distingue à peine de l'objet vu, connaissance qui est contact et même coïncidence[9]. » La finesse de l'analyse bergsonienne tient au fait que le matérialisme dont il se réclame est subtil et n'a rien à voir avec ce que l'on peut comprendre d'habitude sous ce terme. Bergson prend en compte des notions dynamiques — élan vital, modifications, perturbations, changements de tension et d'énergie — qui sont d'une efficacité redoutable pour dire ces pointes extrêmes de l'expérience que sont les intuitions. A cet effet, le phénomène intuitif est entendu comme le produit singulier de « l'énergie lancée à travers la matière[10] ». Pour ne pas parler de l'inconscient freudien auquel il ne sacrifie pas, Bergson recourt à l'infra-conscient ou au supra-conscient, deux réalités qui permettent de circonscrire des zones dans lesquelles s'effectuent ces tensions qui, résolues, donnent ces fameuses intuitions.

Le corps est le lieu de cette subtile dynamique et l'on comprend, en passant, pourquoi Bergson a pu intéresser Gilles Deleuze. Dans la chair s'effectue ce travail des énergies indépendamment de toute médiation par la conscience. L'organisme accueille ces forces aveugles et ne laisse surgir à la conscience que ce qui, déjà, a connu un long travail d'élaboration : l'intuition est un résultat. Toujours Bergson : « La matière et la vie qui remplissent le monde sont aussi bien en nous ; les forces qui travaillent en toutes choses, nous les sentons en nous ; quelle que soit l'essence intime de ce qui est et de ce qui se fait, nous en sommes. Descendons alors à l'intérieur de nous-mêmes : plus profond sera le point que nous aurons touché, plus forte sera la poussée qui nous renverra à la surface. L'intuition philosophique est ce contact, la philosophie est cet élan[11]. » Socrate dispose en sa voix d'une médiation singulière qui livre, à l'état brut, le travail de l'énergie qui le parcourt, l'habite et le hante. Le démon exprime — un peu comme une pression, une torsion le permettrait — l'identité socratique, son essence. L'être du philosophe gît en un lieu que pille le démon avant de se faire voix. A l'écoute des forces qui sillonnent son corps, travaillent sa chair, le penseur donne de plus grandes chances à son intuition. Plus tard, sur l'agora, dans un banquet, à la palestre, ou dans les rues d'Athènes, Socrate improvisera, fera confiance à ses potentialités et laissera son corps se faire voix. Au fur et à mesure du surgissement des contradictions, des mises en demeure, des questionnements de ses interlocuteurs, Socrate puisera dans cet athanor corporel — et philosophera. L'intuition commande les arguments, les fusées mises au service des procédés rhétoriques ou de l'option agonique verbale — sinon le recours à l'ironie, à l'inscience ou au silence. La maïeutique devient ici l'art de permettre à l'intuition de s'incarner, de prendre forme dans une allure apollinienne. Le corps exceptionnel de Socrate est donc une machine dans laquelle s'effectuent les cristallisations appelées à devenir des pensées singulières.

Pour tenter de saisir la nature alchimique de ces transmutations, il faut se rendre à l'évidence du monisme et consentir à faire de l'intuition le produit d'une stratégie des flux qui conservera, de toute façon, le secret de sa dynamique. Plus le corps est habité d'interrogations, de doutes, de questions, plus il est dans un état de tension, plus il met la chair en demeure de résoudre ces conflits. A l'origine des enthousiasmes, des extases, des fureurs ou des conversions dont l'histoire des idées a conservé trace, il y a toujours un état de flexion maximal, une inquiétante étrangeté qui ploie l'influx nerveux dans un arc aux limites de la fracture.

Saint Augustin, par exemple, a décrit cet état esthésique qui précède sa conversion. Les *Confessions* donnent même sur ce sujet de précieux détails. Lisons. Avec quelques amis qui déambulaient un jour dans les rues de Milan, Augustin a rencontré un ivrogne qui titubait et donnait dans un délire un peu béat. Dionysos à l'œuvre... L'insouciance et la gaieté du buveur firent envie au philosophe, préoccupé d'accumuler, pour ses auditeurs, des remarques désabusées sur les maux causés par nos folies dans l'existence. Dans l'état qu'il confesse être le sien, Augustin se prend à rêver une insouciance d'ivrogne : ne plus souffrir, ne plus connaître le souci. « Nous ne voulions rien d'autre, écrit-il, que parvenir à cette sûre joie où ce mendiant nous avait précédés et que nous n'atteindrions peut-être jamais[12]. » Avec force détails, le philosophe raconte son angoisse, son agitation, sa tristesse, son infortune, sa misère : « Les tracas me mordaient aux entrailles (...). Souvent j'examinais ainsi mon état et je constatais que j'allais mal. J'en souffrais et je redoublais du coup mon mal[13]. »

Son malaise existentiel produit des symptômes physiques. Le futur Père de l'Église somatise... En fin d'année 385, il connut des maux de dents et des insomnies, des douleurs dans la poitrine et, plus grave pour un orateur qui enseigne, une très sérieuse extinction de voix. Augustin va aux bains, tâche de se défaire des goûts prononcés qu'il a pour le plaisir, mais n'y parvient pas — à son grand regret. La culpabilité va croissant et épouse son impuissance au renoncement. « Je me rongeais ainsi en dedans[14]. » Il recourt aux métaphores du bouillonnement, de l'orage. Et, comme pour dire en une formule le sentiment schizophrène qui l'habite, il écrit : la cause de mon malaise est « l'assaut mené de moi à moi[15] ». Une part qui obéit au désir, une autre qui travaille à l'ordre : le principe de plaisir et le principe de réalité, le ça et le surmoi. Les tiraillements produisent un épouvantable état mental qui s'attaque au corps, le détruit et génère un sentiment morbide : « J'en étais seulement à sainement délirer et à vitalement mourir[16]. » Pour tenter d'échapper à ce gouffre qui se creuse en lui, Augustin peut sombrer dans la folie ou la mort, il peut aussi connaître une régulation brutale qui, soudainement, après un long état de malaise, ravage la chair dans une soudaine illumination. En forme de description des symptômes propédeutiques au chambardement, Augustin confie à ses *Confessions* quelques lignes pour un état des lieux : « Je faisais de mon corps autant, somme toute, que les gens qui parfois voudraient sans pouvoir, soit parce qu'ils n'ont plus de membres, soit parce que leurs membres se trouvent ou liés de chaînes ou engourdis par la faiblesse ou gênés n'importe comment. Me suis-je arraché les cheveux, frappé le front, serré les genoux dans mes mains jointes[17]. » Augustin désire le renoncement, son corps va bientôt lui signifier l'issue grâce à laquelle il échappera aux tourments et aux abîmes de la schizophrénie.

La scène se passe à Milan, au fond d'un jardin, en août 386, en compagnie d'Alypius, l'ami d'Augustin. Les deux hommes préparent un cours. Augustin sent monter en lui une grande tempête — ce sont ses images. Les larmes lui montent au visage au point qu'il s'éloigne pour pouvoir pleurer en paix, sans témoin : « Je m'étalai, je ne sais plus la façon, sous un figuier et je rendis les rênes aux larmes. Elles jaillirent à flots de mes yeux (...). Je m'échappais en des cris à fendre l'âme (...). Je pleurais dans toute l'amertume du brisement de mon cœur, et voici que j'entends, d'une maison voisine, garçon ou fille, je ne sais, une voix chanter qui répétaille : "Prends, lis. Prends, lis." » Augustin cherche autour de lui : la ritournelle n'est-elle pas chanson d'enfance ? Non. « Refoulant le torrent de mes larmes, je me levai, dans l'idée que le ciel m'ordonnait d'ouvrir le cahier de l'apôtre pour y lire le premier paragraphe que je trouverais[18]. » Le hasard faisant bien les choses, il s'agit de l'Épître aux Romains, et comme il ne fait jamais les choses à moitié, il avait agi de telle sorte que l'ouvrage fût ouvert à la page ad hoc qui condamne l'orgie et l'ivresse, la paresse et la légèreté, la dispute, l'envie et la chair. Inventaire programmatique.

Augustin comprend, car il est subtil, et s'en va vers Monique, sa mère — une spécialiste en ivresse, elle aussi — pour s'en ouvrir. Plus tard, il se retirera à Cassiciacum, une propriété de campagne dans la région milanaise et, quelques mois après, à Pâques, se fera baptiser.

La conversion du jardin est présentée par Peter Brown — qui a traqué les détails biographiques du philosophe partout où on a pu les trouver — comme « une reprise d'équilibre[19] » marquant la fin d'une carrière de rhéteur, ouvrant celle du Père de l'Église qu'on sait. Brown voit l'aphonie qui précède la conversion comme un symptôme de dépression nerveuse. Plus tard, Augustin fera de l'organe touché par son irréductible extinction de voix le « siège symbolique de l'orgueil humain[20] ». Le nouveau corps du philosophe sera celui d'un Docteur de l'Église, Évêque d'Hippone — chasteté, pureté, virginité. La fin d'impossibles contradictions, et de douloureuses tensions.

Au point de jonction entre un état corporel insupportable et sa libération d'une chair par le renoncement, on rencontre une apocalypse psychique dont Augustin rapporte les affleurements : tension intérieure, somatisations diver-

ses — la bouche, les dents, la voix, la poitrine, les organes
de l'élocution donc —, gestes désordonnés, motricité sans
coordination, modification du timbre de la voix, surdité
partielle ou hallucinations auditives, accélération du
rythme cardiaque, spasmes, frissons et larmes, cris,
contorsions et retour à la position fœtale, après la chute
du banc sur lequel il était assis... Comment mieux dire que
le corps est une machine à produire de l'ordre, mais qu'a-
vant cette issue, il connaît d'intenses désordres, d'authentiques bouleversements !

Fin psychologue, Nietzsche enseigne que « le corps est
une grande raison ». Pour préciser, il écrit dans *Ainsi
parlait Zarathoustra* : « Cette petite raison que tu appelles
ton esprit, ô frère, n'est qu'un instrument de ton corps, et
un bien petit instrument, un jouet de ta grande raison (...).
Par-delà tes pensées et tes sentiments, mon frère, il y a un
maître puissant, un sage inconnu, qui s'appelle le Soi. Il
habite ton corps, il est ton corps. Il y a plus de raison dans
ton corps que dans l'essence même de ta sagesse. Et qui
sait pourquoi ton corps a besoin de l'essence de ta
sagesse ? Le corps créateur a formé l'esprit à son usage
pour être la main de son vouloir[21]. » Ce maître puissant
inquiète, car on n'en voit que les effets qui, parfois, tétani-
sent ceux qui les enregistrent. Le Soi nietzschéen rappelle
l'impétus, le désir, le vouloir-vivre ou l'inconscient : une
force puissante qui emporte avec elle tout ce qui n'est pas
immédiatement elle pour asservir à sa loi. L'intimité de
l'identité s'y trouve concentrée en un point d'une obscure
densité.

La conversion d'Augustin permet au corps de durer et
d'échapper à la tyrannie des contradictions et des écartèle-
ments. L'œuvre du philosophe se nourrit de la substance
qui, autrement, ravage les corps. Avec cette logique de la
reconversion des pulsions et des énergies, de mises en
forme des puissances et de dépassement des tensions, le
corps apparaît comme une formidable mécanique à produire du sens. En tant que tel, on peut dire avec Nietzsche :
« Le corps humain est un système beaucoup plus parfait
que n'importe quel système de pensée ou de sentiments, et
même *très supérieur à toute œuvre d'art*[22]. » L'organisme
acquiert une incroyable noblesse car il est machine à produire d'autres machines : il engendre des potentialités et
permet, à partir de lui, de nouvelles productions. Structure

complexe, donc, qui autorise la continuation dynamique de tout un travail poétique.

A l'origine de la pensée, c'est le corps qu'il faut élire. De même, à l'origine de toute raison rencontre-t-on de l'irrationnel. Dionysos se fait capturer, puis dompter avant d'apparaître sous les oripeaux d'Apollon. Les instruments de cette opération de mise en forme, en ordre, sont la conscience et son corrélat obligé, le cerveau. L'évidence est aujourd'hui à l'homme neuronal. Déjà, dans ses fragments posthumes, Nietzsche écrivait : « Il est admis que tout l'organisme pense, que toutes les formations organiques participent au penser, au sentir, au vouloir, et, en conséquence, que le cerveau est seulement un énorme appareil de concentration[23]. » En cet étrange encéphale se consument de puissantes énergies : on ignore tout de leur nature, de leur mode de fonctionnement, et l'on est réduit, pour tenter de saisir le maximum d'informations les concernant, à examiner ses seuls effets. Le rêve est de ces signes qui manifestent l'effervescence intérieure de ces énergies.

Les songes sont porteurs de promesses chez nombre de philosophes : Lulle leur doit de s'être mis à la langue arabe après avoir rêvé, au pied d'un arbre, qu'il lisait des manuscrits rédigés en cet idiome. Saint Thomas eut droit aux siens, de même Campanella. Mais c'est à Descartes que l'on doit les plus fructueuses expériences en la matière, au point qu'on peut même avancer qu'il n'y aurait pas eu de cartésianisme sans trois songes survenus une nuit de novembre 1619.

Tout commence sur les bords du Danube, dans la région d'Ulm. Les lieux sont riches puisqu'en d'autres temps ils virent naître la légende de Faust. Descartes est solitaire, dans son poêle, et réfléchit depuis longtemps au moyen de parvenir à des certitudes en matière de philosophie. Sur l'état d'esprit du philosophe militaire, les commentaires divergent suivant qu'on veut entretenir l'image d'un penseur austère, méditatif et fanatique de raison, ou qu'on veut présenter Descartes tel qu'il était, c'est-à-dire amateur de femmes, bretteur, buveur et joueur. Dans l'hypothèse des tenants, classiques, d'un Descartes sacrifiant à l'idéal ascétique, le jeune homme isolé vivait depuis plusieurs mois dans un état de solitude absolue : pas plus de rencontres sérieuses et intellectuelles que de fréquentations galantes et ludiques. Pour d'autres, plus soucieux de montrer l'individu dans sa dimension humaine, authentique, Descartes sortait d'une période de bombance : il est même question d'ivresse et de débauche[24]. S'il faut en croire le très sérieux biographe de Descartes, Adrien Baillet (1649-1706), le jeune officier avait bu plus qu'il n'est de coutume en pareille occasion, même une veille de Saint-Martin[25]...

Quoi qu'il en soit des femmes et de la bouteille, tous s'accordent pour présenter le philosophe à cette période comme particulièrement habité par les doutes, les interrrogations et les méditations prolongées. Paul Valéry dira : « Ce moment créateur avait été précédé d'un état de concentration et d'agitations violentes[26]. » Le corps de Descartes vivait une mise en tension dans une progression arithmétique soumise à la rigueur de la quête spirituelle qu'il s'imposait : trouver les fondements destinés à permettre une philosophie moderne, une métaphysique radicalement indépendante de la religion et des impératifs scolastiques. Les semaines qui précèdent cette nuit du 10 novembre voient la recherche s'intensifier, au risque de surmener son esprit : « Il le fatiguera de telle sorte que le feu lui prit au cerveau et qu'il tomba dans une espèce d'enthousiasme, qui disposa de telle manière son esprit déjà abattu, qu'il le mit en état de recevoir les impressions des songes et des visions[27]. » La chair est travaillée par le souci, elle est tourmentée par la méditation qui n'aboutit pas.

La nuit d'enthousiasme supposera la mise en demeure du corps. Les incertitudes minent l'organisme au point de rendre toute existence équilibrée difficile, voire impossible. La résolution des difficultés qui sont chères au cœur de Descartes est en passe d'aboutir. Il faut, pour ce faire, un signe du corps, une preuve de la chair. Une exaltation particulière témoigne que le moment est venu, que la libération s'effectue. Lisons Paul Valéry sur cet instant : « Tout à coup la vérité de quelqu'un se fait et brille en lui. La comparaison lumineuse s'impose, car rien ne donne une image plus juste de ce phénomène intime que l'intervention de la lumière dans un milieu obscur où l'on ne pouvait se mouvoir qu'à tâtons. Avec la lumière apparaît la marche en ligne droite et la relation immédiate des coordinations de la marche avec le désir et le but. » Plus particulièrement, en ce qui concerne l'expérience de Descartes : « C'est toute une vie qui s'éclaire, dont tous les actes seront désormais ordonnés à l'œuvre qui sera son but. La ligne droite est jalonnée. Une intelligence a découvert ou a projeté ce pour quoi elle était faite : elle a formé, une fois pour toutes, le modèle de tout son exercice futur[28]. » L'exceptionnelle densité de pareil moment est prouvée par le fait que, de ce point, découlent toutes les mises en formes à quoi s'occupera l'œuvre complète. De cet instant découlent la totalité des méditations, des réflexions, des écritures, des conversations, des efforts à venir : il s'agit, de façon métaphorique, d'un ombilic, d'un placenta. Bergson parlera d'une *intuition originelle*, quand Sartre tâchera de mettre en évidence un *projet originel*[29] pour caractériser cet hapax existentiel et ses potentialités. La chair est propédeutique au système, aux mots. Le langage est l'improbable recours du corps pour tenter, en vain, une circonscription de cette illumination.

Le soir de cette nuit de 1619, Descartes est âgé de vingt-trois ans, il n'a rien écrit, mais travaille depuis longtemps sur des questions de physique, de mathématique, à propos desquelles il s'entretient avec tel ou tel. Le 10 novembre n'est pas une date innocente dans la vie du philosophe : jour pour jour, c'est celle qui correspond à sa première rencontre avec le mathématicien Isaac Beeckmann, l'année précédente, à Breda, en Hollande. Et Descartes essaiera toute son existence de minimiser, voire de nier l'importance pourtant décisive qu'auront eue ces rencontres et ces échanges.

Beeckmann est un mathématicien brillant, apprenti charcutier pendant ses loisirs, puisqu'il est à Breda, chez son oncle, pour aider son parent à préparer les charcuteries de fin d'année. Nonobstant andouilles et saucisses, il est aussi hollandais pour chercher femme qui lui convienne. Descartes, quant à lui, flânant dans les rues de la cité, s'intéressera à un problème de mathématique placardé sur les murs, rédigé en flamand. N'excellant pas dans la langue néerlandaise, le Poitevin s'enquiert d'un traducteur qu'il trouve en la personne du charcutier d'occasion.

Une amitié puissante, rapidement interrompue, toutefois, quand Descartes jugera que son aîné use, envers lui, d'un ton protecteur à l'excès, et s'approprie l'essentiel de la paternité de ses trouvailles. Dans ses cahiers de méditation privée, Descartes insistera sur la qualité du lien affectif qui l'attache à Beeckmann dont il souligne le caractère particulièrement ingénieux. Toutes les premières recherches mathématiques de Descartes se font sous le signe de la complicité et de l'amitié avec cet homme. Les commentateurs, aujourd'hui, s'accordent pour mettre en évidence l'impulsion décisive donnée par l'ancien au cadet, futur auteur d'ouvrages sur dioptrique et géométrie.

Semant le sel sur les territoires dévastés de l'amitié, Descartes effacera de son esprit cette rencontre du 10 novembre, arrachant les racines et détruisant les rhizomes. Pour qualifier le caractère inaugural de cette relation, il parlera d'un hasard : Descartes manque ici une occasion de pratiquer la reconnaissance qui, lorsqu'elle concerne les hommes de qualité, grandit plus qu'elle ne rabaisse. N'importe, l'ombre de Beeckmann le suivra, habitera son âme et préoccupera son esprit puisqu'elle réapparaîtra, ironique, en ludion, dans l'un des trois songes qui feront de Descartes le philosophe qu'on sait.

Retrouvons Descartes dans son lit, c'est là qu'il confesse, enfant, avoir passé d'excellents moments propices à la paresse et à la méditation. Nous sommes dans la nuit du 10 au 11 novembre 1619, Descartes est peut-être encore dans les vapeurs d'alcool et les souvenirs galants, mais commence par voir quelques fantômes et croit marcher dans les rues, sans but particulier, sacrifiant aux délices de la pure errance. Au côté droit, il a l'impression de ressentir quelques douleurs. Un vent impétueux l'emporte, il est obligé de faire des efforts pour ne pas subir sa loi. Malgré tout, un tourbillon le contraint à faire trois ou quatre tours sur lui-même, mais seulement en appui sur son pied gauche. Apercevant un collège, il veut gagner l'église qui le jouxte pour aller prier. Un homme qu'il connaît le croise. Ne s'agit-il pas d'Isaac Beeckmann ? Il essaie de se retourner vers lui, en vain. Le vent le pousse violemment vers l'édifice religieux. Une autre personne lui dit qu'elle a quelque chose à lui donner. Quoi ? Adrien Baillet raconte qu'au dire de Descartes, ce présent aurait été... un melon. Le vent tombe, malgré tout Descartes est courbé et chancelant. C'est alors qu'il se réveille, habité par une douleur qu'il attribue à un mauvais génie qui l'aurait voulu séduire. D'une prière, il demande à Dieu d'être garanti des mauvais effets d'un songe : il croit, en effet, que le rêve est prémonitoire et lui annonce quelque châtiment en rapport avec la dissolution de ses mœurs.

Deux heures plus tard, alors qu'il s'est endormi après son invocation au ciel, le philosophe entend un coup de tonnerre dont l'intensité le réveille. Il aperçoit des myriades d'étincelles répandues dans la chambre. Familier en diable, puisqu'il confesse avoir déjà connu quelque expérience approchante, il s'endort avec calme.

Enfin, un troisième songe vient troubler sa nuit. Aux dires de son biographe, il fut agréable et doux : sur sa table de travail, il voit un dictionnaire et un recueil de poèmes latins qu'il ouvre pour y lire ces vers d'Ausone : « Quel chemin suivrai-je dans la vie ? » Puis, plus loin, une idylle du poète bordelais enseigne de façon sibylline : « Oui et non ». Enfin, il voit défiler sous ses yeux plusieurs portraits effectués par un graveur en taille douce. Descartes rêve alors qu'il s'entretient avec un homme qui disparaît en même temps que les livres, sans pour autant le réveiller. Tout en dormant, le philosophe décide que c'est un songe et, pendant son sommeil, en commence l'interprétation.

Inaugurant la méthode freudienne balbutiante, Descartes tâche d'établir une relation symbolique et pourvue de sens entre les objets du rêve et une équivalence intelligible. Des premières armes de la condensation et du déplacement en psychanalyse... Dans son premier rêve, habité par un melon, il s'agit de comprendre à quoi peut bien correspondre ce fruit. Il opte pour « les charmes de la solitude, mais présentés par des sollicitations purement humaines ». En d'autres termes, pour le désir qui tenaille les corps — comment mieux dire que le melon précède toujours la raison ? Le vent qui souffle dans le songe vaut pour le malin génie occupée à « le jeter par force dans un lieu où son dessein était d'aller volontairement. C'est pourquoi, poursuit Descartes, Dieu ne permit pas qu'il se laissât emporter, même en lieu saint, par un Esprit qu'il n'avait pas envoyé ». Le coup de foudre du deuxième rêve serait le « signal de l'Esprit de Vérité qui descendait sur (lui) pour le posséder ». Enfin, le dictionnaire du dernier songe équivaudrait, toujours selon lui, à l'ensemble de toutes les sciences quand le recueil de poèmes serait la philosophie jointe à la sagesse. Se souvenant de l'étymologie de « poésie », Descartes conclut à la supériorité de celle-ci sur la sagesse, ceci grâce à « la divinité de l'enthousiasme et à la force de l'imagination, qui fait sortir les semences de la sagesse (qui se trouvent dans l'esprit de tous les hommes,

comme les étincelles de feu dans les cailloux) avec beaucoup plus de facilité et beaucoup plus de brillant même
que ne peut le faire la raison des philosophes ». Poursuivant son essai d'explication, Descartes voit dans l'interro-
gation sur le chemin à suivre dans la vie la substance des
questions posées par la théologie morale. Le oui et non,
emprunté à Pythagore, correspond à la vérité et à la fausseté des connaissances profanes. Pour finir, les petits
portraits peuvent être entendus comme des prémonitions,
c'est du moins ce que Descartes croit, car le jour suivant,
il aura la visite d'un peintre. Rien, bien sûr, concernant cet
homme qui hante le premier songe et qu'un vent trop violent — le malin génie — empêche de rencontrer, voire de
reconnaître.

Pour les besoins d'une biographie critique de Descartes,
Maxime Leroy contactera Freud en 1929, et l'interrogera
sur ces trois songes. Le fondateur de la psychanalyse
répondra par une lettre qui fera la part de l'impuissance et
de l'hypothèse : la difficulté réside, en effet, dans le fait
qu'on ne peut questionner le rêveur lui-même, car seul
Descartes aurait pu donner des détails pour connaître ce
personnage mystérieux. On sait, par ce qu'en dira Freud,
que les incapacités à reconnaître, les oublis, les interdic-
tions devant des identités signalent justement des personnes essentielles dans l'économie d'un inconscient. L'hypothèse que ce fantôme fût celui de Beeckmann n'est donc
pas à écarter. Par-delà les difficultés méthodologiques,
Freud apporte toutefois quelques précisions concernant
Descartes : « Les rêves de votre philosophe sont ce que l'on
appelle des "rêves d'en haut", c'est-à-dire des formations
d'idées qui auraient pu être créées aussi bien pendant l'état
de veille que pendant l'état de sommeil et qui, en certaines
parties seulement, ont tiré leur substance d'états d'âme
assez profonds. Aussi ces rêves présentent-ils le plus souvent un contenu à forme abstraite, poétique ou symbolique[30]. » Pour l'instant, Freud se contente de considérations
d'ordre général. Rien qui ne puisse aider dans la compréhension de la symbolique des songes.

Après avoir pris connaissance de l'essai fait par Descartes lui-même, Freud avance ses hypothèses de lecture :
« Confirmant son explication, nous disons que les entraves
qui empêchent Descartes de se mouvoir avec liberté nous
sont exactement connues : c'est la représentation, par le

rêve, d'un conflit intérieur. Le côté gauche est la représentation du mal et du péché et le vent, celle du "mauvais génie". Impossible d'identifier les personnes du rêve, ni les melons, ni les portraits. » Freud ose toutefois une incise sur le melon : « En corrélation avec son état de péché, cette association pourrait figurer une représentation sexuelle, qui a occupé l'imagination du jeune solitaire[31]. » La nuit tout entière est placée sous le signe d'une crise de conscience dominée par des représentations sexuelles, « heures uniques dans la vie de Descartes, qui, par la suite, se débarrassera de ces incommodants tumultes nocturnes, grâce à une hygiène appropriée[32] ». Qu'en de belles ellipses ces choses-là sont dites !

Le silence est magistral sur le fait que ces rêves aient pu tout simplement permettre la résolution d'un conflit, une culpabilité, par exemple : devoir à Beeckmann les fondements de sa philosophie ne pouvait convenir à Descartes, si orgueilleux, si muet, de manière générale, sur ses sources et ses influences. Les songes autoriseraient le dépassement de la dette contractée par le penseur à l'égard du mathématicien. Pour ne pas avoir à reconnaître un dû, blessure d'amour-propre, Descartes déplace — le corps de Descartes déplace — la question des sources et de l'impulsion originelle. Le rêve permet, purement et simplement, la destruction de Beeckmann. Puis il autorise les retrouvailles du philosophe avec lui-même. Son inspiration lui venant de Dieu, via les songes, Descartes n'est plus l'homme lige, que sa fierté, ou sa vanité, ne pouvaient tolérer en lui.

D'où la réaction immédiate et impétueuse qui le fait, juste après ses rêves, se retourner vers le ciel. Adrien Baillet rapporte en effet qu'il « recourut à Dieu tout de nouveau pour le prier et lui faire connaître sa volonté sans enseigne, de vouloir l'éclairer et de le conduire dans la recherche de la vérité. Il tâcha même d'intéresser la Sainte Vierge dans cette affaire qu'il jugeait la plus importante de sa vie[33] ». D'où le vœu d'un pèlerinage à Notre-Dame-de-Lorette. Convenons que, dans une biographie, il est préférable de devoir l'intuition de son système à l'intercession divine qu'à un aide-charcutier, fût-il mathématicien. Le chemin qui l'éloignera de Beeckmann conduit à Notre-Dame-de-Lorette...

Baillet continue : « Son enthousiasme le quitta peu de

jours après la nuit des trois songes. Mais quoique son esprit eût repris son assiette ordinaire et fût rentré dans son premier calme, il n'en devint pas plus décisif sur les résolutions qu'il avait à prendre[34]. » L'œuvre du penseur commence, toutes les publications de Descartes prendront leur source à cette jouvence nocturne. Mais dans aucun des textes essentiels, y compris dans le *Discours de la méthode* qui est si souvent orné de confidences biographiques, il ne sera question de cette nuit, de ces songes... ni de Beeckmann.

L'ami mathématicien effacé, il en va de l'équilibre de Descartes. Sa version des faits s'appuiera donc sur cette expérience singulière. Dieu est l'inspirateur du système, Descartes est la médiation de cette puissance absolue. A Élisabeth, il écrira un jour combien il a été redevable, souvent, de pareilles intuitions. On ne s'étonnera pas de retrouver ici Socrate, notre figure originaire. Lisons Descartes : « J'ai une infinité d'expériences, et avec cela l'autorité de Socrate, pour confirmer mon opinion (...). Et ce qu'on nomme communément le génie de Socrate n'a sans doute été autre chose, sinon qu'il avait accoutumé de suivre ses inclinations intérieures, et pensait que l'événement de ce qu'il entreprenait serait heureux, lorsqu'il avait quelque secret sentiment de gaieté, et, au contraire, qu'il serait malheureux, lorsqu'il était triste (...). Il me semble qu'on a grande raison de suivre le conseil de son génie[35]. » L'inclination intérieure, comme l'écrit Descartes, c'est la loi du corps, la logique des organes.

Dans la multitude de commentaires que Descartes a suscités, le plus subtil, le plus pénétrant est sans conteste celui de Paul Valéry. D'abord, il distingue ces expériences existentielles des extases mystiques et religieuses, ce qui n'est pas une précision mineure. Ensuite, il caractérise la dynamique de ces hapax : « Je ne sais rien de plus véritablement poétique à concevoir que cette modulation extraordinaire qui fait parcourir à un être, dans l'espace de quelques heures, les degrés inconnus de toute sa puissance nerveuse et spirituelle, depuis la tension de ses facultés d'analyse, de critique et de construction, jusqu'à l'enivrement de la victoire, à l'expulsion de l'orgueil d'avoir trouvé[36]. » Valéry s'étonne ensuie que Descartes ait connu, après pareil moment, le doute, l'expectative, au point qu'il ait senti le besoin d'en appeler à Dieu par la prière. Ce curieux recours au divin donne l'impression qu'aux yeux du philosophe, on ne pouvait laisser une vérité surgir du corps, d'un lieu, un secours céleste. Le problème est déplacé du registre physiologique à celui de la théologie.

Haine du corps, donc, mépris de la chair, volonté de cacher le limon d'où sortent les pensées : Descartes est bien un philosophe classique jusque dans ses défiances, sinon ses répugnances. La pensée est pourtant bien le produit de cette chair qui souffre et qui enregistre les moindres vibrations de l'existence, elle résulte d'un compromis avec des forces qui dynamisent l'organisme dans le dessein d'épargner la fracture, la brisure, la folie, le déséquilibre. Valéry fait superbement l'analyse de cette dynamique existentielle, de cette œuvre de chair : « Tout système, écrit-il, est une entreprise de l'esprit contre lui-même. Une œuvre exprime non l'être d'un auteur, mais sa volonté de paraître, qui choisit, ordonne, accorde, masque, exagère. C'est-à-dire qu'une intention particulière traite et travaille l'ensemble des accidents, des jeux du hasard mental, des produits d'attention et de durée consciente, qui composent l'activité réelle de la pensée ; mais celle-ci ne veut pas paraître ce qu'elle est : elle veut que ce désordre d'incidents et d'actes virtuels ne compte pas, que ses contradictions, ses méprises, ses différences de lucidité et de sentiments soient résorbées[37]. » Dionysos à l'œuvre, dans ses méandres, ses arabesques et ses volutes baroques, avant toute récupération par Apollon — le melon avant la raison.

Dans ces considérations sur les mouvances de la pensée, Valéry met au jour une méthode. Elle est fondamentale, car elle permet d'arraisonner la pensée aux instances dont elle provient ; elle interdit une lecture des œuvres comme si celles-ci étaient totalement indépendantes des conditions qui la permettent, des corps, des chairs et des santés, voire des défaillances qui les supposent. L'idée est montrée dans les perspectives d'où elle émerge : la biographie devient une source majeure de compréhension des textes, même si, bien sûr, on ne saurait réduire une œuvre complète à une pure et simple existence. La vie autorise simplement une ouverture, un angle d'attaque qui permet de mieux habiter un livre. Valéry : « La restitution d'un être pensant uniquement fondée sur l'examen des textes conduit à l'invention de monstres, d'autant plus incapables de vie que l'étude a été plus soigneusement et rigoureusement élaborée, qu'il a fallu opérer des conciliations d'opinions qui ne se sont jamais produites dans l'esprit de l'auteur, expliquer des obscurités qu'il supportait en lui, interpréter des termes dont les résonances étaient des singularités de cet esprit, impénétrables à lui-même[38]. » Dans le même souci d'offrir une méthode qui fût sans brutalité et sans réductionnisme pour une lecture des œuvres, Bergson a montré combien la cohérence, le système et l'ordre étaient produits *a posteriori*, après découlements, ramifications, processions, infiltrations par capillarités, le tout en provenance d'une intuition originaire surgissant d'un corps hanté, habité. Les mots servent parfois à tenter des approches de ces sensations fugaces, quasi séraphiques. Mais ils sont irrémédiablement voués à donner une approximation grossière, une impression maladroite et incomplète.

Descartes, philosophe de la raison, penseur de la méthode, thuriféraire de la clarté et de la distinction, metteur en scène d'un appareil conceptuel méthodologique impressionnant, devait l'intuition de son système à trois songes faits dans un poêle, non loin du Danube. Le paradoxe a de quoi saisir, sinon plaire. Avant la mathématique universelle, les règles de la méthode, les mises en formes déductives, Descartes donne dans le melon et les vents tourbillonnaires, les pluies d'étincelles et les livres qui s'ouvrent aux bonnes pages. Relevant l'étrangeté de la situation, Paul Valéry écrira : « Quoi de plus saisissant que de voir le Protée intérieur passer de la rigueur au délire, demander à la prière l'énergie de persévérer dans la voie des constructions rationnelles, aux personnes divines de le soutenir dans l'entreprise la plus orgueilleuse, et vouloir enfin que des rêves excessivement obscurs lui soient des témoignages en faveur de son système des idées claires[39] ? » Ce qu'en d'autres termes, en une phrase définitive Georges Gusdorf stigmatisera de la façon suivante : « L'immaculée conception du rationalisme moderne s'enveloppe de fantasmes baroques[40] »...

Revenu au sérieux de l'écriture et de l'élaboration de l'œuvre, Descartes n'aura de cesse de flétrir le mode poétique d'acquisition des certitudes pour lui préférer le mode mathématique. Lorsqu'il s'interrogera sur les règles pour la direction de l'esprit, oubliant le rôle moteur de ses rêves dans l'élaboration de son système, il écrira : « Parmi les sciences déjà connues, seules l'arithmétique et la géométrie sont exemptes de fausseté et d'incertitude, il nous faut examiner avec plus de soin pourquoi il en est ainsi, et, à cet égard, il nous faut noter que nous parvenons à la connaissance des choses par deux chemins, à savoir par l'expérience ou par la déduction. » Nous pourrions traduire : par le corps aidé de la conscience, ou par la raison, aidée des artifices rhétoriques. Évidemment, Descartes écrit que les expériences sont souvent trompeuses quand la déduction « ne saurait être mal faite même par l'entendement le moins capable de raisonner[41] ». Et Descartes de mettre en œuvre la lourde machine qui, via l'analyse, la résolution, la synthèse, la composition, l'algèbre, l'ordre, la méthode, la déduction, produira le fantasme de la « mathématique universelle » dont toutes les autres sciences dépendent. Parti de l'intuition et de l'enthousiasme, Descartes parvient à masquer les fondations de son système, l'origine, honteuse selon la corporation, parce que dionysienne de sa pensée. Seules paraissent, triomphantes, les formes, la mesure avec lesquelles on produit le jeu cartésien : vrai, clair et distinct mis en œuvre pour prouver Dieu, puis épargner la religion de son Roi et de sa nourrice, tant de détours pour revenir aux lieux communs de son époque, tout en partant des forces les plus prometteuses. Du moins, le voyage distrait, et la philosophie se contente du trajet ludique...

S'il fallait désespérer de Descartes, ce serait moins de son conformisme que de son infidélité à l'amitié. Car Beeckmann a donné au philosophe les impulsions qui l'ont mis en chemin : Descartes lui doit les premiers moteurs de sa dynamique, ce qui n'est pas peu. On peut imaginer que le souvenir de Beeckmann se fait impérieux dans les rêves, travesti dans les oripeaux de la dissimulation, pour mieux travailler le corps de Descartes, d'abord sous forme de générateur de culpabilité, ensuite sous forme d'une pure et simple sublimation. Beeckmann restera secrètement l'impulsion de la pensée de Descartes et le corps du penseur aura joué avec cette vérité comme un prisme qui diffracte la lumière pour en métamorphoser l'allure primitive, pour qu'on n'en reconnaisse pas l'ordre initial. Sous l'œuvre disparaît le corps du philosophe — d'ailleurs toute œuvre n'est-elle pas le tombeau de qui la produit ? —, et sous elle s'évanouissent les passions et l'enthousiasme de l'amitié. Le tout au profit d'une œuvre qui ne cessera de répéter, comme pour mieux montrer l'évidence de l'inverse, qu'on ne connaît bien que ce qui découle et relève des opérations de la raison, de l'esprit, de l'intelligence, de l'entendement, alors que la machine rationnelle se met en branle lorsque tout est déjà fait, que le corps a parlé, qu'il a exprimé la nécessité physiologique sous forme de voix socratique, de conversion métaphysique augustinienne ou de songes cartésiens. La pensée génère l'équilibre d'un corps qui, sans elle, ne connaîtrait que le désordre — du malaise à la mort en passant par la folie.

Dans le registre des expériences limites effectuées par un sujet sur son propre corps ou subies par une chair obéissant aux lois de l'organisme poussé jusqu'aux points de rupture, Pascal offre un exemple particulièrement éclairant. La complexion mystique du philosophe, son refus du corps, sa haine de la vie, son évolution dans un quotidien exclusivement marqué par la maladie, la souffrance font de la nuit du Mémorial un moment philosophique spécialement dionysien. En effet, le 23 novembre 1654, entre dix heures et demie du soir et minuit et demi, Pascal connaît un état d'exaltation extrême et note sur un papier, de manière cursive et fébrile, ses sensations, ses émotions, et les sentiments que lui inspirent ces minutes d'une telle densité. Sous le titre *Feu*, rédigées dans un rythme syncopé, saccadé, sans souci de la syntaxe, Pascal note ses certitudes de l'instant : la vérité n'est pas du côté de la raison et du Dieu des philosophes, mais du côté de la foi, de la révélation et des Évangiles. Au ravissement consubstantiel à cet état succède la fusion mystique : après avoir dit qu'il avait oublié tout ce qui n'est pas Dieu, Pascal écrit : « Père juste, le monde ne t'a point connu, mais je t'ai connu. » Suivent les mots les plus célèbres de cette page : « Joie, joie, joie, pleurs de joie ». Il requiert une perpétuelle union avec Dieu, confesse l'angoisse d'en être séparé, puis avoue opter pour le renonciation totale et douce. Le lendemain, il ajoute : « Soumission totale à Jésus-Christ et à mon directeur. Éternellement en joie pour un jour d'exercice sur la terre[42]. » La respiration du texte est essoufflée, les mots sont purement et simplement juxtaposés. La métaphore lumineuse du feu, les répétitions, l'inquiétude et le ravissement, puis la béatitude :

Pascal connaît ce soir-là un authentique ébranlement physiologique dont il ressortira métamorphosé. L'auteur des textes scientifiques sur les coniques ou le triangle arithmétique, la roulette ou les lignes courbes, le vide ou la pesanteur de l'air meurt cette nuit de novembre pour laisser place au philosophe des *Pensées* et des *Provinciales*. « Aussitôt après la révélation, et avec sa promptitude coutumière, Pascal a aperçu d'un coup toutes les conséquences de cette invasion de clarté, qu'il a rapportées à certaines de ses interrogations restées jusque-là sans réponse[43]. » Le corps résout le problème seul, indépendamment de la conscience qui laisse parfois apparaître les effets du travail qui s'effectue dans la chair, au détour d'une ruse dont les organes ont parfois le secret. L'organisme emmagasine les conflits, leur donne un espace, un lieu, puis il ressent, un jour, le moment propice étant venu, le besoin impérieux d'en permettre la dissolution sous une forme brutale, spontanée, immédiate et radicalement physiologique. D'où les transes, les extases, et la connaissance par les gouffres.

La tension qui précède le moment exceptionnel a fait, dans l'histoire des idées, l'objet d'un certain nombre d'approches, sinon de réductions. Parmi celles-ci, l'hypothèse marxiste qui fait de l'état d'esprit de Pascal un champ de bataille produit par l'opposition, fortement conflictuelle, entre une puissante tendance au spirituel et une impérieuse exigence concrète, matérielle. Lucien Goldman développe l'hypothèse suivante : « Il y avait dans la vie de Pascal jusqu'à cette date une contradiction flagrante entre la primauté reconnue *en principe* à la religion et la réalité *pratique* d'une vie consacrée au monde ; contradiction accentuée précisément pendant les dernières années qui préparent déjà cette nuit du 23 novembre, pendant lesquelles se situe le conflit au sujet de la dot de sa sœur, sa proposition, rapportée par deux sources qui nous paraissent dignes de confiance, de résister à la constitution d'Innocent X et d'en appeler au Concile, et aussi la lettre à la reine Christine de Suède, qui met à tel point l'accent sur la supériorité de l'esprit sans toucher mot de la grâce[44]. » Le schéma marxiste est donc simple : le philosophe est écartelé entre sa conscience et la vie réelle, sa piété et les soucis temporels : d'un côté l'appel mystique à la vie contemplative, et les querelles théologiques du moment, de l'autre, le réalisme d'une vie mondaine encombrée de droits d'héritage, d'argent et de famille. Entre deux, Pascal est en situation d'équilibre instable, en instance de culbute. L'angoisse, de toute façon est appelée à connaître un paroxysme.

S'il faut, en effet, prendre en considération ces données critiques historiques, on doit tout de même affiner en constatant que ce type de réel produit les effets qu'on sait seulement dans le cas où il rencontre une sensibilité particulière, un tempérament, un caractère, donc un corps. Et celui de Pascal est particulièrement fragile, extrêmement disposé aux variations affectives ou émotives. Lui aussi dispose d'une chair qui est un authentique sismographe, pareil à Augustin dans son jardin milanais.

Pascal connaissait vraisemblablement l'anecdote que rapporte Marguerite Périer sur son enfance. Elle donnerait aux freudiens de riches pistes pour établir un portrait de l'inconscient pascalien. La fragilité nerveuse de l'enfant ne fait aucun doute : dans ses toutes premières années, au dire de sa nièce qui témoigne, Pascal aurait connu d'étranges états de langueur accompagnés de phobies. Par exemple, « il ne pouvait souffrir de voir de l'eau sans tomber dans des transports d'emportements très grands[45] ». De même, les contacts avec ses parents lui étaient insupportables : « Aussitôt qu'ils s'approchaient, il criait, se débattait avec une violence excessive ; tout cela dura plus d'un an durant lequel le mal s'augmentait ; il tomba dans une telle extrémité qu'on le regardait comme prêt à mourir[46] ». Pour expliquer ces comportements excessifs, voire inquiétants, la famille s'en fut d'un bouc émissaire qu'elle trouva en la personne d'une femme transformée en sorcière, elle qui n'était coupable que de demander régulièrement la charité aux grands-parents du philosophe. On ne sait comment la famille obtint l'aveu de la dame, mais elle l'eut, et avec lui la confession du remède qui libérerait l'enfant : il suffisait de détourner le mal, par exemple sur des animaux. Le grand-père offrit un cheval, la magicienne se contenta d'un chat — qu'elle fit périr, en tout solde du salut de Blaise. Spécialiste en choses miraculeuses, elle fit aussi de telle sorte qu'au passage, un enfant fut ressuscité à l'aide d'un cataplasme d'herbes sauvages. Journée faste pour les mystères. Pascal commence bien...

L'enfance des grands hommes est souvent silencieuse. Du Blaise bambin au Blaise pubère, on ne sait rien. Les témoignages biographiques présentent Pascal atteint de premiers maux en 1642, il a dix-neuf ans. A cette époque, il avait travaillé sur un prototype de machine à calculer qui lui avait coûté de gros efforts. Il eut beaucoup de mal à recouvrer la santé après avoir connu, deux années durant, une dépression difficile à vivre. Par ailleurs, au dire de Marguerite Périer, « cette fatigue et la délicatesse où se trouvait alors sa santé depuis quelques années le jetèrent dans des incommodités qui ne l'ont pas quitté ; de sorte qu'il nous a dit quelquefois que depuis l'âge de dix-huit ans il n'avait pas passé un jour sans douleur. Ses incommodités n'étant pas toujours dans une égale violence, dès qu'il avait un peu de repos et de relâche, son esprit se portait incontinent à chercher quelque chose de nouveau[47] ». Il travaille alors sur le vide, met au point sa roulette et engage sa querelle à propos de Jansénius. Son état physique ne s'améliore pas : impossible d'avaler quoi que ce soit, en dehors de mixtures incorporées à des breuvages chauds à ingurgiter au goutte à goutte : « Il avait outre cela une douleur de tête comme insupportable, une chaleur d'entrailles et beaucoup d'autres maux[48]. » Afin de pouvoir se soigner, il devait se purger tous les deux jours. L'absorption des médicaments n'en demeurait pas moins pénible et son entourage souffrait même d'assister aux séances de soins. A cette époque, il connaît une paralysie qui l'oblige à recourir à un appareillage : « Ses jambes et ses pieds devinrent froids comme du marbre, et on était obligé de lui mettre tous les jours des chaussons trempés dans de l'eau-de-vie pour tâcher de faire revenir la chaleur aux pieds[49]. » Des charentaises imbibées...

Devant toutes ces épreuves, Pascal conserve le sourire, il serait même plutôt content : les maladies sont des signes envoyés par Dieu pour éprouver la foi, il faut les accepter, d'abord, puis les aimer. Pour mieux en rajouter, il opte pour le renoncement : tout ce qui peut faire songer à du plaisir est immédiatement banni. La nourriture est entendue dans une perspective nutritive : les rations sont calculées, il oublie même ce qu'il vient de manger tant son souci du goût est mort. Sa sœur constate quel plaisir il prend à mortifier ses sens et à prendre ses potions dégoûtantes.

Les joies de la conversation ont bien pu le tenter quelque temps, mais très vite il a voulu se les interdire en refusant toutes visites, même celles qui soutenaient un dessein

d'édification. Peut-être d'ailleurs vaut-il mieux pour le philosophe qu'il ne rencontre pas ses semblables, car parfois
les visites sont la cause de troubles disproportionnées.
Ainsi, un jour qu'il discutait des affaires de l'Église avec
quelques amis, il réagit purement et simplement par l'évanouissement et la catalepsie aux dires de ses interlocuteurs, parce qu'ils tenaient des propos trop différents des
siens sur le sujet abordé. Revenant à lui, il confiera que
son saisissement avait été tel qu'il n'avait pu faire autrement que de céder à la douleur ressentie...

Faut-il s'étonner qu'avec un corps doté d'une telle hyperesthésie, Pascal ait très vite développé des sentiments de
haine à l'égard de sa propre chair ? Dès qu'un plaisir possible était en vue, Pascal se mortifiait — y compris pour ceux
qu'auraient permis les conversations. Il portait une ceinture de fer garnie de pointes à même sa peau et s'en affu-
blait dès qu'on lui annonçait une visite. Au moindre soupçon de bien-être, il s'enfonçait les clous dans la chair à
l'aide de ses coudes pour se rappeler ses décisions de
renoncement : « Il s'était comme incorporé cet ennemi
volontaire qui, en piquant son corps, excitait sans cesse
son esprit à tenir dans la ferveur, et lui donnait ainsi le
moyen d'une victoire assurée[50]. » En dehors de ces pratiques de macération, Pascal consacrait l'essentiel de son
temps à la prière et à la lecture des Évangiles.

Rien n'y fit de la fréquentation des textes sacrés et des
pratiques mortifères : le mal redoubla. Des maux de dents
provoquèrent d'interminables insomnies au cours desquelles lui vinrent une multitude d'intuitions concernant sa
roulette. Le dérivatif est suffisamment puissant pour qu'il
oublie quelque temps son corps souffrant. Pendant ces
périodes d'exaltation, il écrivit son ouvrage sur la cycloïde,
« mais son corps n'y put résister, car ce fut ce dernier acca-
blement qui acheva de miner entièrement sa santé et qui
le réduisit dans cet état si affligeant que nous avons dit, de
ne pouvoir avaler[51] ». Pascal bénit les épreuves qui lui sont
envoyées. Dans une ferveur mystique, il écrira même une
Prière pour demander à Dieu le bon usage des maladies dans
laquelle il implorera Dieu d'anéantir ses forces pour accé-
lérer son salut et augmenter ses douleurs pour rendre
impossible tout plaisir mondain.

Pascal souhaite qu'on punisse le corps, parce qu'il est
rebelle à l'esprit et entrave toute conversation authentique

avec Dieu. Vieille rengaine. Tout ce qui peut attacher à ce monde-là est honni, méprisé, bafoué : l'amour, bien entendu, mais aussi l'amitié, voire tout excès en matière de charité qui pourrait rendre le bénéficiaire aimable donc encombrant. Dans son désir de néant et sa complaisance nihiliste et morbide, Pascal en appelait même à la mise à mort de l'identité, de la subjectivité : « On sait, dit sa sœur, qu'il voulait qu'un honnête homme évitât de se nommer, et même de se servir des mots de *je* ou de *moi*[52]. » Le seul plaisir qu'il se soit autorisé consistait à visiter les reliquaires dans les églises. Peut-on dire mieux sa fascination pour la mort ?

A son domicile, le philosophe accueillait une famille par charité. L'un des enfants fut atteint de petite vérole. Pascal refusa qu'on l'en sépare, fut évidemment contaminé. Coliques, migraines, vomissements, convulsions, il mit quelques jours à mourir, non sans avoir persisté à bénir la maladie et souhaité finir au milieu des incurables où il demanda son transfert. Le voyage de Pascal s'arrêtait là. Nietzsche pourra bien écrire du christianisme qu'il a gâché Pascal, un tempérament préoccupé par le suicide de sa raison, obsédé par la dégénérescence et le modèle de ce que le philosophe allemand appelait *l'avorton sublime*.

Après sa mort, on découvrit le texte du Mémorial, qui rapportait ses impressions de la nuit de novembre 1654, dans la doublure de son pourpoint. Huit ans durant, il n'aura cessé de coudre et découdre ses vêtements pour ne point cesser d'avoir le texte sur lui-même, comme s'il lui fallait inscrire sur une seconde peau ces mots qui disent l'extase, la résolution qui s'ensuit et le souvenir de cette béatitude existentielle. Le parchemin devient « une mémoire extra-corporelle à la superficie de l'organisme[53] », une peau nouvelle : des chairs nouvelles pour un homme nouveau nourri de certitudes mystiques.

Certes, la dot de sa sœur et les frasques d'Innocent X ont pu, comme le croit Lucien Goldman, écarteler Pascal et rendre son psychisme fragile, réceptif à l'extrême. On conviendra toutefois qu'il n'est pas sans intérêt de voir dans quel corps s'effectue cette révélation, dans quel organisme malade, affaibli, contraint aux macérations, à l'ascétisme porté à son incandescence, et au formidable retournement des pulsions de mort contre soi. La chair accueille l'expérience mystique comme jouissance à défaut d'autres

béatitudes plus païennes. Là encore, Dieu fournit le prétexte à des jubilations concrètes. L'extase au nom de Dieu
produit les mêmes effets, et relève des mêmes symptômes
que celle qui s'accomplit au nom du corps et de l'immanence. Ainsi, la piétiste échappe, du moins le croit-il, à la
contradiction : en annonçant la mort de la chair, il prouve
la chair ; en voulant la mort du corps, il enseigne l'extrême
vitalité du corps ; en souhaitant le renoncement, il
s'acharne à vivre chaque seconde. Erreur d'objectif tout
simplement. Le philosophe trouve, avec l'extase mystique,
un bon compromis pour affirmer Dionysos quand il croit
l'anéantir. Chassez le corporel, il revient au galop...

Sous forme paradoxale, on pourrait même affirmer que,
dans ces moments, et pour ce type de hapax existentiel, le
corps est plus corps que n'importe quand. En effet, dans
ces transes, ces enthousiasmes — au sens étymologique —,
ces délires, la chair est affûtée à son maximum, elle
connaît une exacerbation absolue, le système nerveux est
aux crêtes de ses possibilités. Il faut donc un organisme
à part, une sensibilité et un tempérament particuliers qui
distinguent aristocratiquement ceux qui en sont pourvus
des autres qui vivent dans un relâchement — comme on
dit des chairs qu'elles se relâchent — excluant toute tension génitrice. Bergson avait constaté la distinction des
corps capables de ce genre de connaissance par intuition,
par *expérience intérieure* dirait Georges Bataille. Sur ce
sujet il affirmait : « Certains, sans aucun doute, sont totalement fermés à l'expérience mystique, incapables d'en rien
éprouver, d'en rien imaginer. Mais on rencontre également
des gens pour lesquels la musique n'est qu'un bruit ; et tel
d'entre eux s'exprime avec la même colère, sur le même
ton de rancune personnelle au sujet des musiciens[54]. »
Bergson a mille fois raison de rapprocher l'expérience
mystique, qui peut être religieuse, de celle, païenne et
immanente, qu'on peut faire avec la musique. L'extase
musicale dispense de recourir à la religion. Si Nietzsche a
pu déplorer que Pascal ait été massacré par le christianisme, c'est justement parce que son hyperesthésie n'a pu
être mise au service que d'une cause négative : la mort,
le mal, la souffrance, le renoncement, en un mot l'idéal
ascétique. Le corps de Pascal était doué d'immenses potentialités, il aurait suffi d'élire un autre objet que celui des
chrétiens...

Avec La Mettrie, on ne court pas le risque de rencontrer une biographie au service de l'idéal renonçant. Ce médecin-philosophe inaugure avec bonheur la lucidité qu'on doit si souvent aux matérialistes issus de la tradition chirurgicale ou hippocratique. Aujourd'hui encore, il y a plus à apprendre en matière d'éthique des neurologues que des spécialistes de Kant, des éthologues et des scientifiques que des faux sages qui se répandent en une réactualisation laïque de vieilles lunes chrétiennes. En spécialiste des maladies vénériennes qu'il fut La Mettrie dira moins de sottises qu'un Condorcet par exemple.

Matérialiste enchanté — pour reprendre une belle expression d'Élisabeth de Fontenay concernant Diderot —, La Mettrie se raconte, dans un petit texte autobiographique ironique, après s'être rebaptisé Monsieur Machine. Lisons : « Monsieur Machine est (comme les canes de Vaucanson à Paris) sans âme, sans esprit, sans raison, sans vertu, sans discernement, sans goût, sans politesse et sans mœurs ; tout est corps, tout est matière en lui. Pure machine, homme-plante homme-machine, homme plus que machine ; ce sont les titres qu'il affecte, qu'il ambitionne, et dont il se fait gloire[55]. »

Familier de la provocation dès le berceau — il est né un 25 décembre, en 1709 — il n'hésite pas, plus tard, à se présenter en Hercule moderne et à raconter son passé sans vergogne à la troisième personne : « Il se vante d'avoir dépensé cent mille livres par débauches et voluptés, avant que de devenir Docteur ; et qu'il se fait gloire de s'être fait créer Docteur par le moyen de l'argent qui lui restait après ses débauches[56]. » Diafoirus est cupide et pratique la corruption, mais sa franchise, et son matérialisme, le dispensent d'expiation.

Après avoir traduit sept ouvrages de l'iatromécaniste Boerhave, son maître, il écrit un *Traité du vertige* qui décrit à merveille la syncope et les symptômes dans le corps où elle se manifeste. Matérialiste radical, il expérimentera le monisme, le principe de son système philosophique, lors d'un hapax existentiel en 1742 : alors qu'il était médecin aux gardes françaises près le duc de Grammont, il est atteint d'une fièvre chaude à Fribourg, lors du siège. Le mal le terrasse, au point qu'il manque d'en mourir. Rapportant les faits, Frédéric II, à la cour duquel La Mettrie passa la fin de son existence, écrit : « Pendant la campagne de Fribourg, M. de La Mettrie fut attaqué d'une fièvre chaude : une maladie est pour un philosophe une école de physique ; il crut s'apercevoir que la faculté de penser n'était qu'une suite de l'organisation de la machine, et que le dérangement des ressorts influait considérablement sur cette partie de nous-mêmes que les métaphysiciens appellent l'âme. Rempli de ces idées pendant sa convalescence, il porta hardiment le flambeau de l'expérience dans les ténèbres de la métaphysique ; il tenta d'expliquer, à l'aide de l'anatomie, la texture déliée de l'entendement, et il ne trouva que de la mécanique là où d'autres avaient supposé une essence supérieure à la matière[57]. » L'expérience de l'évanouissement, de la perte de connaissance, la syncope vécue dans son corps, sa chair, le conduisent à une conversion : il deviendra philosophe, matérialiste hédoniste. Sa réflexion inspirera et scandalisera le siècle des Lumières dans sa version matérialiste : tous le liront — il a l'avantage d'être l'ancien —, utiliseront ses réflexions, peu le citeront, aucun ne le reconnaîtra comme un maître sinon Sade.

Outre l'expérimentation du vertige à son corps défendant, La Mettrie eut également recours aux artifices opiacés pour retrouver, une seconde fois, la vérité philosophique du monisme. D'après lui, « l'opium (est) le véritable moyen de parvenir à la félicité et au paradis d'une machine[58] ». La Mettrie insiste sur le caractère paradisiaque des états connus par l'opiomane : félicité, douceur, tranquillité, béatitude qu'on voudrait faire durer, *douces ténèbres* dira-t-il. Racontant son expérience, La Mettrie la compare à une mort, à la mort, qui montre le corps dans un total état de relâchement : il ignore la tension et l'habituel parcours des énergies. L'odyssée le conduit dans des lieux étonnants où l'on côtoie Caron et Pluton, mais aussi, plus dangereux, le médecin qu'il avait soudoyé pour obtenir ses diplômes et auquel il devait encore de l'argent. Ce qui lui vaudra une altercation, suivie d'un combat au cours duquel il trouvera la mort avant d'être transformé en cornemuse... On ne peut espérer plus de sérieux de la part du philosophe hédoniste. L'histoire vaut pour la mise en scène radicalement matérialiste qui permet de voir le monisme à l'œuvre : les substances opiacées agissent sur la matière et déterminent des comportements, voire des troubles du comportement. Le corps est une machine qui obéit à des lois que peuvent contrarier des substances, elles aussi matérielles, appelées à produire du désordre, ou plutôt un autre ordre. La leçon du matérialisme hédoniste est qu'il n'y a que du corps et que ce dernier est exclusivement matériel, chose atomique, organisme composé d'éléments connus.

L'œuvre complète du philosophe abonde en exemples qui soulignent l'implication totale du corps dans la pensée, de la chair dans la réflexion. Le principe lamettrien est simple : « L'homme est une machine, et il n'y a dans l'univers qu'une seule substance diversement modifiée[59]. » Le réel est, dans la totalité de ses facettes, un composé de ces modifications, de ces variations multiples d'un même thème : la matière, la même matière.

L'un de ses ouvrages établit une description très précise des phénomènes qu'on pourrait dire de connaissance par les gouffres — expériences de vertiges extatiques, de ravissements, de syncopes. jamais peut-être on n'aura autant insisté sur les manifestations purement corporelles de l'enthousiasme, de l'ivresse dionysienne. On est tout d'abord affranchi des obligations de la pesanteur et de l'équilibre dans l'espace : « On croit tomber du ciel sur la terre ou dans la mer, s'élever de là jusqu'aux nues, tourner comme un tourbillon dans l'air, et être ensuite précipité avec tout l'univers dans les plus profonds abîmes[60]. » Ensuite, on est soumis à des illusions d'optique, à un fonctionnement arbitraire et désordonné de la vue : dédoublement d'objets ou modifications irrationnelles des couleurs. Les autres sens subissent également des effets hallucinatoires : « On croit entendre tantôt des sifflements horribles tels que ceux des serpents, tantôt le bruit des flots de la mer, du vent qui enfle les voiles, de la pluie ou de la grêle qui tombe, le murmure d'un ruisseau, le son d'une flûte, l'harmonie d'un concert, et mille autres faux bruits[61]. » L'odorat, le goût et le tact sont, eux aussi, altérés. Rappelons, en passant, que toutes les expériences de drogues montrent à l'envi la confusion des registres sensitifs et des expériences sensorielles : synesthésies, aperceptions, synopsies.

Les parties du corps sont touchées une à une : relâchement des muscles, tremblements des genoux et de tous les membres, frayeurs, serrements de cœur, dissipation des forces, abattement, consternation et anéantissement. La Mettrie rapporte qu'un grand chimiste a même cru voir à l'origine du malaise vagal un venin puissant et singulier.

Parfois suivent des nausées, des vomissements ou des chutes consécutives aux évanouissements. Les autres nous deviennent totalement étrangers, et chacun devient une énigme pour lui-même. Poursuivant sa description, il écrit : « On voit les paupières s'élever à certains cris et se baisser aussitôt. Ce mouvement est à peine sensible qu'il s'évanouit. On est quelquefois aussi agité par des convulsions, et des transports violents, on respire, avec une difficulté extrême, on sue, on dort la bouche remplie d'écume, et on se réveille ensuite comme un homme sain qui aurait eu le sommeil le plus tranquille[62]. » Le corps subit les effets d'un ravage étonnant, d'un travail gigantesque. L'organisme enregistre, comme un matériel excessivement sensible, les effets de la métamorphose qui annonce d'authentiques ébranlements.

Dans le registre de l'étiologie, La Mettrie met en avant une série de causes possibles : « Une trop grande application au jeu ou à l'étude, un amour violent et malheureux, une certaine quantité de tabac pris en poudre ou en fumée, la colère, la fureur, un coup de soleil, une chaleur excessive, la petite vérole (...), la ciguë aquatique et quantité d'autres venins qui raréfient le sang, produisent le vertige[63]. » Les raisons physiologiques et les causalités psychologiques sont mêlées, les corps étrangers et leur absorption côtoient les émotions et leurs effets. La logique est encore hippocratique, elle s'appuie sur l'équilibre des matières et l'harmonie des flux qui s'ensuit. L'excès de sang, tout autant que le défaut, produisent le malaise. Soucieux de donner des détails sur le trop de sang dans un corps, La Mettrie écrit qu'en vertu des purgations qui rétablissent l'harmonie, une femme pourra très bien connaître des menstruations excentriques et constater que son sang s'échappe par les doigts. De toute façon, lorsque le flux est impossible par les voies naturelles, il recourt à des issues imaginatives : et La Mettrie de donner un catalogue de toutes les façons de perdre son sang — des vieilles fistules aux jeunes ulcères.

Pour éviter pareilles mésaventures — ce qui, convenons-en, fait négligé — on pourra toujours téter le lait d'une nourrice adulte, saine, ou manger des nourritures appropriées, pratiquer une diététique purgative. Il s'agit, tout simplement, de restaurer l'harmonie des matières par un jeu d'addition et de soustraction des éléments excessifs ou défaillants. Par ailleurs, on portera des vêtements serrés, on boira du vin avec modération et on pratiquera un efficace système d'auto-vidange dont La Mettrie explique le bien-fondé : « Le canal étant ouvert depuis la bouche jusqu'à l'anus, ventre, pets, borborygmes, tout l'air raréfié s'échappe par l'une ou l'autre extrémité[64] », et l'on évite ainsi le pire.

Le vertige, l'extase, sont donc concentrés d'expurgation d'un trop-plein, comme la libération d'une énergie mortifère, dangereuse pour l'équilibre. Dans sa version hypermatérialiste, La Mettrie pose les principes de ce qu'en termes de psychanalyse Freud développera sous les rubriques de la somatisation et de la sublimation : libérer les tensions, défaire les nœuds qui paralysent la circulation des flux, permettre une régulation des trajets d'énergie, autoriser un équilibre harmonieux des forces dans la perspective d'une libération des corps. La pensée purge le corps, elle le rend à lui-même et pacifie l'organisme. Toute création est mise en forme de ces scories détachées des lieux où elles faisaient obstruction à l'eurythmie. Le corps est le sanctuaire d'une alchimie des reliquats avec lesquels on produit l'illusion apollinienne du sens, de l'ordre, de la mesure. Car seul Dionysos règne, le reste est maquillage...

Rien de moins naturel, donc, qu'on retrouve cette puissance à l'œuvre en plein siècle des Lumières, comme pour mieux montrer le caractère secondaire de la raison, sa fonction réactive. Et c'est Jean-Jacques Rousseau qui illustre à son corps défendant les noces entre la chair et la connaissance, la peau et le savoir : il expérimente, en effet, en un éclair de temps, de quoi nourrir toute sa réflexion à venir. Le hapax existentiel dont il fait l'objet révèle le philosophe, lui donne les intuitions qu'il ne cessera de développer sa vie durant au travers de milliers de pages.

Octobre 1749, sur le chemin de Vincennes, à deux heures l'après-midi : Rousseau s'en vient visiter Diderot dans sa prison. La chaleur est forte. Pour se reposer, de temps en temps, le philosophe s'allonge sous un arbre pour y chercher de la fraîcheur et parcourt un numéro de la revue du *Mercure de France*. Dans le fascicule, il découvre une question posée par l'Académie de Dijon pour son concours de 1750. Elle est ainsi formulée : Si le progrès des sciences et des arts a contribué à corrompre ou à épurer les mœurs ? Le choc est immédiat, Rousseau connaît une illumination qui produit dans son corps des bouleversements sur lesquels il donne des détails.

L'épisode est bien évidemment consigné dans les *Confessions* avec la plus grande précision : « A l'instant de cette lecture je vis un autre univers et je devins un autre homme. Quoique un souvenir vif de l'impression que j'en reçus, les détails m'en sont échappés depuis que je les ai déposés dans une de mes quatre lettres à Monsieur de Malesherbes[65]. » Dans la lettre en question, Rousseau raconte les détails de sa promenade avant de préciser : « Si jamais quelque chose a ressemblé à une inspiration subite, c'est le mouvement qui se fit en moi à cette lecture ; tout à coup je me sens l'esprit ébloui de mille lumières ; des foules d'idées vives s'y présentèrent à la fois avec une force et une confusion qui me jeta dans un trouble inexprimable ; je sens ma tête prise par un étourdissement semblable à l'ivresse. Une violente palpitation m'oppresse, soulève ma poitrine, ne pouvant plus respirer en marchant, je me laisse tomber sous un des arbres de l'avenue, et j'y passe une demi-heure dans une telle agitation qu'en me relevant j'aperçus tout le devant de ma veste mouillé de larmes sans avoir senti que j'en répandais[66]. » L'extase aura duré un quart d'heure et pour la caractériser, Rousseau recourt à une métaphore lumineuse. Les symptômes, tels qu'ils sont décrits, parlent d'eux-mêmes : étourdissement et ivresse, palpitations et oppression, pleurs et agitation, éblouissements et prostration.

Avec cette expérience, le penseur vit la philosophie dans sa chair : elle habite son corps pour le troubler, le déranger et lui révéler ce dont il est porteur. L'organisme enregistre les tressaillements d'une pensée en train de se faire, par-delà les mots, malgré eux, sur le registre de l'émotion pure. Expliquant l'ébranlement vécu par le corps, Jean Starobinski écrit : « L'agenouillement, l'étreinte, les sanglots révèlent tout sans le secours d'aucune parole. Non que la parole n'y intervienne jamais, mais elle n'y intervient que par surcroît, sans avoir pour fonction de traduire en clair ce qui a fait irruption en dehors du langage. Tout est dit par l'émotion elle-même, et la parole n'en est que l'écho hasardeux. D'où le caractère exclamatif, asyntaxique, incoordonné de cette parole démontée, qui n'a plus à s'organiser en discours, parce qu'elle ne joue plus le rôle d'intermédiaire et qu'elle n'est pas le *moyen* indispensable de la communication[67]. » Les limites du langage sont ici posées, de même, les formes rationnelles sont montrées dans leur insuffisance. Le verbe s'efface devant la chair, on pourrait même dire que, plus tard, la chair se fera verbe. Le corps parle et fonctionne en démontant les effets de sa dynamique : de la sueur et des larmes, du sang jeté à toute allure dans les muscles et les organes, des tressaillements à cause de l'influx nerveux dirigé de façon incohérente, des suffocations provoquées par les troubles de la respiration. *Cyclone affectif*, dira Starobinski en insistant sur l'inhabituelle soumission du philosophe à la loi du corps, lui qui se défie habituellement avec véhémence des émotions, des transports et de leurs effets. Avec cette expérience, Rousseau transfigure l'impulsion dionysienne en lui donnant, par la suite, un rôle architectonique. Par elle il connaît une « façon de vivre le monde à travers le corps[68] » d'une façon radicale.

Lorsqu'il reprendra sa route, en direction de sa visite à Diderot, Rousseau persistera dans un état agité dont il confessera la parenté avec le délire. Bien sûr, il racontera son aventure à l'auteur des *Bijoux indiscrets*, lui demandera quelle attitude il doit adopter devant cette question de l'Académie de Dijon, puis s'engagera, en répondant et en rédigeant son mémoire, dans la carrière des lettres par la polémique qu'on sait. Au dire du penseur lui-même, le début de tous ses ennuis est là...

Suite à cette illumination, Rousseau vit une *effervescence* — c'est son mot — de quatre ou cinq ans d'une extrême productivité. Mais tout ceci au prix du corps : insomnies, tracas, méditation nocturnes accompagnées de soucis divers. Entre l'idée qui lui vient et son écritoire, Rousseau perd nombre d'intuitions. La mémoire lui fait défaut, mais pas la modestie : parlant de lui à la troisième personne, il constatera l'excellence de ses performances : « De la vive effervescence qui se fit dans mon âme sortirent ces étincelles de génie qu'on a vues briller dans ses écrits durant dix ans de délire et de fièvre[69]. »

Pour expliquer comment cette révélation a été possible, Rousseau donne quelques hypothèses sur l'état d'esprit qui était le sien au moment de l'illumination : « Aigri par les injustices que j'avais éprouvées, par celles dont j'avais été le témoin, souvent affligé du désordre où l'exemple et la force des choses m'avaient entraîné moi-même, j'avais pris en mépris mon siècle et mes contemporains et sentant que je ne trouverais point au milieu d'eux une situation qui pût contenter mon cœur, je l'ai peu à peu détaché de la société des hommes, et je m'en suis fait un autre dans mon imagination laquelle m'a d'autant plus charmé que je la pouvais cultiver sans peine, sans risque et la trouver toujours sûre et telle qu'il fallait[70]. » Haine de son temps et des hommes, mépris de la société et de ceux qui la font, Rousseau constate les raisons pour lesquelles il condamne le réel. Simultanément, il avoue investir dans l'imaginaire et le réel selon ses désirs. D'où le repli psychologique opéré à ce moment sur sa propre personne au détriment de la civilisation qu'il fustige tout entière au profit d'une création mythique, idéale et fantasmée : l'état d'avant la propriété. Poursuivant sur la nature de sa fâcherie avec le monde, il détaille : « Après avoir passé quarante ans de ma vie ainsi mécontent de moi-même et des autres, je cherchais inutilement à rompre les liens qui me tenaient attaché à cette société que j'estimais si peu, et qui m'enchaînait aux occupations le moins de mon goût par des besoins que j'estimais ceux de la nature, et qui n'étaient que ceux de l'opinion. » L'épisode du chemin de Vincennes se place à ce point de quasi-rupture de Rousseau avec le réel : « Tout à coup, un heureux hasard vint m'éclairer sur ce que j'avais à faire pour moi-même, et à penser de mes semblables sur lesquels mon cœur était sans cesse en contradiction avec mon esprit, et que je me sentais encore porté à aimer avec tant de raisons de les haïr[71]. » Le travail rousseauiste d'introspection est suffisamment précis pour qu'on puisse comprendre le mécanisme du hapax : aigreur, affliction et mécontentement en toile de fond, puis déchirement entre le cœur et l'esprit, les sentiments et l'intelligence, l'émotion et la raison, enfin, investissement dans une échappatoire de type sublimé et imaginaire. Les germes d'une lecture psychopathologique de Rousseau sont dans ces pages.

Jusqu'à la date de l'illumination, la biographie de Rousseau n'enregistre en effet que des échecs, du moins des incapacités à faire aboutir raisonnablement un seul projet : d'abord les errances de l'enfant livré à lui-même, puis les brimades d'apprentissages divers, l'expérience douloureuse de laquais chez Madame de Vercellis, avant gages, le passage chez les lazaristes d'Annecy, le besogneux donneur de leçons de musique, ou l'interprète grugé d'un faux archimandrite en quête de fonds pour le rétablissement du Saint-Sépulcre. Rousseau n'a pas encore vingt ans. On le trouve aussi bien employé au cadastre que tâtant de la chimie dans un laboratoire ou tâchant de se faire passer pour un jacobite anglais, à moins qu'il ne mette au point un système nouveau de notation musicale avant de devenir secrétaire d'ambassade à Venise, puis compagnon d'une lingère illettrée qui lui donne deux enfants prestement abandonnés aux enfants trouvés. Voilà, Rousseau a trente-sept ans...

Itinéraire d'un sujet en quête d'identité, habité par le ressentiment de n'avoir rien fait qui puisse lui permettre contentement ou fierté. Dans cette perspective, Georges Gusdorf écrira que, sur le chemin de Vincennes, c'est avec lui que Rousseau avait rendez-vous : « Une maturation inconsciente préparait le brusque jaillissement de l'unique vérité à laquelle le citoyen de Genève devait consacrer sa vie. Mais jamais plus il ne devait retrouver cette unité intrinsèque du sens, aperçue dans l'unité indivisible de la révélation et qu'il devait par la suite explorer d'écrit en écrit sans parvenir à saisir l'intégralité de la vérité dont il était porteur[72]. » L'illumination concentre dans le corps les phénomènes actifs d'une résolution de conflit longuement préparée : l'éviction que lui signifie le monde dans les premières années de son existence sera reprise à son compte, comme pour qu'il puisse se donner l'impression d'avoir choisi, voulu. Et le lieu de cette opération qui s'appuie sur l'impuissance et le ressentiment, c'est le corps. Un jour, Rousseau verra un valet servir de marchepied à un propriétaire trop peu leste pour pouvoir grimper seul sur son cheval : l'image le blessera, le marquera dans sa chair. L'humiliation qui s'inscrit dans un corps ne se perd jamais, elle réapparaît des années après, sous forme de revanche sublimée. Pendant cette longue période, l'organisme gère les tensions, les douleurs, les souffrances, il est traversé de traits et de flèches qui tissent une singularité. L'énergie se condense, se déplace, se transfigure, elle est dynamique et creuse des sentiers. Un hapax existentiel est ainsi préparé, mûri, fabriqué par le corps puis révélé dans les enthousiasmes qu'on peut ensuite constater.

Quand il parlera de ses maîtres, Rousseau dira : « J'étais une espèce de personnage inquiétant pour eux. Ils voyaient

bien que je n'étais pas à ma place[73]. » Avec l'illumination
de Vincennes, le philosophe trouve sa place, et la prend. Il
ouvre les perspectives sur lesquelles il va s'engager. Si les
forces qui l'ont longtemps habité l'ont longtemps miné,
elles trouvent, avec cette libération, un nouveau coefficient
marqué de positivité : le ressentiment s'anéantit au profit
d'une conception du monde. De la blessure surgit la pharmacopée. Le négatif est investi des vertus du bouc émissaire, la civilisation est honnie, conspuée, méprisée, Rousseau tente ainsi une réconciliation avec lui-même, un
retour de relations pacifiées entre le cœur et la raison, les
sentiments et l'intelligence. Le corps a œuvré pour produire une santé dont le prix est cette répartition des forces
permise par le jour d'octobre. Le langage peut suivre, les
livres aussi.

Jamais peut-être philosophe ne fut plus confiant en Dionysos que Nietzsche. Des premières œuvres qui se placent
sous le patronage du couple avec Apollon jusqu'aux dernières pages, voire aux derniers mots de lucidité exprimés
dans des lettres, Nietzsche avoue sa sympathie pour l'effusion et confesse voir dans le dieu de l'ivresse une alternative à celui de l'idéal ascétique. Plus encore, c'est à lui
qu'on doit la formulation la plus juste de l'idée selon
laquelle une philosophie est d'abord la confession d'un
corps. Dans une très belle analyse de l'inspiration, il écrit :
« C'est le *corps* qui connaît l'enthousiasme : laissons
l'"âme" hors de tout cela[74]. » L'idée parcourt l'ensemble de
l'œuvre à partir du *Gai savoir*. On sait, par les détails qu'il
donne à Peter Gast ou à d'autres correspondants, comment il écrit ses livres, quel temps, par exemple, il a consacré à la rédaction de son *Zarathoustra*, et dans quelle exaltation il se trouve durant les dix jours qui lui suffisent pour
mettre par écrit les vingt-quatre chapitres de la première
partie. Le livre entier lui demandera un mois et demi.
Quand il reviendra sur ces semaines d'écriture inspirée
dans *Ecce homo*, Nietzsche décrira comme un visionnaire
les conditions dans lesquelles s'effectue l'élaboration du
manuscrit : « La notion de révélation, si l'on entend par là
que tout à coup, avec une sûreté et une finesse indicibles,
quelque chose devient *visible*, audible, quelque chose qui
vous ébranle au plus intime de vous-même, vous boule-
verse, cette notion décrit tout simplement un état de fait.

On entend, on ne cherche pas ; on prend sans demander qui donne ; une pensée vous illumine comme un éclair, avec une force contraignante, sans hésitation dans la forme — je n'ai encore jamais eu à choisir. Un ravissement dont l'énorme tension se résorbe parfois par un torrent de larmes, où les pas, inconsciemment, tantôt se précipitent, tantôt ralentissent ; un emportement "hors de soi" ; où l'on garde la conscience la plus nette d'une multitude de frissons ténus irriguant jusqu'aux orteils : une profondeur de bonheur où le comble de la douleur et de l'obscurité ne fait pas contraste, mais semble voulu, provoqué, mais semble être couleur *nécessaire* au sein de ce débordement de lumière : un instinct des rapports rythmiques, qui recouvre d'immenses étendues de formes — la durée, le besoin d'un rythme *ample*, voilà presque le critère de la puissance de l'inspiration, et qui compense en quelque sorte la pression et la tension qu'elle inflige... Tout se passe en l'absence de toute volonté délibérée, mais comme dans un tourbillon de sentiments de liberté, d'indétermination, de puissance, de divinité[75]. » Le caractère impérieux de ces forces est spécialement souligné : elles obligent, contraignent, on ne peut éviter les impulsions qu'elles suscitent, les exigences qu'elles imposent. Le corps est le lieu de la fermentation dionysienne : les métaphores chimiques s'imposent — cristallisation, précipité, sublimé. L'organisme élabore une forme qui s'arrache du fruste pour parvenir à de plus en plus de consistance et d'allure. Aux termes de ces opérations, de ces transmutations, surgissent précision, rigueur, clarté et netteté. L'intuition radicale pousse les impressions à tourbillonner avant que la dynamique n'obéisse à une structuration. Alors l'immédiat se confond avec le juste et la production d'une image mentale, d'une idée, suit ce bouleversement qui est sa condition de possibilité. Dans l'optique nietzschéenne, une exubérance de ce type n'est pensable que grâce à la surabondance de forces. L'œuvre se nourrit d'un excès de vitalité, d'un trop-plein de santé. On pourrait tout aussi bien montrer que la maladie, le malaise, la douleur, par les profusions qu'elles déclenchent en matière d'énergies, sont tout autant à l'origine de ces sublimations, au sens freudien.

Nietzsche a connu dans sa chair ces moments d'enthousiasme auxquels il doit quelques-unes des intuitions les plus architectoniques de son système. Dans des notes

retrouvées éparses parmi les papiers posthumes, le philosophe raconte quels *états sublimes* il a connus à la base de
telle ou telle idée. Rédigées çà et là, au cours de longues
marches en montagnes, quelques mots fixés de manière
cursive, une ligne, deux mots, trois phrases, Nietzsche
tâche de saisir l'essence de l'inspiration, la clé qui permette
de figer l'intuition pour ne pas l'oublier, puis pour la
reprendre, la développer, l'approfondir. Quelques pages
d'*Ecce homo* sur les conditions d'écriture d'*Ainsi parlait
Zarathoustra* dévoilent le caractère exceptionnel de la révélation de l'Éternel Retour. Le lieu est magnifique : Silvaplana, le long d'un lac aux eaux noires et profondes. Les
montagnes le bordent, le ciel est d'un bleu pur. Nietzsche
fait sa promenade, comme chaque jour, plusieurs kilomètres effectués dans des conditions de marche parfois diffi-
ciles, d'autant qu'il est presque aveugle. Au bord d'un bloc
de rocher dressé comme une pyramide affleurant la surface du lac, Nietzsche est saisi par une intuition essentielle. L'année est à son mitan : août 1881. Il griffonne sa
découverte sur un morceau de papier en y précisant : « Six
mille pieds au-dessus de l'homme et du temps[76]. » Son
corps est agité de transes. Sur ces ébranlements, il s'ou-
vrira à Peter Gast : « A mon horizon s'élèvent des pensées,
quelles pensées ! je ne soupçonnais rien de tel. Je n'en dis
pas davantage, je veux maintenir en moi un calme inébranlable. Hélas, ami, des pressentiments me traversent
parfois l'esprit. Il me semble que je mène une vie très dangereuse, car ma machine est de celles qui peuvent *sauter*. »
Puis il donne le détail de l'état qui fut le sien : « En me
promenant, j'avais trop pleuré ; non pas des larmes senti-
mentales, mais des larmes de joie ; et je chantais et disais
des folies, plein d'une nouvelle idée que je dois proposer
aux hommes[77]. » Il s'agit de Zarathoustra, le personnage,
le héraut auquel le philosophe va proposer d'incarner le
Surhomme, l'Éternel Retour et la Transvaluation des
Valeurs. Nietzsche consacrera à cet instant des pages de
son œuvre, dans *Ecce homo*, des lettres de sa correspondance, mais aussi des poèmes, dont celui-ci : « J'étais assis
là dans l'attente — dans l'attente de rien/ Je jouissais, par-
delà le bien et le mal, tantôt/ De la lumière, tantôt de l'ombre, abandonné/ Au jour, au lac, à midi, au temps sans but/
Alors, ami, soudain un est devenu deux/ Et Zarathoustra
s'est montré[78]. » Sur le détail de la révélation, Nietzsche

est assez peu prolixe, l'analyse lui semble impossible à mener et il adoptera sur ce point un silence entendu, du moins un retrait qui laisse croire qu'on doit, sur pareils moments, se confiner dans un mutisme intégral.

Après l'exceptionnelle exaltation, Nietzsche connaîtra de douloureuses périodes d'abattement et de dépression. Dans les deux mois qui suivent, il est tenté trois fois par le suicide. A chaque fois qu'il s'avancera à raconter son expérience de Silvaplana, il paraîtra choqué, troublé, même plusieurs années après. Overbeck rapporte dans quelles conditions Nietzsche lui raconta l'expérience de la révélation : « Alité, égrotant, d'une voix sinistrement susurrante, comme s'il eût annoncé un formidable secret[79]. » De même Lou Andréas-Salomé : « Il n'en parlait qu'à mi-voix, avec tous les signes de la plus profonde épouvante[80]. » La future égérie de Rilke et de Freud voit dans ce hapax existentiel l'annonce d'une béance dans laquelle, le 3 janvier 1889, Nietzsche s'effondrera. La folie est une trop belle aubaine pour faire de la révélation de l'Éternel Retour une propédeutique.

D'aucuns ont vu dans la découverte nietzschéenne de la répétition du Même un traumatisme qui aurait impliqué, plus tard, le recours à la folie : Nietzsche devant l'évidence du retour éternel n'aurait pas admis les conséquences, à savoir la multiplication à l'infini de son existence souffreteuse, voire le calvaire que représenterait tout simplement le fait de devoir vivre éternellement la relation conflictuelle qu'il connaissait avec sa mère et sa sœur. Les hypothèses sont invérifiables, même si l'anecdote concernant les deux femmes se trouve dans *Ecce homo*. En revanche, on peut sans trop de difficulté avancer que le corps de Nietzsche n'aura pas été insensible à toutes les variations que lui feront subir famille et milieu, institutions et santé. La conjonction de toutes ces apocalypses au quotidien dans un organisme d'une telle susceptibilité, d'une pareille sensibilité, n'a pu que produire tensions et douleurs dont le corps s'est arrangé comme on peut le voir.

La vie entière de Nietzsche est placée sous le signe du compromis avec le corps. Des premières douleurs de son adolescence aux prostrations du fou, il aura connu tout le spectre des variations sur le thème de la chair comme lieu d'une pensée qui se fait, s'élabore, se déploie. Les caprices de l'organisme générèrent les intuitions qui travaillent le caractère, la peau, et produisent les éléments avec lesquels on constitue une vision du monde. La tension des conflits à résoudre est parfois telle que la machine s'en trouve pulvérisée. Le corps de Nietzsche est d'une extrême fragilité sensible à toutes les données immédiates de l'expérience. Les nerfs emmagasinent une quantité d'énergies avec laquelle les mécaniques les plus délicates s'engagent du côté de l'autodestruction. D'où l'idée qu'« on a nécessairement la philosophie de sa propre personne[81]. » De belles pages du *Gai savoir* montrent la corrélation entre corps et pensée, puis racontent combien la chair est d'autant plus susceptible de servir de lieu pour une pensée qu'elle est d'une complexion chétive ou hantée par une sensibilité maladive. Sans hyperesthésie, il n'est pas de pensée existentielle possible. « Je me suis demandé, écrit Nietzsche dans le *Gai savoir*, si, tout compte fait, la philosophie jusqu'alors n'aurait pas absolument consisté en une exégèse du corps et un malentendu du corps. Derrière les suprêmes jugements de valeur où l'histoire de la pensée avait été dirigée jusqu'à maintenant, se dissimulent des malentendus en matière de constitution physique[82]. » La pensée est un symptôme, les idées, des preuves de l'existence du corps. Toute son existence, Nietzsche aura donc le souci de ce qu'il appelle *les choses prochaines* — le corps, certes, mais dans ses modalités concrètes : le corps qui mange et qui boit, qui s'expose au soleil et connaît les variations de température ou d'hygrométrie, le corps qui marche et qui souffre, qui pense et qui parle. D'où les perpétuelles interrogations sur la puissance vitale, la souveraineté de la volonté de puissance, les impérities de la chair — malaises, épuisements, appauvrissements, grande santé —, et les nombreuses métaphores empruntées à la thermodynamique.

Qu'en était-il de ce corps porteur de Zarathoustra qui enfantera les perspectives du Surhomme ? La lecture de la correspondance complète du philosophe donne tous les détails. Nietzsche interpose son œuvre entre sa chair qui se dérobe et ne parle qu'en termes de malaises et sa volonté de santé, éternel vœu pieux. Il avait coutume de dire que ce qui ne le tuait pas le fortifiait : son œuvre complète est placée sous ce signe. A la limite de l'épuisement et de l'anéantissement, il trouve encore et toujours la force de désirer la puissance, la volonté.

La vie de Nietzsche peut se lire sous l'angle de la maladie dont elle offre un impressionnant catalogue : vomissements qui durent une douzaine d'heures, migraines étendues sur plusieurs jours, insomnies redoutables et répétées, douleurs hémorroïdales, inflammations gastriques et intestinales à répétition, maux oculaires sans discontinuer : « Fièvre, frissons, suées nocturnes, migraines intenses et constante fatigue, absence de goût et d'appétit : tel est le tableau clinique de la maladie[83] », écrit Nietzsche à Peter Gast. Ailleurs, il avoue ne connaître qu'une journée de répit sur dix. Outre la syphilis qui l'emportera jusqu'au tabès, il subira un nombre considérable de maux : hallucinations (1868), diphtérie (1870), zona (1872), digestions douloureuses (1879), érysipèle facial (1880), typhus (1883), dysenterie (1888) sans parler de blessures diverses, panaris, entorses et autres affections banales. Avec une justesse impressionnante, C.P. Janz remarquera que la maladie l'aidera toujours, dans son existence, à se délivrer des responsabilités qui lui pèsent : rompre avec Wagner, quitter l'enseignement, échapper aux tâches alimentaires, éviter de se rendre à l'évidence qu'il ne peut atteindre un but fixé. Entre le corps et la conscience, chez Nietzsche, s'effectue un travail dynamique sous forme d'allers et de retours : l'émotion produit un corps qui, à son tour, génère des émotions, le travestissement par le langage fait le reste. Nietzsche a dit au Docteur Otto Eiser combien il pratiquait l'algodicée en affirmant de la maladie qu'elle lui avait permis « les essais et les expériences les plus instructifs dans le domaine intellectuel et moral[84] ». Ultime coup du sort, après avoir connu plus de dix années de prostration dans la folie, Nietzsche mourra d'une pneumonie contractée en plein été, un 25 août — le siècle avait huit mois.

La formule de Georges Bataille, « connaître en brûlant[85] », convient à merveille à ce destin philosophique préoccupé toute son existence par la question dionysienne. Où l'on retrouve Bergson et son idée, juste et puissante, qu'un philosophe n'est jamais que l'homme d'une seule idée diversement modifiée, une sorte de musicien du réel qui ne cesse d'effectuer des variations sur un même thème. Écartant la question de sources et de l'inscription du penseur dans un temps qui l'influencerait, Bergson veut voir dans une pensée la tentative pour dire une seule chose, aperçue sur le mode de la révélation, de l'intuition, de l'extase, de la conversion. Une philosophie, c'est la tentative de dire ce qu'un corps exige. Ainsi, « tout se ramasse en un point unique dont nous sentons qu'on pourrait se rappeler de plus en plus quoiqu'il faille désespérer d'y atteindre[86] ». La vie entière n'y suffit pas, chaque livre montre le fossé qui se creuse entre ce qui est apparu un jour et ce qu'on voit s'enfuir vers l'indicible, l'ineffable. « En ce point, ajoute Bergson, est quelque chose de simple, d'infiniment simple, de si extraordinairement simple que le philosophe n'a jamais réussi à le dire. Et c'est pourquoi il a parlé toute sa vie[87]. » L'œuvre entière est consacrée à dire, redire, préciser, affiner, corriger, ajouter, écrire et réécrire. D'où l'étonnante dévotion de l'auteur à cette passion qui mobilise toutes les énergies — l'écriture. Le philosophe se proposera de « rendre avec une approximation croissante la simplicité de son intuition originelle. Toute la complexité de sa doctrine, qui irait à l'infini, n'est donc que l'incommensurabilité entre son intuition simple et les moyens dont il disposait pour l'exprimer ». Bergson raconte les difficultés qui surgissent lors de cette tentative d'apprivoisement : il faut se battre contre des ombres et des souvenirs, de l'imprécision et de la fugacité. Et sur cette zone sombre, Bergson écrit : « Regardons bien cette ombre : nous devinons l'attitude du corps qui la projette[88]. » Le tourbillon est encore l'image la plus pertinente pour dire l'état dans lequel se trouve le penseur quand il quête la docilité de son intuition, plus précisément le souvenir de son intuition. La dynamique tourbillonnaire génère des flux dionysiens, sauvages et désordonnés, elle met à l'épreuve la chair, la sommant de dire, avec les moyens inappropriés dont elle dispose — langage, rhétorique, grammaires... — quelles conclusions claires elle peut bien tirer de ce moment exceptionnel connu, un jour, par le corps du philosophe, médiation entre Dionysos et la mort.

Moins célèbre que Nietzsche, plus ignoré, de moindre importance aussi, Jules Lequier entre dans la catégorie des philosophes du hapax existentiel qui ont consacré leur vie entière à cheminer derrière une ombre, au point d'y précipiter leur santé mentale, puis leur vie même. Renouvier a dit de façon définitive de l'auteur de *Comment trouver, comment chercher une première vérité* qu'« il s'appliquait avec une ardeur singulière, et toutes les ressources d'un

esprit extraordinairement fertile, à cette unique question :
la liberté[89] ». Voilà pour ce qui concerne l'intuition déve-
loppée pendant toute une existence. En matière de difficultés pour dire cette impression originaire, on peut lire
Jean Grenier qui s'étonne de l'infécondité des essais de
Lequier pour mettre en forme le résultat de ses
recherches : « Il semble étrange, écrit le professeur de philosophie de Camus, à première vue, qu'un homme qui a
vécu quarante-huit ans avec la préoccupation du même
problème n'ait jamais rien publié[90]. » En effet, Jules
Lequier ne laissera derrière lui que feuilles et manuscrits,
lettres et notes éparses sans jamais avoir pu construire un
seul livre dans lequel il ait fait le bilan de ses enquêtes et
donné ses conclusions. Lequier illustre à merveille l'échec
du passage de l'extase au système, son suicide avalisera
d'ailleurs le constat d'impuissance.

Jules Lequier eut très tôt l'intuition de son système. Il
était enfant et la connut dans le jardin paternel breton. Le
philosophe racontera l'expérience dans un petit texte de
moins d'une dizaine de feuillets. Ce sont ces seules lignes
qu'il jugera définitives dans son œuvre — riche, pourtant,
de plus de cinq cents pages — au point d'en faire quelques
copies et de les faire circuler près de ses amis. On retrouve
le texte en ouverture à son œuvre complète, comme il se
doit, et l'on est en droit de penser que toutes les tentatives
ultérieures pour mieux dire ce moment d'exception reste-
ront sans efficace.

Armé d'un bagage philosophique et conceptuel, Lequier
décrira la scène en tâchant de rester le plus proche possible des émotions, des sensations et de la mémoire affective
conservée par son corps de cette expérience singulière :
« Un jour, écrit-il, dans le jardin paternel, au moment de
prendre une feuille de charmille, je m'émerveillai tout à
coup de me sentir le maître absolu de cette action, tout
insignifiante qu'elle était. Faire, ou ne pas faire ! Tous les
deux si également en mon pouvoir ! Une même cause, moi,
capable au même instant, comme si j'étais double, de deux
effets tout à fait opposés ! Et, par l'un ou par l'autre, auteur
de quelque chose d'éternel, car quel que fût mon choix, il
serait désormais éternellement vrai qu'en ce point de la
durée aurait eu lieu ce qu'il m'aurait plu de décider. Je ne
suffisais pas à mon étonnement ; je m'éloignais, je reve-
nais, mon cœur battait à coups précipités[91]. » Comment

mieux dire la coupure entre soi et soi, la sensation de fracture et d'abîme qui s'ouvre sous la conscience devant la possiblité du choix ? L'existentialisme est tout en germe dans cette narration de l'inquiétude face à l'engagement, de l'ivresse et de l'étourdissement devant les possibles. Lequier poursuit son histoire : « J'allais mettre la main sur la branche, et créer de bonne foi, sans savoir, un mode de l'être, quand je levai les yeux et m'arrêtai à un léger bruit sorti du feuillage. Un oiseau effarouché avait pris la fuite. S'envoler, c'était périr : un épervier qui passait le saisit au milieu des airs. C'est moi qui l'ai livré, me disais-je avec tristesse : le caprice qui m'a fait toucher cette branche, et non pas cette autre, a causé sa mort. Ensuite, dans la langue de mon âge (la langue ingénue que ma mémoire ne retrouve pas), je poursuivais : tel est donc l'enchaînement des choses. L'action que tous appellent indifférente est celle dont la portée n'est aperçue par personne, et ce n'est qu'à force d'ignorance que l'on arrive à être insouciant. Qui sait ce que le premier mouvement que je vais faire décidera dans mon existence future[92] ? » La thématique sartrienne est ici plus qu'en germe : l'angoisse devant le choix, l'inquiétude devant les conséquences de ces choix, l'interdiction devant la multiplicité des possibles dans une chaîne de causalité, sinon la facticité, l'être-là, l'engagement, l'authenticité. Lequier sent la peur le travailler devant la béance qui s'ouvre sous ses pieds : que sera l'avenir ? Mon existence sera-t-elle placé sous le signe de l'échec ou de la réussite ? Les choix que je ferai seront-ils les bons ? Qu'en est-il du bon usage de la liberté ? L'enfant ressent dans sa chair, devant ce buisson de charmille, la gratuité d'une vie que n'informe pas une volonté.

L'ivresse de l'enfant, dans ce jardin, conduit le philosophe qu'il est devenu à un panthéisme de type dionysien : intimité avec la nature, fusion et confusion avec la matérialité des éléments et de la vitalité qui les anime. Ensuite, il saisit dans quelle fragilité s'inscrit son existence : la possibilité métaphysique qu'elle ne fût pas étreint d'apprenti penseur. L'inscription de l'être dans une série causale implique tout aussi bien l'être que le néant, d'où le vertige qui saisit en présence de pareille lucidité. Puisque nous sommes sans pouvoir sur cette logique des conséquences, on ne peut qu'expérimenter la facticité à l'œuvre.

Des années après, se souvenant de cette expérience de

la charmille, Lequier précise : « L'homme aujourd'hui en rassemblant les réminiscences de ce trouble extraordinaire qu'éprouva l'enfant, l'éprouve derechef ; je ne peux plus distinguer les angoisses de l'un des angoisses de l'autre ; la même idée, terrible, irrésistible, inonde encore de sa clarté mon intelligence, occupant à la fois toute la région et toutes les issues de la pensée. Je ne sais comment peindre le conflit de ces émotions[93]. » Dans la logique des événements, Lequier appréhende la contingence de son existence du nourrisson : pourquoi y a-t-il cet être plutôt que rien ? Pourquoi suis-je ? De la même manière qu'il sonde le passé pour tenter de comprendre d'où il provient, Lequier interroge l'avenir pour tâcher de saisir où il va, ce qui l'attend. Mais là, il ne peut conclure qu'à la nécessité. Ce qui advient ne peut pas ne pas advenir de la sorte, sous cette forme, puique le réel est impossible autrement que sous les traits qui sont les siens.

L'écartèlement se saisit du philosophe : d'un côté la liberté, le choix, le projet qui nous engagent dans un réel se modifiant au vu de notre volonté, de l'autre, la nécessité, l'obéissance aux lois causales qui se manifestent indépendamment de notre vouloir. Soit le pouvoir de l'homme sur le monde, soit la tyrannie du réel sur les hommes. Entre ces deux possibilités s'inscrit la vie singulière d'un être affranchi, dès son enfance, par une expérience existentielle. Le jeune garçon, au pied de la charmille, la feuille dans la main, mesure les conséquences irréversibles de son geste : il a détaché du charme de quoi impliquer la mort d'un oiseau. Sans cette audace, l'épervier serait demeuré sans proie. Lequier se souvient avoir poussé « un cri de détresse et d'effroi[94] » avant d'éclater en sanglots.

Au-delà de la paternité du criticisme français auquel on réduit bien trop souvent Lequier, on rencontre un philosophe existentiel authentique qui fait songer aux pages les plus lucides et les plus proches de la vérité de l'être de Heidegger ou de Sartre. Peut-on croire, par ailleurs, que l'œuvre complète du philosophe breton ait été ignorée à ce point, au moins de Sartre ?

Quand elle est d'abord vécue dans la chair, la philosophie acquiert une exceptionnelle charge de vérité : sa proximité avec l'intimité de l'être, le fait qu'elle découle d'une expérience et provienne d'une volonté d'élucider l'énigme ressentie dans un corps font d'elle une vérité d'évidence. Les idées de Lequier « sont nées dans le risque, le danger et la crainte : le conte de la Feuille de Charmille en montre la naissance, la passion avec laquelle Lequier défend la cause de la nécessité prouve à quel point il la ressent, l'intensité même de ce sentiment le fait éclater en cri de désespoir qui est l'affirmation de la liberté pure dans l'acte même qui l'affirme[95] ». Ressentir, voilà une expression qui choquera les amateurs de pureté qui pensent voir les philosophes à l'œuvre *ex nihilo* quand, de façon délibérée, la réflexion existentielle persiste à s'ancrer dans un corps, une chair capables d'émotions, de perceptions, de sensations.

L'une des conditions, mais elle n'est pas suffisante, on s'en doute, avec lesquelles on peut envisager une résolution des conflits à l'aide d'un hapax à conséquences philosophiques, c'est d'avoir un corps capable d'enregistrer le réel et ses effets à la manière d'un sismographe, avec son hypersensibilité. Le corps du penseur est avant tout une chair d'exception, à la peau si fine qu'on devine l'écorché au moindre souffle, à la plus petite variation de température. Et Lequier possédait un organisme à la fragilité requise. Jean Grenier parlera même de lui comme un déséquilibré familier d'élans mystiques et de violences caractérielles. Rebelle et solitaire, il est tour à tour misanthrope, exalté, lyrique, abattu, agressif, belliqueux, somme toute, sympathique... On lui doit une provocation en duel pour cause de mauvais voisinage ; on le voit, malgré l'avis général, monter un cheval fougueux par défi et s'offrir de la sorte une chute qui lui vaut une mauvaise blessure au visage ; on le rencontre insultant un général qui n'eut pas l'heur d'accepter de lui délivrer le diplôme de sortie à l'école d'État-Major — d'où il démissionna illico ; on le retrouve au tribunal, pour des démêlés qui l'opposent à un officier d'abord, un évêque ensuite.

Son mysticisme est, par ailleurs, une composante essentielle de sa personnalité : il se réfugie dans la solitude avant de donner dans le vagabondage ou le pèlerinage — plus d'une cinquantaine de kilomètres, à jeun. Au cours d'une communion, le Christ fera même le déplacement pour lui confier, en personne, que désormais, leurs destins sont liés et qu'ils ne pourront plus vivre l'un sans l'autre. La crise durera longtemps — entre le 29 juillet et le 20 août 1846 — et permettra à Lequier, chance inouïe, de partager avec

Jésus le lait de Marie. Jean Grenier dit de lui : « Ses caprices, ou plutôt ses extravagances, son orgueil insensé, son exaltation dans l'amitié, qui s'exprime d'une façon passionnée, son insatisfaction, sa prodigalité, ses élans mystiques font de lui, nous ne dirons pas un malade, mais un homme qui sort de la commune mesure, et tantôt il s'élève au-dessus du niveau normal, tantôt s'abaisse au-dessous[96]. » Sa mort achèvera sa pensée et ses tentatives philosophiques, puisqu'elle est placée, comme toute son existence, sous le signe de la volonté d'élucider le problème de la liberté. Il écrivait : « Je dis : je suis libre. Je dis vrai ou je dis faux. Si je dis vrai, je suis libre ; si je dis faux, cette erreur nécessaire est pour moi la vérité. Qu'est-ce, en effet, qu'une idée vraie si ce n'est une idée nécessaire ? Se tromper en se croyant libre, c'est encore être dans le vrai[97]. » Pour être dans le vrai, même au risque de se tromper en se croyant libre, Lequier mit la nécessité au défi de se manifester, forme ultime de la volonté de liberté. Au risque de payer de sa vie. Le 11 février 1862, Jules Lequier se déshabille, abandonne ses vêtements sur une plage bretonne, puis s'avance dans la mer et nage vers la ligne d'horizon : il croit, en allant vers le large, que Dieu le retiendra et le garantira de la mort si telle doit être la nécessité. Ce jour-là, Dieu avait à faire ailleurs qu'en Bretagne. Lequier mourut.

Les gloses n'ont pas manqué : folie douce, bien sûr, ou demande d'intercession près de Dieu — travaux pratiques mystiques en forme de preuves de l'existence de Dieu —, expérimentation de la liberté par l'action, ou consentement à la Nécessité par l'obéissance à l'*impetus*. Comment, ici comme ailleurs, Lequier aurait-il pu conclure ? Il laisse ouvertes les possibilités, Liberté, Nécessité, comme deux béances susceptibles d'absorber le corps du philosophe avec la même efficacité...

Le suicide est souvent la tentation de ces connaisseurs d'hapax familiers des gouffres et des abîmes. Cioran a souvent écrit combien la pensée de la mort volontaire l'avait plus d'une fois dissuadé de passer à l'acte. Vivre avec au ventre cette hypothèse qu'on peut en finir, à l'instant, et sortir — comme le disaient les stoïciens — quand la pièce nous paraît trop enfumée, voilà qui donne au corps les répits qui lui sont nécessaires pour mener à bien les transmutations dont il est coutumier.

Cioran rapporte avoir connu des extases contemporaines d'états physiologiques tendus, entre 1920 et 1927. Il connaissait alors de très longues périodes d'insomnie qui le fatiguaient beaucoup. A ce sujet, il parle d'une « époque de malaise permanent. J'errais, poursuit-il, toutes les nuits en proie à des obsessions funèbres. Durant cette période de tension intérieure, j'ai fait à plusieurs reprises l'expérience de l'extase. En tout cas, j'ai vécu des instants où l'on est emporté hors des apparences. Un saisissement immédiat vous prend sans aucune préparation. L'être se trouve plongé dans une plénitude extraordinaire, ou plutôt dans un vide triomphal. Ce fut une expérience capitale, la révélation directe de l'inanité de tout. Ces quelques illuminations m'ouvrirent à la connaissance du bonheur suprême dont parlent les mystiques. Hors ce bonheur auquel nous ne sommes qu'exceptionnellement et brièvement conviés, rien n'a une véritable existence, nous vivons dans le royaume des ombres. Quoi qu'il en soit, on ne revient jamais le même du paradis ou de l'enfer[98]. » L'œuvre entière de Cioran développe à satiété cette thèse de l'inanité du monde, cette hypothèse gnostique que le réel est une erreur, la trouvaille farcesque d'un malin génie. Brefs développements, aphorismes, fusées, courts textes, tout Cioran ira répétant le négatif, le néant, la souffrance, la douleur, le nihilisme.

Les extases sont mises en perspective avec une libération : il avoue en avoir connu quatre — comme Plotin[99] —, et précise leur caractère architectonique dans sa pensée. Agnostique, sinon athée, Cioran souhaite bien distinguer ces expériences extatiques de celles que vivent les saints et les mystiques du christianisme. D'où la mise à part de ces connaissances par les gouffres quand elles concernent des subjectivités touchées de façon immanente. Dieu est, ici ou là, un palliatif, une hypothèse pour ne pas consentir aux forces dionysiennes pour elles-mêmes. On les tolère comme véhicules vers un lieu hypostasié, mais aliénant — le ciel. Georges Bataille a dit sur ce sujet tout ce qu'on pouvait entendre de définitif : « J'entends par expérience intérieure ce que d'habitude on nomme expérience mystique : les états d'extase, de ravissement, au moins d'émotion méditée. Mais je songe moins à l'expérience confessionnelle, à laquelle on a dû se tenir jusqu'ici, qu'à une expérience nue, libre d'attaches, même d'origine, à quelque confession que ce soit. C'est pourquoi je n'aime pas le mot mystique[100]. » A tout le moins. Pour la distinguer de celle des chrétiens extatiques, on parlera de mystique païenne : nul doute que, dans cet ordre d'idée, on rencontrera nombre de corps travaillés par Dionysos, ravis par une ivresse immanente et tâchant, leur vie durant, de réduire Dionysos aux formes et à l'harmonie que permet Apollon, le dieu des masques.

NOTES

1. Platon, *Le Banquet*, trad. Robin, Pléiade, 220. B.
2. *Ibid.*, 175. B.
3. *Ibid.*, 218. B
4. *Ibid.*, 220. C.
5. Tertullien, *Apologétique*, II.
6. Platon, *Ion*, 535. A.
7. Bergson, *Les Deux Sources de la morale et de la religion*, PUF, p. 50.
8. Platon, *Théagès*, Pléiade, trad. Robin, 128. D.
9. Bergson, *La Pensée et le Mouvant*, PUF, Quadrige, p. 27.
10. Bergson, *Les Deux Sources de la morale et de la religion*, *op. cit.*, p. 264.
11. Bergson, *La pensée et le mouvant*, *op. cit.*, p. 137.
12. Saint Augustin, *Confessions*, VI. Livre de Poche, p. 143.
13. *Ibid.*, VI., pp. 144-145.
14. *Ibid.*, VIII., p. 212.
15. *Ibid.*, VIII., p. 214.
16. *Idem.*
17. *Ibid.*, VIII., p. 217.
18. *Ibid.*, VIII., p. 222.
19. Peter Brown, *La Vie de saint Augustin*, trad. J.H. Marrou, Seuil, p. 13.
20. Saint Augustin, *Contre les manichéens*, II. 17 (26).
21. Nietzsche, *Ainsi parlait Zarathoustra*, trad. M. de Gandillac, Idées Gallimard, pp. 93-97.
22. Nietzsche, *La Volonté de puissance*, trad. H. Albert, tome II, I. III. § 853, Mercure de France.
23. Nietzsche, *Fragments posthumes* in *Volonté de puissance*, *op. cit.*
24. Adrien Baillet, *La Vie de Monsieur Descartes*.
25. Maurice Bouvier-Ajam, *Quelques retouches à un portrait conventionnel*, in Europe, Descartes, oct. 1978.
26. Paul Valéry, « Études philosophiques » in *Œuvres*, Pléiade, tome I, p. 814. Que Manuel de Diéguez soit ici remercié d'avoir attiré mon attention sur ces pages.
27. Pierre Frédérix, *Monsieur René Descartes et son temps*, Gallimard, p. 47.
28. Paul Valéry, « Études philosophiques », *op. cit.*, pp 814-815.

29. Respectivement *La Pensée et le Mouvant, op. cit.*, p. 119 et *L'Être et le Néant*, Gallimard, p. 648.

30. Cité en Maxime Leroy, *Descartes, le philosophe au masque*, éd. Rieder, tome I, p. 89.

31. *Ibid.*, pp. 89-90.

32. Adrien Baillet, *La Vie de Monsieur Descartes, op. cit.*

33. *Idem.*

34. *Idem.*

35. Descartes, « Lettre à Élisabeth, novembre 1646 », in *Œuvres*, Pléiade, pp. 1243-1256.

36. Paul Valéry, « Études philosophiques », *op. cit.*, p. 816.

37. *Ibid.*, p. 817.

38. *Idem.*

39. *Idem.*

40. Georges Gusdorf. *Auto-bio-graphie*, Odile Jacob, p. 440.

41. Descartes, « Règles pour la direction de l'esprit », II, *op. cit.*, p. 41.

42. Pascal, *Mémorial*, in *Œuvres*, Pléiade, p. 554.

43. Albert Beguin, *Pascal par lui-même*, Seuil, Microcosme, p. 26.

44. Lucien Goldman, *Le Dieu caché*, Tel, Gallimard, p. 203.

45. Marguerite Périer, *Mémoire sur la vie de Monsieur Pascal*, in *Œuvres*, Pléiade, *op. cit.*, p. 35.

46. *Ibid.*

47. *Ibid.*, p. 7.

48. *Ibid.*, p. 10.

49. *Ibid.*, p. 37.

50. *Ibid.*, pp. 13-14.

51. *Ibid.*, p. 40.

52. Pascal, *Prière pour demander à Dieu le bon usage des maladies*, in *Œuvres*, *op. cit.*, p. 29.

53. Georges Gusdorf, *Lignes de vie*, I. *Les écritures du Moi*, Odile Jacob, p. 287.

54. Bergson, *Les Deux Sources de la morale et de la religion*, *op. cit.*, p. 26.

55. La Mettrie, *Épître à Mademoiselle A.C.P.* in *Œuvres philosophiques*, Fayard, Corpus, tome II, p. 216.

56. *Ibid.*, p. 219.

57. Frédéric II, in P.L. Assoun, « L'atopie de La Mettrie », préface à La Mettrie, *L'Homme-machine*, Denoël-Gonthier, pp. 19-20.

58. La Mettrie, *L'Homme-machine*, *op. cit.*, p. 215.

59. *Ibid.*, p. 151.

60. La Mettrie, *Traité du vertige*, in *Œuvres philosophiques*, *op. cit.*, p. 15.

61. *Idem.*

62. *Idem.*

63. *Ibid.*, p. 44.

64. *Ibid.*, p. 67.

65. Rousseau, *Les Confessions*, in *Œuvres complètes*, Pléiade, tome I, p. 351.

66. Rousseau, *Lettre à Monsieur de Malesherbes*, in O.C.I., p. 1135.

67. Jean Starobinski, *La Transparence et l'Obstacle*, Tel, Gallimard, p. 166.

68. *Ibid.*, p. 167

69. Rousseau, *Rousseau juge de Jean-Jacques*, in O.C.I., p. 289.

70. *Cf.* Note 64.

71. *Ibid.*, in O.C.I., p. 1134.

72. Georges Gusdorf, *Auto-bio-graphie*, *op. cit.*, p. 439.

73. Rousseau, *Les Confessions, op. cit.*, p. 83.

74. Nietzsche, *Ecce homo*, trad. J.C. Hémery, Idées Gallimard, p. 113.

75. *Ibid.*, pp. 110-111.

76. Nietzsche, *Lettres à Peter Gast*, 3. IX. 1883, éd. C. Bourgois. Trad. L. Servicien.

77. *Ibid.*, 14. VIII. 1881.

78. Nietzsche, *Le Gai Savoir*, trad. P. Klossowski, appendice : Chanson du prince Hors la loi. Sils-Maria.

79. Cité par Pierre Klossowski, *Nietzsche et le Cercle vicieux*, Mercure de France, p. 309.

80. *Idem.*

81. Nietzsche, *Le Gai Savoir, op. cit.*, préface, § 2.

82. *Idem.*

83. Nietzsche, *Lettres à Peter Gast*, 7. III. 1883.

84. Nietzsche, *Correspondance générale*, lettre au Dr Otto Eiser, début 1880.

85. Georges Bataille, *Œuvres complètes*, tome XII, Gallimard, p. 181.

86. Henri Bergson, *La Pensée et le Mouvant, op. cit.*, p. 119.

87. *Idem.*

88. *Ibid.*, p. 120.

89. Jean Wahl, *Jules Lequier*, éd. des Trois Collines, 1948, p. 103.

90. Jean Grenier, *La Philosophie de Jules Lequier*, Calligrammes, p. 9.

91. Jules Lequier, *Le Problème de la science. Comment trouver, comment chercher une première vérité ?* in *Œuvres complètes*, éd. de La Baconnière, 1952, p. 14.

92. *Ibid.*, pp. 13-14.

93. *Ibid.*, pp. 15-16.

94. *Ibid.*, p. 17.

95. Émile Callot, *Propos sur Jules Lequier. Philosophe de la liberté. Réflexions sur sa vie et sa pensée*, éd. Marcel Rivière, 1962, p. 19.

96. Jean Grenier, *La Philosophie de Jules Lequier, op. cit.*, p. 14.

97. Jules Lequier, *La Liberté*, textes choisis par Jean Grenier, Vrin, 1936, p. 99.

98. Cioran, *Entretiens avec Sylvie Jaudreau*, José Corti, pp. 13-14.

99. *Ibid.*, p. 15. Voir Porphyre, *Vie de Plotin*, 23.

100. Georges Bataille, *L'Expérience intérieure*, Gallimard, p. 13.

Appendice

Sur la connaissance et les rapports du corps, sur l'expérience existentielle, voir aussi François Jacob, *La Statue intérieure*, Folio, pp. 399-401. Et, pêle-mêle, sur les « états » de Jean Grenier, *Carnets 1944-1971*, Seghers, p. 53. Sur la crise de Kierkegaard, *Papiers*, II. A. 228. Sur celle de Wittgenstein, lire Jacques Bouveresse, *Wittgenstein : la rime et la raison. Science, éthique et esthétique*, Minuit.

Imaginons le paysan de la poule aux œufs d'or sorti de la fable de La Fontaine en arrêt devant l'étrange machine à produire du verbe, des mots, du sens et des idées qu'est un philosophe : gageons qu'il croirait qu'en ce corps se trouve un trésor. Mais là aussi, bien mal lui prendrait d'en appeler au scalpel. A fouiller le corps du philosophe, il ne trouverait qu'entrailles banales et organes désertés par la vie. L'essentiel aurait disparu. L'énergie vitale s'en serait allée. Le chirurgien d'occasion aurait perdu son penseur et se trouverait devant un inutile cadavre.

Appelons-en à un Diafoirus moderne en la personne de Wilhelm Reich dont on sait le rôle majeur dans l'élaboration d'une psychanalyse soucieuse d'intégrer à ses recherches le déterminisme social. La fin de sa carrière donnera lieu à des errances plus extravagantes, ainsi des travaux sur la fonction de l'orgasme. Il n'était pas sans intérêt de s'interroger sur cette puissance qui inquiéta de bonne heure les sacrificateurs à Pan, Dionysos et Bacchus, mais il s'en fallait de beaucoup que les recherches sur l'énergie sexuelle aboutissent à des conclusions définitives par les voies empruntées dans les années 1940.

L'étiologie des névroses, chez Reich, est tout entière placée sous le signe du modèle mécanique, du flux, de la contention, de la décharge. Toute retenue d'énergie sexuelle est perçue comme l'unique généalogie du symptôme névrotique. Par ailleurs, toute libération de ce flux permet un équilibre fondateur d'une réconciliation entre l'individu, son corps et les énergies qui le traversent.

Pour nommer cette énergie, la circonscrire et mieux la comprendre, Reich va élaborer le concept d'*orgone*, une notion vitaliste qui emprunte au phénomène bio-électrique localisable, de surcroît, dans la région du diaphragme. Afin d'entraîner dans son sillage les grands noms de l'époque,

Reich invite Einstein à le soutenir. Sa requête demeurera sans réponse. Le psychanalyste sombrera dans la mégalomanie, s'inscrivant dans la lignée des prophètes ou des grands noms de l'histoire des idées. Puis, en 1942, flanqué de quelques disciples, il achète des terres aux États-Unis, non loin de la frontière canadienne, et fait construire un immense laboratoire qui abrite des machines d'une extrême complexité : elles ont pour finalité de capturer l'orgone atmosphérique, car Reich s'était persuadé qu'on la trouvait partout — ciel, mer, nuages et terre. Les aurores boréales et les nébuleuses spirales sont lues comme des courants d'orgone réunis dans un vaste orgasme cosmique, la gravitation universelle est niée, tout baigne dans un océan d'orgone... Le plus délirant n'est pas sans danger puisque Reich achètera du radium pour analyser ses effets sur l'orgone avant de ne réussir qu'une contamination sévère d'une partie de ses collaborateurs.

Reich eut le fantasme d'une machine célibataire à la Duchamp, capable de capter l'orgone avant de la stocker pour en faire un usage prétendument thérapeutique dans le traitement des cancers et des névroses. La description de ces cabines métalliques bardées de bois laisse croire à un canular tant il est extravagant de penser qu'un patient assis dans ce caisson ait pu connaître un transfert d'énergie destiné à le soigner. Mais la crédulité fut grande, les patients nombreux, les bénéfices importants. En bon capitaliste qu'il devint alors, Reich réinvestit l'argent dans son entreprise avant d'honorer des commandes pour l'Europe, les États-Unis et même la Palestine. Les accumulateurs faisaient recette. On avait trouvé la machine à capturer l'énergie vitale, à la contenir, à la transformer, à la domestiquer en un mot.

La susceptibilité et l'efficacité de la *Food and Drug Administration* sont connus : après diligence d'une enquête, la conclusion fut radicale, il s'agissait d'une escroquerie. Les caissons furent analysés, on n'y trouva aucune trace d'orgone, ni de quoi que ce soit. Le tribunal exigea le retrait du commerce des objets incriminés, puis leur destruction. Les textes et documents concernant la fabrication et l'utilisation du produit furent brûlés. Reich refusa de se soumettre à la loi, fut condamné, et vit sa peine aggravée par une accusation d'outrage à magistrat : il fut incarcéré, et huit mois lui suffirent pour en mourir.

Version psychotique de la poule aux œufs d'or, l'histoire de Wilhelm Reich — psychanalyste si important, par ailleurs — est emblématique du désir qu'ont les philosophes de capter, intellectuellement, l'énergie qui traverse les corps et obsède la raison occidentale. Elle trouvera divers noms de baptême *impetus* ou *conatus*, élan vital ou vouloir-vivre, volonté de puissance ou libido, flux même chez Gilles Deleuze.

Le corps est cet étrange lieu que parcourent des dynamiques destinées à demeurer mystérieuses et inconnues. On peut seulement en constater les effets, montrer du doigt ses trajets, en cartographier les flux. Mais en aucun cas on ne peut imaginer capture de cette effusion : elle est là où on ne l'attend pas et on l'attend toujours là où elle n'est jamais.

La philosophie dira sur ce principe de vitalité les choses les plus fortes avec Deleuze qui traque depuis longtemps le travail secret, silencieux et mystérieux des énergies à l'œuvre dans les plis où se transfigurent les formes. Le principe est que « le corps cèle, recèle un langage caché[1] ». A charge pour le penseur d'enquêter sur les grammaires possibles et le vocabulaire pensable. Sur le lieu, l'espace, la substance étendue où se développe ce langage, on peut dire des silhouettes, des formes et des signes qui laissent imaginer une manufacture, une fabrique, une usine. Le corps est une machine, un composé de machine : « Ça fonctionne partout, tantôt sans arrêt, tantôt discontinu. Ça respire, ça chauffe, ça mange. Ça chie, ça baise. Quelle erreur d'avoir dit *le* ça. Partout ce sont des machines, pas du tout métaphoriquement : des machines de machines, avec leurs couplages, leurs connexions. Une machine-organe est branchée sur une machine-source : l'une émet un flux, que l'autre coupe. Le sein est une machine qui produit du lait, et la bouche, une machine couplée sur celle-là. La bouche de l'anorexique hésite entre une machine à manger, une machine anale, une machine à parler, une machine à respirer (crise d'asthme). C'est ainsi qu'on est tous bricoleurs ; chacun ses petites machines. Une machine-organe pour une machine-énergie, toujours des flux et des coupures[2]. » Deleuze s'explique sur le fonctionnement de cette machine en recourant aux notions de production, de consommation, d'enregistrement, de distribution, de repérage, de consumation. Mécanique, thermodynamique, électrique, la machine désirante est le lieu où circulent des émissions dynamiques parfois contrôlées, arrêtées, bloquées, canalisées : « Poche des eaux et calculs du rein ; flux du cheveu, flux de bave, flux de sperme, de merde ou d'urine qui sont produits par des objets partiels, lesquels produisent d'autres flux, recoupés par d'autres objets partiels[3]. » La machine est en fait *machine de machines* et sa règle est la production, plus particulièrement *la production de productions*. On peut ici songer au corps du philosophe comme lieu où s'effectue, là encore sur le mode de la production, une pensée entendue comme un flux : la chair du penseur connaît l'extase, l'illumination, le choc, l'ébranlement et la résolution des perturbations fluctuantes sous le mode de l'idée, de l'intuition. La pensée procède des flux corporels, comme d'autres régulations qui s'effectuent sous la même chair, sous la même peau. Le cerveau, le système nerveux, la matière connaissent d'imprévisibles danses à l'origine des productions mentales, variétés de productions parmi d'autres. « Les organes de la vie sont la *working machine*[4]. »

Le matérialisme, aujourd'hui, se doit d'être plus subtil qu'il ne le fut quand il lui fallait lutter contre l'ignorance et les limites de la science. Le réel est réductible à la matière, tout le réel, mais toute matière ne relève pas d'une univocité. Pour dire les zones d'ombre, le mystère et l'étrange, la philosophie recourt toujours au silence que permet la métaphore poétique. Le *Pli* permet d'appréhender la multiplicité, il autorise la saisie du divers sous une catégorie qui n'œuvre pas dans l'autorité conceptuelle. Pour comprendre le corps, il s'agit alors de soulever des plis, comme Vésale ou Michel-Ange, l'anatomiste et le légiste, le chirurgien et le curieux. Deleuze écrit : « Je *dois* avoir un corps, c'est une nécessité morale, une "exigence". Et, en premier lieu, je dois avoir un corps parce qu'il y a de l'obscur en moi. L'esprit est obscur, le fond de l'esprit est sombre, et c'est cette nature sombre qui explique et exige un corps. Appelons "matière première" notre puissance passive ou la limitation de notre activité : nous disons que notre matière première est exigence d'étendue, mais aussi de résistance ou d'antitypie, et encore exigence individuée d'avoir un corps qui nous appartient. C'est parce qu'il y a une infinité de monades individuelles que chacune doit avoir un corps individué, ce corps étant l'om-

bre des autres monades sur elle. Il n'y a pas de l'obscur en
nous parce que nous avons un corps, mais nous devons
avoir un corps parce qu'il y a de l'obscur en nous[5]. » La
chair comme exigence de l'obscurité, la matière comme
tribut à la part maudite.

En analyste fin du baroque qu'il est, Gilles Deleuze
accompagne son regard vers l'obscurité d'un coup de
sonde dans la lumière. Pas de ténèbres sans lumières.
Aussi faut-il que les alentours du corps produisent une
zone de clarté[6] à partir de laquelle on peut penser l'ensemble de l'organisme comme un compromis entre l'obscur
et le lumineux. Aux franges de ce mélange se produit une
vibration dynamique, une danse de l'air d'où naissent de
petites perceptions, des *microperceptions hallucinatoires*,
écrit Deleuze : au fond de chaque corps, de chaque
monade, pli selon pli, elles préludent à la perception glo-
bale génératrice de sens pour le corps, donc le monde :
« C'est un clapotement, une rumeur, un brouillard, une
danse de poussière. C'est un état de mort ou de catalepsie,
de sommeil ou d'endormissement, d'évanouissement,
d'étourdissement[7]. » Le corps est le lieu dans lequel s'effectue l'alternative qui fait se succéder le registre métaphysique et le registre psychologique — l'introjection, puis la loi
inverse. A chaque parcours s'enrichissent les énergies qui
connaissent une efflorescence en force, en énergie vitale.

Dans la perspective annoncée dès *Différence et répétition*,
il s'agit pour Deleuze, après Nietzsche, d'opérer le renversement du platonisme. Et l'on souscrit absolument à cet
objectif qui suppose une rematérialisation, une renaissance du corps : « Donnez-moi donc un corps, affirme-t-il,
c'est la formule du renversement philosophique. Le corps
n'est plus l'obstacle qui sépare la pensée d'elle-même, ce
qu'elle doit surmonter pour arriver à penser. C'est au
contraire ce dans quoi elle plonge ou doit plonger, pour
atteindre à l'impensé, c'est-à-dire à la vie. Non pas que le
corps pense, mais, obstiné, têtu, il force à penser ce qui se
dérobe à la pensée, la vie. On ne fera plus comparaître la
vie devant les catégories de la pensée, on jettera la pensée
dans les catégories de la vie. Les catégories de la vie, ce
sont précisément les attitudes du corps, ses postures.
"Nous ne savons même pas ce que peut un corps" : dans
son sommeil, dans son ivresse, dans ses efforts et ses résis-

tances. Penser, c'est apprendre ce que peut un corps non-pensant, sa capacité, ses attitudes ou postures[8]. »

La machine désirante de l'hédonisme supposera la réconciliation du corps et de la conscience quand la machine de l'idéal ascétique produit des corps séraphiques marqués par l'éviction de l'appendice — le nez et le phallus. Comme s'il n'était de corps idéal que dans le lisse, la surface plane, sans aspérité, blanche et polie, un corps qui serait sorti transfiguré vainqueur d'un combat qui opposerait le phallus et l'ange.

NOTES

1. Gilles Deleuze, *Logique du sens*, éditions de Minuit, p. 325.
2. Gilles Deleuze, Félix Guattari, *L'Anti-Œdipe. Capitalisme et schizophrénie*, éditions de Minuit, p. 7.
3. *Ibid.*, p. 12.
4. *Ibid.*, p. 14.
5. Gilles Deleuze, *Le pli. Leibniz et le baroque*, éditions de Minuit, p. 113.
6. *Ibid.*, p. 115.
7. Gilles Deleuze, *Cinéma II. L'Image-Temps*, éditions de Minuit, p. 246.
8. *Idem.*

Corps

« Tout Système Philosophique où le Corps de l'homme ne joue pas un rôle fondamental, est inepte, inapte. »

Paul VALÉRY, *Cahiers*,
1920-1921. M VII. 769.

Avant d'être cette belle mécanique qu'on sait, le corps a fait des débuts dans le comique et ses premières armes dans le tâtonnement. Dans cet ordre d'idées, il faut prendre Démocrite au sérieux quand il montre comment la chair doit son existence à une étrange alchimie qui combine les éléments avant de produire une forme qui, pareille aux vers, s'extrait avec peine d'un magma digne de l'athanor des alchimistes. On peut toutefois préférer Empédocle qui, si l'on en croit Varron, pensait que « les hommes sont sortis de terre comme les épinards[1] ». En ces époques de confusion, bénies parce qu'elles ignorent l'arrogance consubstantielle à tout désir d'efficacité et de rentabilité, la nature œuvre à perte, s'essaie, donne dans l'ébauche. Le corps peut bien attendre, il reste encore de beaux jours au chaos.

Donc, « au commencement, des membres séparés sortirent çà et là de terre, pour ainsi dire grosse. Ensuite, ces membres se réunirent et bâtirent la substance du corps humain, mélange de feu et de liquide[2] ». Plus étranges furent les visions qu'une conscience égarée et préexistante à toute réalité aurait pu avoir en ces temps apocalyptiques. Empédocle affirmait que, de la terre « poussaient de nombreuses têtes, mais sans cou, et erraient des bras nus et dépourvus d'épaules, et des yeux flottaient non amarrés au front[3] ». Sur d'inquiétantes landes gonflées par la putréfaction et saturées des odeurs méphitiques de commencement du monde, « des membres solitaires disjoints par la Haine erraient à la recherche d'un mutuel échange[4] ». Suivent des monstres à deux faces, deux poitrails, des bovidés à face d'homme ou des enfants à tête de bœuf, des créatures à la fois homme et femme dont les membres se perdaient sous d'épaisses toisons velues. La nature s'essayait à de périlleux et troublants exercices de style en visant des formes qui eussent conformation suffisante pour durer. C'est pourquoi, lorsque des dents rencontraient un estomac pour digérer ce qu'elles avaient broyé et qu'un foie transformait cette bouillie en sang, une complicité s'installait, liait ces fonctions pour conclure un pacte générateur d'organisme — la logique, spécieuse toutefois, du finalisme impliquant que « tout ce qui n'était pas conforme au modèle de son espèce fût détruit[5] ».

La même rhétorique traversera les époques puisqu'on la retrouve à l'œuvre chez Lucrèce, quelques siècles plus tard, quand le philosophe décrit les limbes de l'humanité et les premiers pas de la civilisation. Le poète matérialiste brosse un tableau où l'on retrouve les mêmes fulgurances : organes solitaires, corps en gésine, chairs dépitées avant que ne se durcissent les formes que l'on connaît aujourd'hui. On peut lire, dans *De la nature des choses* : « Que de monstres la terre en travail s'efforça de créer, étranges de traits et de structures ! On vit l'androgyne, qui tient des deux sexes, mais n'appartient à aucun, et n'est ni l'un ni l'autre ; on vit des êtres sans pieds et sans mains, ou muets et sans bouche, ou sans regard, aveugles, ou bien dont les membres adhéraient tous au tronc et qui ne pouvaient ni agir, ni marcher, ni éviter un péril, ni pourvoir à leurs besoins. Tous ces monstres, et combien d'autres de même sorte, furent créés en vain, la nature paralysa leur croissance et ils ne purent toucher à la fleur tant désirée de l'âge, ni trouver de nourriture, ni s'unir par les liens de Vénus[6]. » Errances avant la quiétude d'un corps qu'on assumera, faute de mieux, comme ce qui paraît un moindre mal en comparaison de quelques formes auxquelles on échappe... La chair est folle avant de s'apaiser dans un réceptacle qui la contienne pour l'éternité. Lucrèce sacrifie aux eschatologies finalistes classiques : le corps tel qu'il est paraît la meilleure des formes possibles, la nature ne pouvant commettre d'impairs théologiques.

Dans cette danse ludique d'organes en quête d'agrégation, l'androgyne est un moment privilégié. Empédocle n'a pas manqué d'en faire le portrait : « Tout d'abord, il sortit de la terre des êtres en un tout naturel rassemblant les deux sexes, ayant part à la fois et au feu et à l'eau. Le feu les fit surgir, car il se proposait d'atteindre son semblable. Et pourtant point encore ils ne montraient la forme adorable des membres, non plus que la voix mâle et le membre viril appartenant aux hommes[7]. » Modèle de perfection, la réalité androgyne réunit les éléments étrangers, harmonise les contraires et fusionne tant et si bien le distinct qu'on ne peut même plus isoler ce qui relève de l'un ou de l'autre. Avec elle cesse la dialectique du Même et de l'Autre au profit de la seule Identité, rêve de philosophe, fantasme de sage. Dans la logique duelle qui oppose le mâle et la femelle, le feu et l'eau, la nuit et le jour, Empédocle investit le corps primitif d'une complétude sans nulle autre pareille. L'androgyne est le corps idéal, sans coupure, sans brisure et sans manque.

Le mythe est un grand pérégrin dans les textes et hante les fragments présocratiques autant que les pages les plus célèbres de Platon dont, bien sûr, celles du *Banquet*. Le réel androgyne synthétise là encore les logiques ennemies, les réconcilie et propose une chair accueillante pour les principes mâle et femelle : « Chaque homme avait la forme d'une sphère, avec le dos et les côtes en arc, quatre mains, autant de jambes et deux faces reliées à un cou arrondi, tout à fait identiques ; pour ces deux faces opposées, un seul crâne, mais quatre oreilles, les pudenda en double, tout le reste, que l'on peut imaginer, sur le même modèle[8]. » On sait, depuis Parménide, combien la sphère — ou la circularité — est figure emblématique de la perfection, de la finitude, de la suffisance : elle désigne l'absence de failles. Qu'en ce temps le corps fût sphérique renseigne sur sa nature alors parfaite. La fin de la perfection se manifestera par l'incision, la rupture, la coupure, l'installation du manque et la cicatrice. Le corps souffrira l'amputation et connaîtra le caractère impérieux du désir, la loi tyrannique de l'incomplétude. Avec cette chute, la chair est damnée, elle tombe dans la matérialité la plus réductrice, la perfection est derrière elle — ou devant.

L'antique perfection du corps d'avant la chute trouve son pendant en un au-delà vécu comme une rédemption. Pour mieux oublier *hic et nunc* la chair, on la préfère ancestrale et androgyne, ou futuriste et mutante. Dans les deux cas de figures, on oublie sa dimension immédiate.

Et l'on retrouve Charles Fourier, grand historien du futur, philosophe des lendemains qui chantent, dans de sérieuses digressions sur le corps en Harmonie, après la Civilisation, bien après, lorsque la chair se trouvera métamorphosée, investie des qualités idéales. Dans l'hypothèse du Père du nouvel ordre sociétaire, rien n'est épargné des progrès rendus possibles par la révolution Harmonienne. Suivant cette logique, Fourier peut prophétiser : « L'humanité s'élèvera par elle-même aux améliorations matérielles dont son physique est susceptible[9]. » En vertu de ce principe, les hommes sont appelés à vivre sur d'autres planètes que la Terre devenue trop étroite pour l'occasion. Et, selon une arithmétique astrologique d'initié, on est en droit d'attendre une modification radicale du corps et de ses possibilités. Ainsi, Fourier décrit « les belles et utiles propriétés » acquises par les terriens lorsqu'ils auront élu domicile en de nouvelles contrées célestes. Parmi elles, « l'amphibéité, la nyctalopie, la repousse perpétuelle des dents et des cheveux, l'indolorisme factice, le blanchiment au soleil[10] ». Et Fourier d'ajouter un « etc. » auquel on aurait préféré un développement en bonne et due forme, pour rire un peu...

Mais le plus spectaculaire réside en un archibras destiné à surgir, au moment voulu, de la poitrine de chacun. Les qualités de ce nouvel appendice sont les suivantes : c'est une arme puissante capable en même temps de garantir de la chute, un ornement superbe qui procure aussi une force gigantesque, enfin, sa dextérité est infinie et il procure concours et appui à tout mouvement du corps auquel il confère adresse et célérité. Dans une intervention en forme de justification contre les critiques abondantes que sa théorie lui valait, Fourier écrivit : « Les habitants des soleils, des lactées et des planètes à anneaux comme Saturne sont amphibies, par l'effet de l'ouverture de la cloison du cœur, et ont un cinquième membre commun aux deux sexes. J'ai expliqué divers usages de ce membre, par le moyen duquel un homme peut attendre de pied ferme et tuer d'un seul coup le plus terrible animal, même le grand tigre. J'ai fait connaître d'autres fonctions de ce membre qui sert de parachute tournoyant, moteur de grandes ailes postiches, échelle de corde, nageoire qui donne à l'homme la vélocité d'un poisson, et mille autres possibilités dans la terre et les eaux. J'ai expliqué pourquoi les habitants de notre globe sont privés de ce membre et dans quel cas les générations futures pourront en être pourvues[11]. » Et Fourier de conclure qu'avec l'archibras, on pourra tripler les produits de l'industrie et porter le corps à son degré ultime de perfection. De la sorte, il

« serait l'ornement et la sauvegarde du corps humain, véritable avorton sans ce membre[12] ». D'aucuns ont rapidement conclu à la caducité du projet fouriériste au simple vu de ces pages sur l'archibras et le corps métamorphosé qu'en un langage issu du *Nouveau monde industriel et sociétaire* on pourrait appeler le Corps d'Harmonie. C'est sans compter sur les propres réserves émises par Fourier sur la difficulté de faire la part de l'hypothèse, du postulat, de la probabilité, de la vérité à venir. Contentons-nous de ces figures allégoriques que le penseur offre et qui permettent de fantasmer une fois de plus un corps défait de ses attaches avec le présent, l'ici et le maintenant — un corps impossible.

Pour trouver à Fourier des complices apparemment moins farfelus, on peut se souvenir de Condorcet, par exemple, qui conclut son *Esquisse d'un tableau historique des progrès de l'esprit humain* sur la plus qu'improbable disparition de la sottise, de la stupidité, de l'hypocrisie, mais plus encore, sur l'émergence d'un nouveau corps rendu possible par les progrès techniques, scientifiques et médicaux. La mort est perçue par le philosophe comme une hypothèse à réserver aux cas exceptionnels : accidents ou rares probabilités. La durée de la vie, considérablement augmentée, « approchera continuellement (...) une étendue illimitée[13] ». Et pareilles billevesées se retrouveront dans les années 1970 sous la plume d'un penseur qui pousse même l'ironie jusqu'à proposer une méthode pour sortir de ce siècle[14]. Un nouveau corps, plusieurs fois centenaire, donc plusieurs fois damné...

L'idée d'un corps impossible qui échapperait aux lois de la nature, à l'entropie, à la mort et à toutes les logiques d'usure est un fantasme utile qui aide plus d'un sectateur à se refuser l'évidence et le spectacle de l'existence. Et parmi les eschatologies corporelles, celle des chrétiens n'est certes pas la moins saugrenue. La résurrection de la chair et les retrouvailles des élus avec un corps glorieux n'a pas été sans poser nombre de problèmes. On se doute que pareils corps sont dotés d'oreilles, comment, sinon, entendre les trompettes du jugement dernier qui appellent à quitter le tombeau pour de nouveaux habits de lumière ? L'essence de ce corps glorieux consiste en une forme qui connaîtrait « la suppression des misères et infirmités qui affligent la vie présente[15] ». Impassibilité, subtilité, agilité, clarté : toutes les qualités qui sont siennes, il les doit à la vision béatifique faite de Dieu ou à l'action spéciale de la divinité. Le corps glorieux est donc une antimatière, une chair désincarnée, une contradiction dans les termes.

Les aléas du corps rêvé — hermaphrodite, androgyne, ange, mutant, ectoplasme — renseignent assez sur l'incapacité d'aimer le seul corps qui soit, celui de chair et d'os. Paul Valéry le définit justement, sans omettre sa part dynamique, comme « un espace et un temps dans lesquels se joue un drame d'énergie[16] », avant de constater, ailleurs, combien « il est étrange que le *corps* ne joue pas un rôle dans les philosophies connues, ou n'y joue qu'un rôle effacé, ou honteux, ou dissimulé... La vie, conclut-il, est pour chacun l'acte de son corps[17] ». Puis il souligne que le corps « est l'unique, le vrai, l'éternel, le complet, l'insurmontable *système de référence*[18] ».

Il est vrai que le corps est le grand absent, le grand méprisé de la tradition philosophique en général, Orient et Occident confondus dans la même réprobation. Seules quelques individualités d'exception ont dérogé pour proposer une sagesse du corps, une philosophie de la chair qui ne soit pas volonté de désert.

Dans *La Généalogie de la morale*, Nietzsche écrivait : « Lus d'une planète lointaine, les caractères majuscules de notre existence terrestre amèneraient peut-être à la conclusion que la terre est la véritable *étoile ascétique*, un coin habité par des créatures mécontentes, arrogantes et répugnantes, qui ne peuvent se débarrasser du profond dégoût qu'elles causent à elles-mêmes, que leur cause la terre et toute vie et qui s'acharnent à faire le mal, par plaisir[19]. » Sur cette planète sinistre à force de violences retournées contre soi, le corps fait les frais de cette haine morbifique. Les promoteurs de l'idéal ascétique haïssent la chair et n'aiment pas les appendices. Parmi eux, le nez et le phallus...

NOTES

1. Empédocle in *Les Présocratiques*, Gallimard, Pléiade, A. LXXII, p. 356.
2. *Idem*.
3. *Ibid.*, B. LVII, p. 396.
4. *Ibid.*, B. LVIII, p. 396.

5. *Ibid.*, B. LXI, p. 398.

6. Lucrèce, *De la nature des choses*, V. 839, trad. H. Clouard, Garnier Flammarion, p. 178.

7. Empédocle, *Les Présocratiques, op. cit.*, B. LXII, p. 398.

8. Platon, *Le Banquet*, 189. e et suiv. trad. P. Boutang, Hermann.

9. Fourier, *Œuvres complètes*, tome VIII, p. 441 éd. Anthropos.

10. *Idem.*

11. Fourier, *Bulletin de Lyon*, 1804, cité par Michel Nathan, *Le Ciel des fouriéristes. Habitants des étoiles et réincarnations de l'âme*, Presses Universitaires de Lyon, 1981, p. 35.

12. *Idem.*

13. Condorcet, *Esquisse d'un tableau historique des progrès de l'esprit humain*, Vrin, p. 236.

14. Morin (Edgar), *L'Homme et la Mort*, Seuil, Point, voir particulièrement le chapitre 10 et les nouvelles conclusions apportées en 1970, chapitre 11.

15. Bricout (J.), *Dictionnaire pratique des connaissances religieuses*, tome V, p. 1245.

16. Valéry (Paul), *Carnets*, Pléiade, Gallimard, 1924-1925, Z.X.440, tome I, p. 1134.

17. *Ibid.*, 1922. R. VIII. 543. p. 1126.

18. *Ibid.*, p. 1127.

19. Nietzsche, *La Généalogie de la morale*, Troisième dissertation, § 11. Trad. H. Albert, Mercure de France.

> « Le toucher, l'odorat, le goût sont des maté-
> rialistes, sont chair ; la vue et l'ouïe sont des
> idéalistes, sont esprit. Mais les yeux et les oreilles
> représentent la tête, les autres sens, le ventre. »
>
> FEUERBACH, *Contre le dualisme
> du corps et de l'âme, de la chair et de l'esprit.*

LES CONTEMPTEURS DU NEZ

S'il fallait un philosophe emblématique des fanatiques du nez, c'est sans conteste Démocrite qu'il faudrait élire. Jugeons-en par les anecdotes rapportées sur son compte par Diogène Laërce qui n'est pas avare de détails sur l'appendice du sage.

L'odorat du philosophe était tellement exercé qu'il distinguait, par ses seules narines, les vapeurs de sperme qui volaient dans les rues d'Abdère. Ainsi, il fut en mesure de saluer un soir une jeune fille qui passait par là en compagnie d'Hippocrate par un « bonjour mademoiselle » qu'il transforma le lendemain en un tonitruant « bonjour madame ». Diogène Laërce, qui rapporte le trait, précise pour éclaircir l'énigme : « Et de fait, la jeune fille avait perdu la nuit sa virginité[1]. » Perspicace, le bougre...

Cette histoire, comme souvent dans l'Antiquité, prend sa place dans une perspective pédagogique claire et précise. Il s'agit de montrer, par des anecdotes facilement mémorisables, comme un fil d'Ariane à partir duquel on peut reconstituer tout l'écheveau du matérialisme Abdéritain. Démocrite enseignait dans son École qu'en dehors des atomes et du vide, il n'existait rien. Dans cet esprit, une femme qui perd sa virginité, et connaît un homme pour la première fois, ne fait qu'évoluer dans une étrange danse atomique qui se définit par un pur et simple déplacement de particules. L'heureuse élue reçoit, en sa chair, des humeurs masculines au fumet spécifique. La liqueur séminale, qui elle aussi connaît les aléas de la matière, ira de transformations en transformations, au point qu'elle s'évaporera, ira jouer le mélange avec l'air, avant que le flair de Démocrite ne fasse le reste. Comprendre un Abdéritain,

c'est s'obliger à reconstituer les heurs et malheurs du
sperme, de son émission de manière privée à ses errances
dans les rues, sous forme d'atomes déliés, à la barbe et au
nez des passants...

Démocrite était spécialiste des choses nasales. La doxo-
graphie rapporte comment, à deux doigts de la mort, il
aimait encore les facéties olfactives. Le philosophe était en
effet dans ses derniers jours quand on s'aperçut qu'il ris-
quait bien de mourir en pleines Thesmophories, ce qui
rendait impossible l'accomplissement des dévotions.
Pieux, bien que matérialiste, Démocrite accepta de retarder de quelque temps son trépas et souhaita, pour se sus-
tenter, qu'on lui apporte de petits pains, ou du miel, c'est
selon la tradition. Sa sœur se chargea de l'intendance et
lui porta trois jours durant les aliments demandés. Et lors
des fêtes, il se contenta de humer les vapeurs, les particules
et les atomes qui formaient volutes autour des présents.
Puis il délaissa les douceurs et leurs parfums avant de quitter le monde, rassasié[2].

On aimait exercer son flair chez les Abdéritains, car
Anaxarque, un disciple du matérialiste aux petits pains,
avait demandé à son cuisinier qu'il prenne la précaution
de porter des gants et un voile devant sa bouche lorsqu'il
lui pétrissait son pain. Ainsi évitait-il que la « sueur ne l'hu-
mectât, et que son haleine ne la souillât[3] ». Pour saisir la
portée de ces précautions de maniaque, il faut se souvenir
que les mains et la bouche de l'artisan sont vecteurs des
atomes excréteurs, et qu'on peut, en un souci hygiénique,
vouloir se prémunir contre les échanges intempestifs de
matières usées.

L'atomisme abdéritain est, encore aujourd'hui, riche de
leçons. Si, dans sa forme, il peut prêter à sourire, dans
ses intuitions, il est indépassable : Démocrite et ses élèves
fournissent, en effet, une conception de la matière qui
aurait permis à Kant, s'il l'avait partagée, de fournir une
théorie des odeurs moins rétrograde que celle qu'on peut
découvrir dans l'*Anthropologie d'un point de vue pragmatique*.

La matière, chez Démocrite, est saisie dans sa dimension énergique, dynamique et diffuse. Les particules sont
pensées comme en mouvement, et la matière comme un
ensemble non stable de molécules sans cesse en agitation,
dont certaines se défont de l'objet dont elles émanent, tout

en continuant d'en faire partie — bien que connaissant une nouvelle modification de substance. Tous les matérialistes se souviendront de pareilles leçons qui réduisent l'univers à ses composantes matérielles, et font des parties de ce grand tout un pur et simple produit des modifications diverses et multiples des parties qui le composent. Sentir, c'est donc appréhender le monde dans une modalité inhabituelle, mais néanmoins fondamentale. Un idéaliste ne peut avoir qu'un nez atrophié. Quoi qu'il en soit, il ne peut faire qu'un usage pervers de ses narines...

L'Antiquité aimait les parfums : dans les banquets, on offrait aux convives des guirlandes de fleurs diverses aux senteurs multiples alors que dans les cassolettes brûlait la résine aux odeurs sucrées. Aux jeux du cirque, on répandait des essences sur le tissu tendu dans le théâtre au-dessus de la tête des spectateurs. Le vélum qui protégeait des intempéries laissait s'évaporer les produits qui retombaient en pluie fine sur l'assistance. Parfois, de grandioses fêtes mortuaires permettaient à des défunts richissimes de brûler sur des bûchers constitués de bois précieux.

Parmi les philosophes, le parfum n'a pas bonne réputation : on l'associe au luxe, à la débauche, à la dépravation. Aussi, c'est chez un spécialiste en hédonisme, Aristippe de Cyrène, qu'il faut aller chercher un goût prononcé et avoué pour la belle odeur[4] quand Socrate et Platon en font le signe distinctif des invertis. Faut-il s'étonner que le philosophe de la *République* ait eu des compagnons de route chez les Spartiates qui, eux, flétrissaient le recours aux parfums comme un signe évident de corruption et de décadence ? Seuls les voluptueux peuvent aimer les effluves et les parfums, les senteurs et les odeurs. Jean Grenier précise, à cet effet, que « le luxe des odeurs de l'Asie (...) était tenu en suspicion par l'hellénisme classique[5] ».

L'odorat est dénigré par ceux qui ont la matière en détestation. Aucun dégoût n'est sans racine, et « l'usage des sens, leur hiérarchie vécue, ont une histoire ; en cette matière, rien ne va de soi ; rien ne justifie le dédain négligent des spécialistes[6] ». La haine du corps s'accompagne d'une haine tenace pour l'olfaction. Le nez concentre les aversions et les passions comme un révélateur.

On ne s'étonnera donc pas de trouver dans le rang des dépréciateurs de l'odorat tous ceux qui font profession de foi spiritualiste, idéaliste ou religieuse. La méfiance à l'égard des senteurs est symptomatique de l'estime dans laquelle un philosophe tient son corps : son mépris des odeurs est proportionnel à son dégoût du corps.

Ainsi, on verra quelques philosophes parmi les plus sérieux, recourir au flair, aux narines et au nez pour dire, à leur insu, combien ils élisent ce sens-là, parmi cinq, pour seulement dire leurs répugnances : l'un analysera l'odeur des Nègres, et tâchera de comprendre pourquoi pareille puanteur (!), l'autre se fera fort de distinguer le Foetor Judaicus — la puanteur juive —, un troisième décrira avec une complaisance affectée l'odeur des pauvres... A ces chairs trop différentes pour être leurs, les penseurs associeront les fosses nasales les plus subjectives. Le corps trop phénoménal, pour utiliser la terminologie kantienne, est flétri par l'olfaction. Dans tous les cas de figure, on lui préférera l'odeur de sainteté, suave et merveilleuse, celle des corps déjà glorieux de saints et de saintes extatiques. Derrière le mépris des corps de chair et de sang — qu'on préfère dénoncer comme corps de l'autre —, il se profile de façon insidieuse la passion et le désir d'un organisme nouménal, conceptuel, sans matière, ni odeurs. L'épaisse puanteur ira aux Nègres, aux Juifs et aux Pauvres, comme pour mieux mettre à distance ce sac de peau investi de tant de mépris. La haine va toujours à ce qu'on ne comprend pas, partant, à ce qu'on n'accepte pas.

Sacrifier le nez, c'est s'interdire de comprendre le monde quand il se fait effluves, parfums et senteurs, c'est aussi se mutiler, amputer ses facultés avec l'ardeur de qui voudrait se paralyser, s'isoler, se maintenir à l'écart du réel. Dans les narines aboutissent des ramifications nerveuses qui permettent au cerveau une échappée vers l'extérieur du corps : les neurones qui tapissent l'intérieur de la fosse nasale sont les points de liaison entre le sujet qui perçoit et le réel qui est perçu. Refuser l'odorat, le disqualifier pour élire la vision comme sens noble, c'est, en quelque sorte, préférer la mort.

Dans l'*Anthropologie d'un point de vue pragmatique*, Kant entreprend la promotion de la vision et fait de l'odorat le sens le moins digne des cinq. La liste des sens est d'abord coupée en deux parties dans lesquelles sont distribuées les perceptions qui relèvent de l'action mécanique tout en supposant la médiation de l'esprit, d'une part, et d'autre part celles qui nécessitent l'action chimique tout en mettant en scène ce que Kant appelle des « choses physiques ». Le toucher, l'ouïe et la vue sont posés comme objectifs. Ainsi, « à titre d'*intuition* empirique ils apportent plus pour la *connaissance* de l'objet extérieur qu'ils ne mettent de mouvement dans la conscience de l'organe affecté[7] ». Ensuite le goût et l'odorat sont dits subjectifs, car « la représentation qui se fait par eux est plus celle de la *délectation* que de la connaissance des objets extérieurs[8] ». Kant imagine donc qu'on appréhende mieux — on ne dira pas qu'on connaît mieux, par égard pour les catégories du vieux philosophe — le plat de morue, dont il était familier, en l'écoutant, en le regardant ou en le touchant qu'en le humant, voire en le goûtant. De quels objets parle donc Kant lorsqu'il envisage leur connaissance ? Il semble que, dans l'esprit du philosophe, certains objets ne peuvent accéder à la dignité de catégories analysables. Kant évacue des préoccupations de l'esthéticien tout ce qui peut relever des odeurs et des goûts : pas de cuisine ou d'art des parfums chez Kant, aucune *Critique de la raison diététique* ou de *Critique de la raison olfactive* possible chez le philosophe qui se propose malgré tout, sans ciller, d'offrir une *Critique de la faculté de juger* en bonne et due forme. De juger quoi, si l'on ne peut appréhender la cuisine de Brillat-Savarin ou les parfums d'Edmond Roudnitska[9] ?

Pour être si sûr de lui et affirmer qu'on peut mieux connaître avec les sens objectifs qu'avec les sens subjectifs, faut-il imaginer que Kant ignore les hallucinations visuelles et les brisures de bâtons plongés dans un liquide qui font le bonheur des étudiants de philosophie ? Doit-on croire que Kant ignore qu'en faisant confiance à ce qu'il tenait de la vue, sens objectif et noble, tel présocratique croyait que le soleil était large comme une main ? Plotin, déjà, dut faire preuve de rhétorique pour démontrer qu'un objet placé loin des yeux n'est pourtant pas plus petit que lorsqu'il est à portée de la main. Toutes les dissertations sur la dioptrique et la vision fournissent d'amples détails sur les illusions d'optique, sur les erreurs de perception, les approximations dues à la subjectivité du sens noble — subjectivité également partagée par les quatre autres sens, avec le même bonheur.

Affubler l'olfaction d'un moindre coefficient de certitude

que la vision relève du pur postulat, dont Kant aime tant l'usage, mais certainement pas d'une analyse digne de ce nom. Le nez et les yeux fournissent des informations avec un égal potentiel et un même spectre d'erreurs ou de certitudes, chacun dans son registre. Tous les sens sont assujettis aux mêmes limites en deçà et au-delà desquelles on sombre dans l'inexactitude : aucun d'entre eux ne fournit plus d'informations susceptibles de contribuer à la vérité qu'un autre. Le discrédit jeté sur l'olfaction a bien d'autres raisons.

Avec les mêmes préventions, Kant poursuit son analyse et pose, en passant, toujours sous forme de postulat, que l'entendement commande et que la sensibilité suit — comme si l'entendement n'était pas plutôt au service de la sensibilité... Puis, il annonce du toucher qu'il est « le seul sens de la perception extérieure *immédiate*[10] ». On découvre, au détour, combien la conception kantienne de la matière est spiritualiste, et combien la fréquentation de Démocrite aurait rendu Kant plus sage et plus avisé. L'idée de Kant est qu'un objet est plus vrai en son tout qu'en les parties qui le composent : la vérité d'une forme, c'est ce qui apparaît immédiatement de celle-ci. C'est oublier que, dans une perspective non plus statique, mais dynamique de la matière, l'objet est vrai en tant que forme qui dure, mais aussi en tant que forme qui se décompose, et autour de laquelle un ballet de particules s'organise qui n'est pas moins vrai, quant à l'objet, que l'objet lui-même dans son intégrité.

Le parfum est matériel : les atomistes de l'Antiquité s'en étaient aperçus. Ainsi, l'odeur s'appréhende aussi bien que la forme, la couleur, comme une dimension non négligeable de la chose considérée. Dans cet esprit, en tant qu'elle est composée d'éléments volatiles, détachés de l'objet dont elle provient, l'odeur suppose un contact direct, *immédiat*, avec quelques-unes des parties dont elle est constituée. La Palice dirait qu'un œillet sent l'œillet... et rien d'autre. Preuve en est, s'il est besoin, que les effluves sont des fragments de matière qui circulent de manière libre dans l'air.

Faut-il être imperméable à la chimie élémentaire pour négliger pareilles évidences ? Il suffirait même d'être soucieux d'une chimie poétique, à la manière de Lucrèce, pour savoir qu'une particule détachée de la matière en conserve les déterminations et relève, comme toute autre structure chimique, d'une vulgaire table de Mendeleïev. L'odeur d'un coing, c'est encore du coing...

Près d'un siècle et demi plus tard, dans un laboratoire, Joseph Bretenbach effectuera une série de clichés qui visualisent les mouvements du parfum, sa façon d'évoluer en volutes, le jeu qu'il opère avec l'air. Le recours technique à des supports spécialement constitués, définis par leur exceptionnelle minceur, permettait aux molécules odorantes de se matérialiser sous forme d'effluves visuels. La plaque sensible fixe la nature dynamique et concrète du parfum, elle fige le diffus en arabesques saisissantes et propose d'arrêter la vie dans une de ses vibrations. Alors, on peut comprendre combien la matière ne se définit pas aux formes qui semblent la contenir mais qu'elle est aussi constituée de l'aura et des énergies qui parcourent sa surface visible. Les photographies de Bretenbach immobilisent une gerbe de rosée microscopique, un ballet de pellicules translucides, un panache aux contorsions esthétiques, qui jaillissent en projection pulvérisée du cœur de la fleur.

La matière n'est donc pas limitée à ce que l'on voit d'elle. Lucrèce, et avant lui les atomistes de l'École d'Abdère, en savaient plus de la matière, par ce qu'ils imaginaient, que ce que Kant semble connaître. Mais le matérialisme est désespérant, il réduit la totalité de ce qui est à des combinaisons qui ne laissent aucune place pour le délire ou la fantaisie qui animent les idéalistes, familiers d'élucubrations peu soucieuses du réel.

L'entendement kantien trouve ses limites, paradoxalement, dans ce qui échappe à la connaissance immédiate par les sens. Kant sent bien, du moins on peut l'espérer pour lui, mais la perception est trop fugace, trop ponctuelle pour faire l'objet d'une analyse en bonne et due forme. Il faut au philosophe un objet docile, inerte, défini par sa matérialité la plus sommaire, l'apparence. En dehors de formes statiques, Kant est perdu. Les approximations qu'il fournit à propos de la musique relèvent de la même logique : il ne peut saisir la dimension esthétique d'un goût, d'une odeur ou d'un son. Le criticisme chavire devant un chocolat à l'ambre, façon Brillat-Savarin, un fumet de bergamote, façon Proust, un trio à cordes, façon Schubert.

Les atomistes sont plus perspicaces et drôles, eux qui

induisent des atomes ronds, crochus, recourbés, globu-
leux, armés de crochets plus que de pointes, anguleux,
raboteux, sphériques pour expliquer pourquoi et comment
on peut goûter des saveurs acides, amères, sucrées, sentir
des odeurs piquantes, fraîches, onctueuses, éthérées, frui-
tées ou entendre des sons doux, agressifs, aigus, graves.
« Car, écrit Lucrèce, tout ce qui flatte et réjouit nos organes
est formé d'atomes polis et sphériques ; ce qui les blesse et
les inquiète, d'éléments plus rudes et moins parfaits. Il y a
encore, poursuit-il, des atomes qui ne sont ni absolument
lisses, ni entièrement recourbés, mais hérissés de pointes
saillantes qui chatouillent l'organe plutôt qu'ils ne le déchi-
rent[11]. »

Persistant dans l'analyse idéaliste, et se refusant à toute
chimie élémentaire lorsqu'il aborde les contrées de la
musique, de la lumière ou des odeurs, Kant ne peut qu'a-
vancer des théories inférieures en pertinence à celles de
Démocrite ou d'Épicure. A cette paralysie consubstantielle
à l'idéologie, Kant ajoute des considérations d'ordre sub-
jectif et juge la qualité des sens avant d'établir, ou de poser
arbitrairement, une hiérarchie susceptible de rendre
compte des phénomènes de perception. Ainsi juge-t-il que
« le sens de la vue a beau n'être pas plus indispensable que
celui de l'ouïe, il est plus noble : de tous les sens, il s'éloigne le plus du tact, qui forme la condition la plus limitée
de la perception ; il n'enveloppe pas seulement le plus
grand domaine de la perception, mais c'est lui dont l'organe est senti comme le moins affecté (autrement ce serait
voir) ; il s'approche plus que les autres d'une intuition pure
(d'une représentation immédiate de l'objet donné), sans
que s'y mêle une impression qu'on puisse remarquer[12].
Plus la proximité est grande avec l'objet, plus la répulsion
envahit le philosophe : la mise à distance du monde est le
symbole manifeste du sacrifice à l'idéal ascétique. Voir
isole et éloigne du réel. Toucher approche et ramène au
concret. Sans souci d'une démonstration, Kant pose la
noblesse du sens qui assure de la plus grande distance
d'avec le monde. Le réel est salissant. Quoi qu'on fasse,
Kant et consorts préfèrent le nouménal, l'intelligible, qui a
le mérite de ne pas salir, mais qui n'existe pas...

Après avoir examiné les trois sens externes, et classé
ceux-ci dans le sens décroissant — éloge de la vue, tolérance de l'ouïe, disqualification du toucher —, Kant aborde

les contrées du goût et de l'odorat. Comme on peut s'en apercevoir, ces deux sens dits subjectifs arrivent après le tact, et méritent moindre considération encore. Les sens externes sont posés comme étant confinés aux surfaces. Ainsi sont-ils irrémédiablement voués à effleurer, à ne saisir le monde qu'en ses manifestations superficielles là où le goût et le toucher apparaissent comme des sens « de la *délectation* (l'absorption la plus intérieure)[13] ». En tant que tels, ils forcent à une plus grande intimité avec le réel, une plus grande présence au monde.

L'odorat consiste, selon l'*Anthropologie d'un point de vue pragmatique*, en « l'aspiration des exhalations étrangères qui sont mêlées à l'air, et qui peuvent émaner d'un corps fort éloigné de l'organe[14] ». La théorie kantienne des odeurs passe par la référence aux sels fixes ou volatils dissous dans l'air. L'idée même de dissolution ou d'étrangeté pour qualifier les odeurs suppose dans l'esprit du philosophe une conception idéaliste de l'air : milieu pur, sans autres mélanges que ceux qui contribuent à la formation chimique de l'élément, milieu vierge, sans corruptions et sans compromissions. Comme si l'air n'était pas un perpétuel milieu de mixtes, de composés... Kant semble vouloir vivre dans une atmosphère nouménale, dans une idée d'air.

Par ailleurs, Kant n'aime pas le caractère impérieux des odeurs et perçoit cette faculté comme « contraire à la liberté[15] », moins sociale que les autres, plus individualiste. Pour mieux en analyser les effets, Kant recourt à des puanteurs et disserte sur la saleté. Comparant les deux sens dits inférieurs, il affirme : « L'absorption par l'odorat (dans les poumons) est encore plus intime que celle qui se fait dans les cavités réceptrices de la bouche et du gosier[16]. » Pareil constat ne peut valoir à l'odorat qu'un renvoi en fin de classement. Kant est de la sorte fidèle aux raisons classificatoires classiques qui font de la vue le sens noble par excellence et de l'olfaction la faculté la plus dégradante qui soit.

Pauvre Kant ! Lorsqu'il consacre quelques lignes aux odeurs, c'est pour citer des puanteurs, des vapeurs corrompues ou des émanations méphitiques. Jusque dans ses métaphores et ses exemples, il flétrit, sans sembler s'en apercevoir, une modalité majeure de la présence au monde. Peut-on imaginer Kant, familier de longues

marches à pied quotidiennes, sans souci ni intérêt pour les
parfums de la nature, les odeurs de la campagne ? On sait
pourtant combien parmi ses nombreuses manies, Kant
affectionnait tout particulièrement de petits exercices,
dont la respiration par le nez.

C'est pour mieux échapper aux rhumes, aux grippes et
autres affections de ce type que Kant recommandait ce
genre de méthode préventive. L'un de ses biographes précise : « Il voulait respirer uniquement par le nez, pour ne
pas faire pénétrer dans ses poumons l'air non réchauffé, et
pour lui faire accomplir un plus long trajet avant d'entrer
dans sa poitrine[17]. » La promenade digestive de l'après-
midi lui servait à pratiquer sa gymnastique médicale. C'est
d'ailleurs pourquoi il refusait de faire ses balades accompagné. L'affaire est si peu légère que Kant n'hésite pas à
lui consacrer de longues pages du *Conflit des facultés*.
D'abord, Kant confie qu'au début de la pratique de ces
exercices, il n'a pu éviter un léger sifflement, mais qu'une
inébranlable volonté l'a fait triompher de la difficulté.
Ensuite, il raconte par le menu comment, pour ne pas succomber à la tentation de sortir du lit alors qu'un désir de
soif l'envahit, il lui vient l'idée « de respirer à différentes
reprises et fortement, en soulevant la poitrine, et de *boire*
en quelque sorte l'air par le nez[18] » — avant de terrasser le
désir intempestif.

Une note vient compléter la démonstration. Elle vaut
une citation en règle : « L'air de l'atmosphère, circulant par
la trompe d'Eustache (les lèvres donc étant fermées) et
déposant de l'oxygène au cours de ce détour effectué près
du cerveau, ne pourrait-il pas pour cette raison, produire
la sensation bienfaisante d'organes vitaux fortifiés ? — Ce
serait comme si on *buvait* de l'air qui, encore qu'inodore,
raffermit cependant les nerfs de l'odorat et les vaisseaux
absorbants du voisinage. Cette jouissance réconfortante de
l'air ne se produit pas par tous les temps, mais parfois le
boire à longs traits à la promenade est un véritable agrément que ne donne pas l'aspiration, la bouche ouverte[19]. »
Suivent des précisions sur la nécessité impérative d'observer cette règle « de la plus grande importance diététique[20] » quelles que soient les circonstances : pendant le
sommeil, lors de promenades faites sur des pentes ou chemins montants, voire lorsqu'il s'agit de parler longuement.

Kant s'étend sur ce que signifie parler du nez, et cite avec respect un conseiller aulique...

Si après tout cela, le philosophe cheminait sans souci pour ses narines, c'est qu'il oubliait tous ses principes. Or Kant n'est pas homme à prendre des libertés avec ses décisions. Il croyait d'ailleurs tellement à ces préceptes qu'il les enseignait avec tout le sérieux nécessaire à ses élèves. Il faut se résoudre à l'anosmie de Kant : les odeurs du port de Königsberg, celles des plantations du Jardin Royal dans lequel il aimait aussi se promener, celles de la nature, des feuilles et de la terre mouillée de l'automne, celles des pierres de la ville brûlées par le soleil de l'été, les efflorescences, les bourgeonnements, tout cela lui sera resté indifférent. Pareils refus et pareils silences ne sont pas sans raisons. La psychanalyse existentielle découvre sous les incapacités à mettre en œuvre un sens — pour la musique ou la gastronomie, les parfums ou le rythme — de profondes réticences à accepter le corps dans toutes ses dimensions. D'ailleurs, Kant est aussi peu capable de nez que d'oreille : l'indigence de ses goûts musicaux — la fanfare militaire — n'a d'égale que celle de ses capacités olfactives. Définitif, il écrit sur l'odorat : « Les objets de dégoût qu'il peut procurer (...) sont plus nombreux que les objets de plaisir ; et dans ce dernier cas, il ne peut offrir qu'une délectation fugitive et passagère[21]. » Comme pour mieux démontrer, il illustre son propos en recourant à des exemples significatifs : « Les émanations des fourneaux, la puanteur des marais et de la charogne[22] », voire de la nourriture avariée. Jusqu'aux extrémités de l'analyse, Kant soutient cette idée emblématique de l'idéal ascétique en acte : l'homme qui pense ne sent pas, conséquemment l'homme qui sent ne pense pas.

Les philosophes n'aiment pas les odeurs vraisemblablement parce qu'elles concernent en l'homme les limbes les plus nocturnes et les réminiscences les plus ancestrales. Les narines conduisent au cerveau primitif et ne sont pas sans associer puissamment les effluves à la sexualité. Crier haro sur l'odorat, c'est en même temps refuser le corps dans ses exigences les plus impérieuses.

Entre deux badigeons de substances aphrodisiaques et des substitutions savantes de molécules odoriférantes, les biologistes ont montré combien la destruction des bulbes

olfactifs impliquait, chez certaines espèces, la pure et simple disparition du comportement sexuel[23]. Les primates,
un peu plus élaborés que ces espèces directement brimées,
voient leurs facultés sexuelles modifiées, sans pour autant
enregistrer une inhibition totale. Mais il est incontestable
que le désir entretient d'étroites relations avec les parfums.
Il se peut bien qu'entre Roméo et Juliette, il y ait beaucoup
à s'inquiéter des vapeurs subtiles émises par les Capulet et
les Montaigu. Jean-Didier Vincent, qui se demande comment les émules des héros précédemment cités font pour
se désirer avec une telle intensité, analyse le comportement du verrat. C'est plus simple, et moins encombrant
d'un point de vue anthropologique. Il constate le rôle
moteur des sécrétions dans le processus d'attraction :
l'amour a pour cause les molécules fort peu poétiques des
glandes préputiales de l'animal. Quelques effluves chimiques, et voilà la coche rivée sur ses quatre pattes, interdite
et habitée par la passion... A ceux qui objecteraient le trop
peu de parenté entre l'homme et le cochon, on peut citer
Biologie des passions qui enfonce le clou en précisant, juste
après la narration des pérégrinations porcines : « Les
sécrétions préputiales de l'homme, dont la senteur évoque
le bois de santal, auraient un pouvoir attractif sur la
femme et au contraire répulsif sur l'homme. Il convient
donc de signaler que, si certaines odeurs sont attractantes,
voire aphrodisiaques, d'autres ont en revanche un pouvoir
de répulsion et sont des signaux de satiété[24]. » Dans tous
les cas de figures, l'émission d'odeurs agit comme une
contribution à la communication, gère des approches et
des fuites, incite à des complicités ou des inimitiés. Une
cartographie des senteurs révélerait l'extrême subjectivité
des connotations. Afin de dissiper le dernier voile d'illusion
qui aurait pu subsister à la lecture de Jean-Didier Vincent,
il faut dire enfin combien le biologiste, avec un peu de
malice, prend plaisir à montrer que les substances isolées
chez le verrat sont les mêmes que celles qu'on trouve dans
l'urine de l'homme et dans les différents plis de son corps.
Casanova ne devait sa qualité de séducteur qu'à des molécules de testostérone[25]... Las ! Il faut se résoudre.

Dans le même ordre d'idées les chercheurs ont montré
le rôle joué par les odeurs dans la prime enfance lors du
processus d'imprégnation. Les glandes maternelles,
douées d'un pouvoir odoriférant, sont associées, dans les

premiers jours de la vie, à des souvenirs agréables, parce qu'ils manifestent la récurrence, et qu'on aime toujours retrouver quelque chose de connu, là où la nouveauté inquiète. Les parfums rencontrés dans cette période s'incrusteront dans l'imaginaire au point de constituer une vaste flore mentale avec ses goûts, dégoûts, plaisirs, déplaisirs, préférences, répugnances. Une investigation de psychanalyse existentielle pourrait, peut-être, réduire quelques-uns de ces mystères liés au nez de l'enfance. En dehors du champ poétique, les biologistes inondent des souris d'essence de citronnelle ou de violette, constatent le fort attachement de l'animal aux molécules pédagogiques et concluent à une théorie de l'imprégnation.

Que l'odorat soit bien le sens qui rappelle le plus à l'homme sa parenté avec la bête ne semble plus faire de mystère. Mais il faut recourir aux analyses de Freud pour saisir la généalogie de cette équation et de la prévention qui l'accompagne. Quelques lignes de *Malaise dans la civilisation* fournissent une explication magistrale. Elles supposent qu'avec le père de la psychanalyse, on puisse écrire « nos frères les animaux[26] » pour parler des hommes...

Le flair est commun à tous les mammifères et seul l'homme manifeste à son endroit un a priori défavorable, comme s'il lui semblait que pour acquérir un surcroît d'humanité, il lui suffisait de dénigrer l'olfaction. Ainsi, les odeurs, sont-elles affectées d'un coefficient d'asocialité au même titre que la volupté, l'érotisme et la sexualité dont elles participent. Par conséquent, on pose en guise d'antagonisme l'entendement, capable des prouesses conceptuelles les plus déliées, d'où la dépréciation du flair, incapable d'abstraction et de contribution à la pure connaissance par concept. Et, pour finir, on passera sous silence la charge individualiste de ce cinquième sens qui force le trait de la solitude métaphysique car « impuissant à sortir du solipsisme originaire de la subjectivité[27] ».

Au commencement était donc l'olfaction, quasi contemporaine du chaos et des ondulations dionysiennes. Dans ces périodes embryonnaires de la civilisation, les hommes, encore liés par l'apparence aux bêtes, évoluaient en quadrupèdes. Le nez avait alors une importance majeure en ce qu'il régulait les comportements sexuels, il permettait de répondre au manque, et de distinguer des partenaires avec une acuité sûre. Par la suite, la famille apportera la réponse constante et régulière à cette question du désir et de ses labyrinthes : pour pallier le défaut sexuel, le clan s'instaurera comme norme. Avec la caste, le nez perd de son sens.

Pour une généalogie de cette anosmie, Freud écrit : « Le retrait à l'arrière-plan du pouvoir excitant de l'odeur semble être lui-même consécutif au fait que l'homme s'est relevé du sol, s'est résolu à marcher debout, station qui, en rendant visibles les organes génitaux jusqu'ici masqués, faisait qu'ils demandaient à être protégés, et engendrait ainsi la pudeur. Par conséquent le redressement, ou la "verticalisation" de l'homme serait le commencement du processus inéluctable de la civilisation. A partir de là un enchaînement se déroule qui, de la dépréciation des perceptions olfactives et de l'isolement des femmes au moment de leurs menstrues, conduisit à la prépondérance des perceptions visuelles, à la visibilité des organes génitaux, puis à la continuité de l'excitation sexuelle, à la fondation de la famille et de la sorte au seuil de la civilisation humaine[28]. » Freud avance cette analyse comme une hypothèse, mais pense bien qu'elle mérite une vérification dans les règles tant elle semble pertinente.

A l'issue du processus, et dans la logique des effets de ce redressement spectaculaire, Freud situe la pudeur, la nécessité de l'hygiène et la socialisation de l'odorat qui devient alors capable de distinguer de bonnes et de mauvaises odeurs. L'exemple des enfants sauvages est là pour illustrer les thèses de Freud : lorsqu'il quitte le milieu naturel, la forêt, les bois ou la campagne, l'enfant est incapable de faire la part entre des odeurs répugnantes et des senteurs agréables. Il porte à son nez, indifféremment, les excréments et les fleurs sans manifester de plaisir ou de déplaisir[29]. Par la suite, une fois intégré dans la civilisation, et conscient des codes qu'elle véhicule, l'enfant associera des odeurs à des références positives, d'autres à des pôles négatifs. Menstruations et excréments deviennent, de la sorte, des matières odoriférantes déplaisantes dont il s'agit de s'éloigner.

Marqué par son origine animale, et les attaches primitives qui sont les siennes, l'homme se comporte comme un objet soumis à la nécessité naturelle lorsqu'il opère une dissociation entre ses propres effluves et ceux de ses semblables, car, malgré l'éducation, au fond de lui-même, il est plus apte à accepter sa part animale que celle d'autrui, ainsi « l'odeur de ses propres excréments ne le choque guère, alors que seule le choque celle des excréments d'autrui[30] ». Quoi qu'ait pu produire le dressage en matière d'ordre, les hommes restent marqués par ce fait que l'olfaction subit des pressions maximales pour devenir le sens de l'animalité. Ce « Refoulement organique[31] » suppose l'éloge de la vision et des sens qui installent les images ou les sons comme uniques modalités présentables du rapport au monde. Tout ce qui rappelle la situation de l'homme imbriqué dans la nature est gommé avec application.

Faut-il alors s'étonner si les défenseurs de l'odorat se trouvent du côté des pourfendeurs de l'idéal ascétique, chez les libertins et les sensualistes, les matérialistes ou les francs-tireurs ? Ainsi de Casanova qui n'écrit pas que pour conter ses prouesses de séducteur et qui sait parfois faire place, dans ses *Mémoires*, à quelque confidence philosophique ou théorique. Les pages introductives de son ouvrage majeur lui font signaler que l'existence est pour lui indissociable du monde des sens : « Je sais que j'ai existé, écrit-il, car j'ai senti ; et le sentiment me donnant cette connaissance, je sais aussi que je n'existerai plus quand j'aurais cessé de sentir[32]. » La thèse peut sembler élémentaire et sommaire, il n'en reste pas moins qu'elle n'est pas l'évidence pour tous ceux qui recourent aux intelligibles de toute sorte et dissertent sur l'immortalité de l'âme ou autres postulants de la raison pure pratique. La réduction du réel à ses manifestations sensibles est une philosophie qui ne possède pas que des adeptes...

Casanova, qui fut aussi musicien — violoniste au théâtre San Samuel de Venise —, eut, on s'en doute, à multiplier les plaisirs du toucher. Mais il n'en délaisse pas pour autant les sens les plus décriés, le goût et l'odorat, lorsqu'à l'heure du bilan, il raconte sa vie d'hédoniste : « J'ai aimé, confie-t-il dans son autoportrait, les mets au haut goût : le pâté de macaroni fait par un cuisinier napolitain, l'oglio-potrida des Espagnols, la morue de Terre-Neuve bien gluante, le gibier au fumet qui confine et les fromages dont la perfection se manifeste quand les petits êtres qui s'y forment commencent à devenir visibles. Quant aux femmes, j'ai toujours trouvé suave l'odeur de celles que j'ai aimées[33]. » Jacques de Voragine, lorsqu'il racontera la vie de nombreux saints dans sa *Légende dorée*, aura recours à la suavité pour dire les corps glorieux qui ne sont pas soumis à la putréfaction, de par leur participation au divin : Casanova aura eu la chance de caresser la chair délicate des élues du ciel avant leur trépas...

Contemporain du Chevalier de Seingalt, le marquis de Sade aime lui aussi les odeurs, contrairement à ce qu'avance Yvon Belaval qui écrit : « Sade n'a pas (...) de goût ou d'odorat. Jamais les personnages ne s'attirent par leurs odeurs ou le goût de leur peau, de leur transpiration, de leur sperme[34]. » Certes, dans l'éventail des perversions sadiennes, les deux sens subjectifs, comme dirait Kant, sont moins sollicités que d'autres, notamment la vue. Mais il n'en demeure pas moins que les héros du philosophe libertin savent faire fonctionner leurs narines. Ainsi, dans *La Nouvelle Justine*, Verneuil analyse-t-il des étrons, n'oublie-t-il pas leurs modalités olfactives, avant de les avaler, de même qu'un paillard renifle Justine avec ardeur : « Il sentait et respirait les aisselles, ce qui paraissait être un des plus délicieux épisodes de ces sales lubricités[35]. »

Outre les libertins, on rencontre des penseurs qui savent donner à l'olfaction la place qu'elle mérite dans l'économie d'un système de la connaissance. Le sensualiste abbé de Condillac est de ceux-là, lui qui, dans son *Traité des sensations*, examine comment on peut appréhender le monde par ce seul sens décrié et conclut qu'un seul des cinq sens permettrait une connaissance suffisante du réel. Selon lui, la sensation renferme toutes les facultés de l'âme. Il écrit : « Si nous considérons que se ressouvenir, comparer, juger, discerner, imaginer, être étonné, avoir des idées abstraites, en avoir de nombre et de durée, connaître des vérités générales et particulières, ne sont que différentes manières d'être attentif ; qu'avoir des passions, aimer, haïr, espérer, craindre et vouloir, ne sont que des manières de désirer ; et qu'enfin être attentif et désirer, ne sont dans l'origine que sentir : nous conclurons que la sensation enveloppe toutes les facultés de l'âme[36]. » Tout l'ouvrage de l'abbé sensualiste montre que toute connaissance dérive des sens et qu'il ne saurait être question de faire fonctionner à vide un entendement qui n'aurait pas eu d'informations en provenance de la sensibilité. Ainsi, le jugement, la réflexion, l'analyse, la conceptualisation, la compréhension sont autant d'opérations possibles dans la mesure où l'on saisit qu'elles sont des modalités de la sensation. Tout l'être se constitue à partir des cinq sens qui lui fournissent images, sons, odeurs, saveurs et l'entreprise réflexive se limite à la gestion de cette dynamique efflorescente.

L'œuvre de Condillac aura un rententissement important dans son siècle. Les matérialistes ne sont pas sans connaître le travail des sensualistes qu'ils poursuivront à leur manière. Parmi eux, on rencontre Diderot, qui illustre à la perfection la façon matérialiste de considérer les sens et tout particulièrement l'odorat. Diderot montre que les sensations sont toutes un toucher diversifié. A l'inverse des autres philosophes de la tradition intellectualiste et idéaliste, il ne hiérarchise pas les sens en les distinguant pour mieux les opposer : contre l'éclatement en cinq branches de la sensibilité, il avance le monisme sensualiste au nom duquel le toucher est entendu comme l'unique et essentielle modalité de la présence au monde. Toute autre appréhension n'est que diversification de ce principe singulier.

La typologie de Diderot permet de saisir les organes des sens comme des positions avancées du cerveau, ou plus particulièrement, du système nerveux. Les sens sont donc les principes du contact de l'individu avec le monde qui l'entoure. Indissociable du milieu, l'homme s'en distingue aussi en ce qu'il relève d'une diversification singulière de la matière — singularité qui détermine l'homme plus que la plante, ou le minéral. Il élabore ainsi une théorie des fibres nerveuses, des brins — dans son langage — qui lui permet d'écrire qu'au départ, il n'y a qu'une « sensibilité pure et simple, (le) toucher (qui) se diversifie par les organes émanés de chacun des brins ; un brin formant une oreille donne naissance à une espèce de toucher que nous appellerons bruit ou son ; un autre formant le palais donne naissance à une seconde espèce de toucher que nous appelons la saveur ; un troisième formant le nez et le tapissant donne naissance à une troisième espèce de toucher que nous appelons odeur ; un quatrième formant un œil donne naissance à une quatrième espèce de toucher que nous appelons couleur[37] ». Derrière pareille conception se profile la tradition moniste, matérialiste et mécaniste qui aboutira, via quelques stations d'importance, à Jean-Didier Vincent ou Jean-Pierre Changeux qui précisera dans une

phrase que n'aurait pas renié le père de *Jacques le fataliste*
que « l'identité entre états mentaux et états physiologiques
ou physico-chimiques du cerveau s'impose en toute légiti-
mité[38] ».

Entre sensualistes ou matérialistes du XVIIIᵉ siècle et
neurophysiologistes du XXᵉ siècle, il y a eu un moment
important représenté par les Idéologues, au lendemain de
la Révolution française, dans les premières heures du siècle qui suit. Il faudrait dire toute la place qu'occupe la *Physiologie du goût* de Brillat-Savarin dans cet édifice philosophique. Le gastronome connaît Volney, Cabanis,
Madame Helvétius, Destutt de Tracy, il a lu Locke et
Condillac et son intelligence n'est pas en reste. Son
ouvrage majeur laisse une place importante aux sens, dans
leur totalité, et il entame la rédaction de son livre en précisant : « L'ordre que je me suis prescrit m'a insensiblement
amené au moment de rendre à l'odorat les droits qui lui
appartiennent, et de reconnaître les services importants
qu'il nous rend dans l'appréciation des saveurs ; car, parmi
les auteurs qui me sont tombés sous la main, je n'en ai
trouvé aucun qui me paraisse lui avoir fait pleine et entière
justice[39]. » Brillat-Savarin avance même l'hypothèse qu'il
faut confondre le goût et l'odorat dans un seul et même
sens, mais, ne souhaitant pas s'engager dans une polémique avec les spécialistes, l'honnête homme ne pousse pas
plus loin la démonstration. L'auteur gastronomique se proposait du divertissement avec cet ouvrage, il ne souhaitait
guère se mettre la corporation des philosophes à dos, elle
qui est si susceptible et tient tant à préserver ses chasses
gardées. Si l'on veut quelques audaces sur la question des
sens, c'est chez un Idéologue plus déclaré qu'il faut aller
les chercher, à savoir chez Cabanis. Les *Rapports du physique et du moral*, de ce dernier, est d'ailleurs un ouvrage
que Brillat-Savarin connaît bien, et l'on ne s'étonnera pas
d'apprendre qu'avant de rédiger son texte, Cabanis fut,
avec Montaigne, Voltaire, Rousseau, Locke et Condillac,
parmi les méditations favorites de l'amphitryon[40].

Cabanis effectue un travail remarquable, et sans précédent, sur l'odorat en particulier, mais aussi sur la totalité
du corps humain dans ses relations avec la pensée et la
réflexion. Le matérialisme du médecin, peut-être moins
militant que celui de quelques grands noms du Siècle des
Lumières, est plus feutré, plus efficace, et, en définitive,

plus convaincant. La formation de médecin du philosophe rend son propos concret, précis, clair et sans ambages métaphysiques. L'idéalisme, le spiritualisme ou le sacrifice à une quelconque transcendance ne l'encombrent pas. Il ne s'en fait pas pour autant l'ennemi, mais il évolue dans les sphères du monisme et ne cherche à comprendre que l'immanence, seule dimension du réel.

L'ami de Mirabeau, qui fut aussi son médecin, s'est proposé dans son texte majeur d'appliquer la méthode de Condillac à son art. Le résultat est un livre d'une étonnante modernité dans lequel le corps est pensé comme une entité située dans un monde qui agit sur elle par le biais des sens. Quant à l'olfaction, plus particulièrement, Cabanis écrit : « Les odeurs agissent fortement par elles-mêmes sur tout le système nerveux : elles le disposent à toutes les sensations de plaisir ; elles lui communiquent ce léger degré de trouble qui semble en être inséparable ; et tout cela, parce qu'elles exercent une action spéciale sur les organes où prennent leur source les plaisirs les plus vifs accordés à la nature sensible[41]. » Le nez se retrouve mis en rapport avec la jouissance et l'on découvre, sans souci de prévention, une analyse qui ose dire l'étroite liaison entre cet organe et les réseaux du plaisir. Pour aller dans ce sens, Cabanis ajoute qu'il a pu constater que les enfants et les vieillards ne sentent pas encore ou plus, ce qui tend à montrer que l'olfaction est une qualité spécifiquement destinée aux êtres capables de ressentir en eux les effets de la nature, de la germination et de l'amour.

La mise en perspective du nez et du sexe est ancienne puisque Cabanis rapporte des expériences auxquelles il a pu assister et qui font recourir aux odeurs pour soigner des maladies originaires des organes de la génération. Il précise : « La plupart des remèdes employés avec succès dans les affections hystériques sont des substances douées d'une odeur forte[42]. » L'idée est même devenue étrangement opératoire et l'on a pu en suivre les effets en suivant les délires qui se sont successivement présentés comme des médecines de la folie au travers des âges. L'une des expériences rocambolesques de cette médecine aliéniste quelque peu tâtonnante consistait à soigner les patientes à l'aide d'objets aux odeurs agréables ou répugnantes.

Postulons d'abord qu'un utérus est capable de réactions déterminées, fiables et précises devant l'étrange rencontre de roses ou de semelles de vieilles chaussures. Ceci admis, il s'agit de se mettre en quête d'un engin capable de décoction, à mi-chemin du samovar et de l'étuve. Plongeons dans le réservoir de cette machine à vapeur des pétales de roses et attisons le feu qui fera bouillir l'eau dans laquelle nagent les fragments de fleurs. L'alambic médical devra disposer d'un système permettant d'adapter l'orifice destiné à laisser s'enfuir les émanations au sexe des femmes traitées. Ainsi, l'utérus sera placé en contact immédiat avec les odeurs dégagées. Ensuite, la mécanique est simple : suivant qu'il s'agira des parfums de rose ou des miasmes de semelles décrépites, l'utérus réagira par un mouvement approprié. La bonne odeur attire, la mauvaise repousse. A l'aide de ces deux possibilités dynamiques, en faisant se succéder le suave et le dégoûtant, on pourra déplacer l'organe féminin, et le remettre dans sa position d'origine. Exit l'hystérie[43].

L'étrange, dans l'affaire, n'est pas qu'on ait pu rendre l'utérus responsable d'affections mentales, Freud n'agira pas différemment, et l'on sait aujourd'hui combien le mental est affecté par le système endocrinien, mais qu'on ait cru au pouvoir des fumigations et des odeurs sur la physiologie dans son ensemble. L'aromathérapie à des fins aliénistes, l'usage des odeurs dans le traitement des maladies hystériques, est bien moins qu'une simple facétie à mettre au compte des délires de l'histoire. La croyance en ces possibilités pharmaceutiques relève d'une logique médicale particulière dont Cabanis effectue, çà et là, un descriptif en petites touches.

Suivant le principe selon lequel « les émanations des animaux jeunes et vigoureux sont salutaires[44] », Cabanis rapporte les bons effets obtenus sur la santé de personnes défaillantes par la pure et simple mise en contact des sujets et des odeurs. Les senteurs auraient donc un pouvoir réparateur, et l'on peut ajouter que : « L'air des étables qui renferment des vaches et des chevaux proprement tenus est également agréable et sain : on croit même, et cette opinion n'est pas dénuée de tout fondement, que dans certaines maladies cet air peut être employé comme remède et contribuer à leur guérison. Montaigne raconte qu'un médecin de Toulouse l'ayant rencontré chez un vieillard cacochyme, dont il soignait la santé, frappé de l'air de force et de fraîcheur du jeune homme (car le philosophe avait alors à peine vingt ans), engagea son malade à s'entourer de personnes de cet âge, qu'il regardait comme non moins propres à le ranimer qu'à le réjouir[45]. » L'odeur des étables vaudrait donc celle des jeunes quant au pouvoir roboratif et réparateur. L'idée vaut ce que l'on voudra, reste le nœud théorique à partir duquel on peut conclure à l'interaction des parfums, des senteurs et de l'équilibre vital d'un individu. La psychanalyse aurait aujourd'hui à dire combien les odeurs ont un pouvoir déterminant sur le psychisme et la vitalité d'une personne. Les lieux, les saisons, les ennemis, l'enfance ayant leurs odeurs et disposant de puissants coefficients émotionnels et affectifs.

Cherchant à puiser des arguments dans l'histoire de l'Antiquité, Cabanis n'est d'ailleurs pas avare d'exemples qui montrent combien les Romains avaient compris qu'on peut restaurer les vieillards décatis ou les jeunes gens épuisés par la lubricité en prescrivant aux personnes affectées la proximité avec des individus dont la vitalité se manifestait par les odeurs qu'ils dégageaient. Si d'aventure l'autorité des anciens ne suffisait pas, Cabanis en appelait aux textes sacrés pour confirmer qu'aussi bien que Galien les vieux sages de l'Ancien Testament avaient compris les avantages qu'on peut tirer des seins bien fermes d'une nourrice saine aux effluves revigorants.

Enfin, par-delà les textes théoriques et les autorités livresques, le philosophe-médecin rapporte une anecdote, plus païenne, pour illustrer le bien-fondé de ses positions. Il s'agit du cas d'un jeune Bolonais, mal en point, qui avait eu recours aux services d'une plantureuse poitrine à gages pour se remettre d'une anémie carabinée. La propriétaire du matériel de location avait une vingtaine d'années et resplendissait de santé. La pharmacopée eut des conséquences immédiates et « l'effet du remède fut si prompt, que bientôt on eut à craindre de voir le convalescent perdre de nouveau ses forces avec la personne qui les lui avait rendues[46] ». Qui doutera, après cela, du pouvoir mirifique des odeurs de santé, de jeunesse et de vitalité ? les seuls sceptiques bornés...

Dans le même ordre d'idée — l'étroite corrélation entre les senteurs et la sensualité —, Cabanis constate qu'une femme atteinte de maladie des ovaires se voit dans l'impossibilité de résister à l'attrait des odeurs méphitiques. Ainsi, « les pâles-couleurs, qui dépendent ou de l'inertie, ou de l'action irrégulière et convulsive des ovaires, inspirent souvent aux jeunes filles les plus invincibles appétits pour des aliments dégoûtants, pour des odeurs fétides[47] ». Impossibles organes génitaux ! Ils nous rendent la vie difficile. Comment consentir d'avouer la relation directe qui unit le nez et le sexe, les narines et les ovaires, l'odorat et l'utérus ?

L'optique du penseur n'est pas seulement médicale. Certes, il s'attarde longuement sur les cas pathologiques pour montrer l'importance de l'odorat dans l'économie d'un système nerveux, mais il sait aussi, en contemporain d'un Jean-Jacques Rousseau ou d'un Senancour, penser l'odorat dans une optique hédoniste. On peut ainsi lire, sous la plume du médecin qui fournira à Condorcet le poison avec lequel il échappera aux tracasseries de la Terreur, un éloge préromantique des senteurs : « La saison des fleurs est en même temps celle des plaisirs de l'amour ; les idées voluptueuses se lient à celles des jardins ou des ombrages odorants ; et les poètes attribuent, avec raison, aux parfums la propriété de porter dans l'âme une douce ivresse[48]. » La physique des effluves est placée dans la perspective d'une compréhension de ce que le philosophe appelle les « effets éloignés et moraux ». Dans la mise en relation de la matière et du comportement, du corps et des pensées, l'odorat accède, chez Cabanis, à la dimension essentielle de modalité de ce que les contemporains appelleraient l'être-au-monde.

Coincés entre les idéalistes, les spiritualistes et les néochrétiens de toutes sortes, les philosophes qui ont posé une réhabilitation de ce cinquième sens si décrié sont peut nombreux. Après les libertins et les sensualistes, les matérialistes et certains idéologues, on trouvera bien sûr quelques isolés, Fourier et son système aromal, Feuerbach et son néosensualisme, et surtout Nietzsche, dont l'acquiescement à la vie s'est fait dans les terminaisons nerveuses les plus fragiles et les plus exacerbées. L'éloge constant qu'il fait du flair est un hommage permanent aux vertus du nez.

S'il fallait une seule déclaration pour restaurer l'organe oublié, c'est dans le *Crépuscule des idoles* qu'il faudrait aller la chercher : « Le nez, par exemple, dont aucun philosophe n'a jamais parlé avec vénération et reconnaissance, le nez est même provisoirement l'instrument le plus délicat que nous ayons à notre service : cet instrument est capable d'enregistrer des différences minima dans le mouvement, différences que même le spectroscope n'enregistre pas[49]. » Dans cet esprit, le philosophe digne de ce nom est capable d'un flair redoutable : il renifle, lève des pistes, découvre des sentes et se transforme en animal de traque. Son travail consiste à mettre à jour des réseaux, des trajets et des lignes de fuite. Ainsi, il peut établir une cartographie précise des lieux, comprendre, saisir et fermer ses mâchoires sur les proies que sont les bovarysmes, les illusions, les mensonges, les mythes et les lieux communs de notre civilisation. Sentir, c'est saisir.

Au bout de son nez, il décortique les odeurs qu'il a découvertes : tout d'abord celles qui, dégoûtantes, sont pliées dans les feuillets qui composent les livres chrétiens. Saint Augustin. Ensuite, Nietzsche piège les miasmes cachés sous les mots d'ordre de l'idéal ascétique : ressentiment, pitié, compassion, péché, contrition et autres formes de l'autocastration mentale. Contre ces vapeurs méphitiques, il met en avant son sens absolu de la propreté, dans lequel il voit comme le signe de l'impossibilité radicale du commerce avec les autres hommes. Il écrit dans *Ecce homo* : « Je me distingue par une sensibilité absolument déconcertante de l'instinct de propreté, de sorte que je perçois physiquement, ou que je flaire les approches — que dis-je ? — le cœur, l'intimité secrète, les entrailles de "toute âme"[50]. » La hiérarchie nietzschéenne est simple : à la base, dans l'univers des vapeurs qui croupissent, on rencontre les modalités de l'idéal ascétique. Au sommet, on découvre l'air froid, vif et pur des crêtes montagneuses, un parfum glacé, blanc et de Haute-Engadine...

Nietzsche a transformé la métaphore olfactive en concept opératoire. En d'autres pages de son œuvre, il avait procédé de même avec la rumination. Sur l'usage de cette rhétorique poétique, si familière au père de Zarathoustra, Annick Le Guérer a produit un commentaire subtil. Elle écrit du philosophe que « sa revalorisation de l'odorat prend immédiatement une forme métaphorique puisque, se confondant avec celle de l'instinct, elle s'étend à celle de la connaissance intuitive. Au mépris de tous les contempteurs du corps pour le sens le plus animal, il répond par celui de son "flair" pour la raison. Les liens de l'odorat avec la sagacité, la pénétration d'esprit et la sympathie destinent ce sens à être celui du psychologue qui se guide de façon instinctive et dont tout l'art ne consiste pas à raisonner, mais à *subodorer*[51] ». Après Nietzsche, ici comme ailleurs, le réel subit un violent et cruel éclairage qui modifie radicalement les conditions de sa perception. Le nez des philosophes n'est pas un organe innocent, et l'usage qu'ils ont pu en faire révèle combien ils ont associé l'olfaction au refus de l'autre, et de son corps. La méfiance à l'égard du nez est complice du refus de la chair et le recours au flair chez les penseurs met en évidence leurs antipathies.

Quand il disqualifie l'usage de l'odorat, un philosophe recourt à son nez pour flétrir ce qu'il ne peut pas sentir. S'il oublie les odeurs dans l'économie de son système philosophique et qu'il congédie cette sensibilité par trop vulgaire, il ne peut s'empêcher d'être trahi par son appendice, comme en guise de retour du refoulé se plairaient à constater les psychanalystes.

Grand thuriféraire de l'hominien, Kant a bien saisi dans ses opuscules sur la philosophie de l'histoire combien la verticalisation avait été la cause, ou l'effet, d'un processus fondamental d'arrachement à la nature auquel correspondait la précellence des images sur les odeurs. Il avait écrit qu'avec l'homo erectus, et la révolution qui l'accompagne, « la prédominance ne revient plus à l'odorat, mais à la vue[52] ». En forme de réaction en chaîne, la station verticale est indissociable de l'usage de la main, de la découverte du langage et de l'accès à toutes les modalités de création. Ainsi, du côté humain, on dispose des potentialités éthiques, métaphysiques, religieuses, on parle, on se tient debout et l'on est capable de pudeur et de raison. Comme pour mieux s'arracher au monde sensible, les hommes élaborent la fiction nouménale, abandonnent la sensibilité, trop imprécise et sujette à caution, puis investissent dans une intelligence totalement éthérée, désincarnée et pensée comme indépendante des conditions matérielles dans lesquelles elle s'exerce. De même, côté animal, on construit également un édifice dans lequel on entasse pêle-mêle les instincts, les passions, les émotions. On est quadrupède, on grogne et l'on est totalement soumis aux nécessités contingentes. Pire, on flaire, on renifle et l'on respire à grands traits le réel métamorphosé en effluves. Pour mieux saisir ce que Kant obtient d'une pareille équation, on peut se référer aux textes dans lesquels il analyse la période qui conduit les hommes à plus d'humanité du point de vue de l'olfaction. Il écrit de ce cinquième sens qu'on peut admettre qu'il « n'était pas plus aigu chez le premier couple qu'il ne l'est aujourd'hui. Car c'est un fait bien connu qu'il y a une différence considérable, dans la force des perceptions, entre les hommes qui ne sont occupés que par leurs sens et ceux qui, occupés en outre par leurs pensées, sont de ce fait détournés de leurs sensations[53] ». C'est donc parce qu'il se civilise que l'homme perd de l'acuité olfactive, parce qu'il s'inscrit dans un processus qui suppose, dans un premier temps, le déracinement, et, ensuite, une série d'acquisitions qui désignent l'humanité. La perte du nez est la condition de la réussite du développement évolutif, en même temps qu'elle en est le symptôme. Kant voit même un degré supplémentaire d'hominisation dans le fait que « l'objet est soustrait aux sens[54] », comme pour mieux dire qu'on est d'autant plus homme qu'on sait se déprendre des sens et de la sensibilité.

Avec toutes ces précautions méthodologiques, Kant devrait avoir banni tout recours aux sens, qui plus est à l'olfaction. C'est pourtant en de surprenantes occasions que l'on retrouve le père du criticisme faire usage de son nez... En effet, le philosophe des Lumières met en scène son appendice nasal pour élaborer la description qu'il fait des races noires. Le penseur phare du siècle s'inquiète de l'odeur des Nègres...

Sans conteste, Kant était curieux de nombreuses choses. En matière d'anthropologie, il semble rassuré, par exemple, de constater que des résultats obtenus sur des écorchés de couleur permettent d'affirmer sans contestation possible que le sang des Noirs est bien rouge, et non pas noir[55]. Au moins l'hémoglobine sera un trait d'union.

Dans d'autres pages, il se demande pourquoi les Nègres sont porteurs d'une odeur puissante — l'a-t-il constatée ? La sensibilité l'a-t-elle trompé sans que l'entendement l'ait démenti ? Pour mieux asseoir sa thèse, il recourt à ce qu'il croit être la science. Lisons : « L'odeur forte des Noirs, qu'aucun soin de propreté ne parvient à dissiper, permet de supposer que leur peau élimine de leur sang une grande quantité de phlogistique, de façon que chez eux le sang s'en serve pour se déphlogistiquer à un degré bien supérieur au nôtre[56]. » Kant est coutumier du fait et avait déjà écrit, dans un texte antérieur de dix années, comment il percevait le problème : « l'excès des particules de fer que l'on trouve par ailleurs dans n'importe quel sang humain, excès compensé dans le cas qui nous occupe par le dégagement d'un acide phosphorique (ce qui fait que tous les Nègres sentent cette mauvaise odeur) dans la substance rétiforme, cause de leur noirceur transparente au travers de l'épiderme[57]. » Voilà pourquoi votre Nègre sent fort...

Comment peut-on crier à l'imposture ? Kant met en branle toute la science de son temps pour expliquer la chose. Et l'on a droit aux particules de fer, à l'acide phosphorique, à la substance rétiforme, à la phlogistique, et à tous les lexiques médicaux que l'on voudra pour donner à cette approximation un semblant de consistance universelle. L'entendement kantien est bien utile pour soutenir les a priori du nez... On s'en souviendra lorsqu'il s'agira de donner aux idéologies et de l'exclusion de pseudo-fondements rationalistes et scientifiques : le vocabulaire technique donne l'impression de dignité aux lieux communs les plus éculés.

Donc, les Nègres sentent mauvais. De même, on peut expliquer la différence des races humaines en utilisant les procédés déjà mis en œuvre : un peu de science, quelques hypothèses, et l'on obtient une vérité aux allures présentables. Pourquoi donc y a-t-il des Noirs, des Jaunes, des Blancs ? Réponse du philosophe : « Comme tout sang animal contient du fer, rien ne nous empêche d'attribuer la diversité des couleurs de ces races humaines à la même cause. De cette façon, l'acide chlorhydrique ou phosphorique, ou l'alcali volatil des canaux excréteurs de la peau précipiterait les particules de fer dans le réticule en rouge, en noir ou en jaune. Pour la blanche, le fer dissous dans les humeurs ne serait pas du tout précipité ; ce qui démontrerait en même temps le mélange parfait des humeurs et la vigueur de cette branche d'hommes par rapport à toutes les autres[58]. » Qu'on se rassure : les Nègres sentent mauvais et la couleur de leur peau est due à une altération de ce qu'est un mélange bien fait. En revanche, les Blancs sentent bon, sont robustes et vigoureux et doivent leur jolie pigmentation de petit cochon rose à un mixte harmonieux des substances qui les composent...

D'où Kant peut-il bien tenir ces informations, lui qui n'a

jamais quitté Königsberg et qu'on imagine mal, en hypo-
condriaque qu'il avoue être, sur le pont d'un bateau sillon-
nant les mers du monde entier ? Comment a-t-il bien pu
obtenir de pareils détails et, sans sourciller, les reprendre
à son compte ?

Le Siècle des Lumières n'est pas aussi éclairé qu'on veut
bien le dire. Fouiller dans les archives médicales de l'époque suffirait à fournir quelques preuves de l'obscurantisme
dans lequel évoluent les fils d'Hippocrate. L'un écrit, sans
plus d'ambages : « Le Nègre et le Samoyède, de même que
le sale Hottentot, doivent puer plus ou moins fort[59] », puisqu'ils représentent le monde brut, fortement animalisé.
L'usage d'un verbe de conséquence ne semble pas poser
problème, et l'on infère d'un jugement de valeur a priori
une qualité flétrissante en guise de démonstration ou de
constat scientifique. D'autres auteurs parlent de la puanteur insoutenable des Finnois et des Esquimaux, des
Nègres et autres peuples qui ne sont pas de race blanche,
dont l'odeur serait tellement méphitique qu'on ne pourrait
pas même s'arrêter quelques moments auprès d'eux[60]. Ailleurs, ce sont les Cosaques qui empuantissent l'atmosphère...

Veut-on des détails sur ces parfums singuliers ? On les
trouve, pour plus de commodité analytique et conceptuelle, chez un auteur obscur, contemporain de la Révolution française, qui écrit : « Les Nègres de certaines régions
africaines occidentales, comme les Jolofs, exhalent lorsqu'ils sont échauffés, une puanteur de poireau[61]. »

Si l'époque est à l'approximation et au délire sur ce sujet,
on peut chercher des traces plus précises dont on serait
sûr que Kant les a pratiquées. Il faudrait alors se tourner
vers Buffon, et son œuvre monumentale dont la parution
fut un événement en Allemagne. Kant connaissait l'œuvre
du philosophe naturaliste, il l'a abondamment citée dans
tous les textes qui correspondent à la période pré-critique
et qui traitaient de géographie, de géologie, d'espèces animales, de races humaines.

Buffon est étourdissant de détails et de juxtaposition
d'informations de toute nature. Il consigne une multitude
de faits, de descriptions et cite des récits de voyages sans
grand esprit critique. Parfois, on peut lire sous sa plume
des histoires moins fastidieuses que de coutume, et l'on
sera payé de sa patience à chercher les pépites en trouvail-

les dignes d'intérêt : on découvre, par exemple, que les Siamois se noircissaient les dents pour ne pas ressembler aux animaux, dont les canines sont éclatantes de blancheur. On suivra à la trace les femelles samoyèdes dont les mamelles sont si molles et si longues « qu'elles donnent à téter à leurs enfants par-dessus l'épaule », et dont le bout des seins est noir comme du charbon. Ailleurs, on apprend qu'à Formose, un homme a été aperçu avec « une queue longue de plus d'un pied, toute couverte de poil roux, et fort semblable à celle d'un bœuf ». Pour rivaliser avec pareil appendice, on ne trouve que les femmes de Hottentots qui « ont une espèce d'excroissance ou de peau dure et large qui leur croît au-dessus de l'os du pubis et qui descend jusqu'au milieu des cuisses en forme de tablier ». A moins qu'on n'appelle à la rescousse de folkloriques Indiens « qui ont le col si court et les épaules si élevées, que leurs yeux paraissent être sur leurs épaules, et leur bouche dans leur poitrine ». Il existe donc des êtres à forme humaine qu'un appendice caudal, pubien, voire une quasi-absence de tête apparente à l'animal. Entre la bête et l'homme, Buffon décrit comme une série de chaînons manquants dont on retrouverait la trace en parcourant les continents.

Quand il ne disserte pas sur la différence des corps, Buffon apporte des extravagances culturelles, des étrangetés comportementales. Ainsi des femmes stériles qui, en Perse, se soignent en avalant « la partie du prépuce qu'on retranche dans la circoncision », ou des veuves circassiennes qui annoncent la mort de leur époux en portant sur la tête « une vessie de bœuf ou de vache des plus enflées, ce qui les défigure merveilleusement ». Le reste est à l'avenant. Buffon, qui n'a jamais quitté l'Europe, ne recule devant aucune information et propose à son lecteur un florilège de détails où les odeurs ne sont pas absentes.

Dans la cartographie de Buffon, les odeurs sont associées aux effluves délétères, à la barbarie et au caractère primitif. Dans cet esprit, et dans le souci d'appliquer la méthode sur toute la surface du globe, les Guinéens sont présentés comme ce qui se fait de plus noir parmi les Nègres. On ne s'étonnera donc pas qu'ils soient « extrêmement laids » et crédités d'« une odeur insupportable », alors que « ceux de Soffala et de Mozambique sont beaux et n'ont aucune mauvaise odeur[62] ». Continuant sa promenade en pays de négritude, le comte stigmatise les Malgaches et les Caffres, puis les Sénégalaises, coupables de n'apparaître que la pipe à la bouche et dont la « peau ne laisse pas d'avoir aussi une odeur de ces Nègres du Sénégal soit beaucoup moins forte que celle des autres Nègres[63] ».

S'il sauve les Noirs du Sénégal, il écharpe les Angolais qui « sentent si mauvais lorsqu'ils sont échauffés, que l'air des endroits par où ils ont passé en est infecté pendant un quart d'heure ; ceux du Cap-Vert n'ont pas une odeur si mauvaise à beaucoup près que ceux d'Angola[64] ». Une description des peuples du Monomotapa permet au philosophe naturaliste de distinguer moins de noirceur dans la peau, moins de dureté dans les traits, moins de laideur dans l'apparence que chez les autres Noirs. Conséquemment, leur corps n'a point de mauvaise odeur[65].

Pour les curieux de science et les amateursn de détails qui se demandent à quoi peut bien ressembler l'odeur du Nègre, il suffira, là encore, de lire Buffon qui se fait fort de citer Pyrard comme une autorité indéfectible, et qui écrit dans ses récits : « C'est une chose remarquable entre tous ces peuples indiens, tant mâles que femelles, et que j'ai remarquée, que leur sueur ne pue point où les Nègres d'Afrique tant en deçà qu'en delà le Cap de Bonne Espérance, sentent de telle sorte quand ils sont échauffés, qu'ils est impossible d'approcher d'eux, tant ils puent et sentent mauvais comme des poireaux verts[66]. » Buffon se contentera de reprendre les textes sans souci de retrouver sur place, chez telle ou telle peuplade, l'odeur d'une plante du potager. Kant fera de même, satisfait d'un pur et simple démarquage des récits de voyage qui n'engagent que la subjectivité de leurs auteurs. Étonnant, toutefois, que le philosophe allemand n'ait pas manifesté plus d'esprit critique, voire de scepticisme sur le sujet...

Retrouvons Buffon, il est représentatif de cette méthode qui se découvre, à son corps défendant, par la place qu'elle laisse à l'olfaction dans un processus de discrimination. Pour mieux comprendre les raisons qui font qu'un peuple est plus apte qu'un autre à l'esclavage, le naturaliste recourt aux odeurs : elles distinguent les êtres les plus frustes, donc les plus aptes à subir la loi des tyrans et des colons. Ainsi, parmi les compagnons d'infortune des Nègres, on trouve les Groenlandais qui « sont en général si malpropres, écrit Buffon, qu'on ne peut les approcher

sans dégoût ; ils sentent le poisson pourri : des femmes,
pour corrompre cette mauvaise odeur, se lavent avec de
l'urine et les hommes ne se lavent jamais[67] ». Le Siècle des
Lumières est parfois bien obscur... Et il faut tout le talent
d'exégètes à la rhétorique subtile pour blanchir nombre
des philosophes de cette époque[68]. Reste que leur nez les
trahit bien souvent et que leurs narines révèlent, sans qu'ils
s'en aperçoivent vraiment, leurs goûts et dégoûts les plus
viscéraux. Ne pas pouvoir sentir les Nègres ou les
Groenlandais — ou qui l'on voudra, dans cette perspective
— conduira aux étranges glissements dont notre siècle
fut porteur.

Pour mieux saisir les métamorphoses de cette perversion, il est utile de traverser le siècle de la révolution
industrielle qui ajoute aux olfactions obscurantistes du siècle précédent une dimension nouvelle, marquée au coin
d'un pseudo-positivisme soucieux de créditer l'entreprise
d'un surcroît de vraisemblance. Au rendez-vous de ces nez
blancs et fiers de l'être, on rencontre, embusqué derrière
son *Essai sur l'inégalité des races humaines*, le comte de
Gobineau.

La méthodologie blanche est la même : le nez sert à flai-
rer l'impur, le mélangé, l'inférieur. Les mauvaises odeurs
du Nègre sont doublées par leur odorat exceptionnel, le
développement de l'olfaction allant de pair avec l'intelligence demeurée. Plus l'homme flaire, moins il pense, et
vice versa. L'absence de matière grise est compensée par
un nez d'une extrême sensibilité.

Dans le tableau brossé par Gobineau, la race mélanienne
est présentée comme la plus humble, gisant au bas de
l'échelle. La raison étant que le bassin des êtres de cette
race est d'une forme qui détermine leur destinée « dès
l'instant de la conception. Elle ne sortira jamais du cercle
intellectuel le plus restreint ». Pour illustrer cette thèse,
l'orientaliste disserte sur l'étroitesse du front fuyant qui
rend impossible toute possibilité de réflexion. Mais, « si ses
facultés pensantes sont médiocres, ou même nulles, il possède dans le désir, et par suite dans sa volonté, une intensité souvent terrible ». Et s'il fallait un argument plus mas-
sif encore, il suffirait d'ajouter que « plusieurs de ses sens
sont développés avec une vigueur inconnue aux deux
autres races : le goût et l'odorat principalement[69] ». Du
goût, le Mélanien fait un usage sans distinction : il mange

n'importe quoi, quel que soit l'état de l'aliment considéré. Avariée, au bord de l'ordure, la nourriture est ingérée comme si de rien n'était. « Il en est de même pour les odeurs, et sa sensualité s'accommode non seulement des plus grossières, mais des plus odieuses[70]. » Gobineau voit dans cette double incapacité à faire un usage réfléchi de ces deux sens le signe flagrant de l'infériorité de la race. Pour donner à son idée plus d'autorité, il cite en allemand Pruner qui écrit, avec autant d'assurance que « le goût et l'odorat sont, chez les Nègres, aussi puissants qu'informes. Il mange tout et les odeurs les plus répugnantes, à notre avis, lui sont agréables[71] ». Comme il n'est pas le seul à penser de la sorte, l'auteur des *Pléiades* collectionne les signatures qui ont paraphé les mêmes philippiques et cite Cuvier, Spix, Oken et Courtet. L'argument est ancien, on peut le trouver sous la plume de Rousseau qui écrit le *Discours sur l'origine de l'inégalité parmi les hommes* que les sauvages disposent de sens plus exercés, qu'ils distinguent à œil nu ce que les hommes civilisés ne voient qu'avec des lunettes, qu'ils supportent les épices fortes et ont un goût moins délicat que le nôtre et, en même temps, qu'ils sont capables de sentir « les Espagnols à la piste comme auraient pu faire les meilleurs chiens[72] ». Ainsi des primitifs d'Amérique. S'ils sentent mauvais, ils sentent bien. Ce qui n'est pas le cas du Blanc, qui sent bon, mais dispose d'une olfaction aux pouvoirs limités.

Le Blanc de Gobineau est intelligent, il a le génie pour lui, est capable du sens de l'honneur, d'énergie réfléchie, il a l'instinct de l'ordre et un goût immodéré pour la liberté. Mais, rançon de la gloire, « l'immense supériorité des Blancs, dans le domaine entier de l'intelligence, s'associe à une infériorité non moins marquée dans l'intensité des sensations. Le Blanc est beaucoup moins doué que le Noir et que le Jaune sous le rapport sensuel. Il est aussi moins sollicité et moins absorbé par l'action corporelle, bien que sa structure soit remarquablement plus vigoureuse[73] ». Les Nègres n'ont pas d'Histoire, et s'ils en avaient voulu une, il leur aurait suffi de sacrifier leurs narines pour un peu plus de cerveau. De même, leurs capacités hypersensibles en matière olfactive les rendent impropres à l'esthétique et au commerce avec la beauté. Il faut choisir : le nez et le cerveau sont en concurrence, les prouesses de l'un agissent comme succubes sur l'autre...

Les philosophes n'ont pas limité leur olfaction idéologique aux seuls Nègres. Parmi les peuples accablés qui cristallisent les haines et les incapacités à se faire sentir, il y a les Juifs auxquels très tôt on a associé une puanteur caractéristique, le Foetor Judaïcus. Déjà « Marc Aurèle louait ses légionnaires hongrois de sentir moins mauvais que les Juifs[74] ». De bonne heure, on pourra constater combien le portrait du diable sert de modèle pour établir une figure du Juif, investie des traits qui pleuvent sur tout bouc émissaire. Parmi les qualités du démon, on trouve les cornes, griffes et queues, la noirceur, la barbe et les poils animaux, sans oublier une irrépressible puanteur. Léon Poliakov a superbement montré comment l'imagerie antisémite procède de ce démarquage.

Sur le Foetor Judaïcus, à proprement parler, la tradition est ancienne : « Les odeurs méphitiques qu'on leur attribue sont tellement violentes, écrit Poliakov, qu'elles ont persisté le long des siècles, et incité des universitaires allemands de notre temps à enquêter sur la nature et les origines du Foetor Judaïcus[75]. » Ainsi de Hans F.K. Günther qui enseignait en chaire, et dans ses ouvrages, que cette prétendue odeur se transmettait de façon héréditaire, par le biais des gènes. On ne pouvait donc y échapper et la marque indélébile était censée distinguer *ad vitam aeternam* quiconque était juif. Soucieux de donner à ses imprécations des allures scientifiques, Günther prétendait même réduire cette odeur en une formule chimique. Après lui Grattenhauer avancera la trouvaille de l'*ammonium pyrooleosum* pour qualifier ce gaz chimérique.

Malodorants, les Juifs le seraient pour se reconnaître entre eux comme membres du peuple élu, désigné par Dieu. Les uns pensaient qu'ainsi, ils pouvaient s'agréger, se retrouver et faire sécession d'avec le monde. Les autres avançaient l'idée que la puanteur s'accrochait tout particulièrement au peuple déicide. L'odeur était celle des tueurs de Jésus.

Dans l'attirail du Juif, il faut ajouter, çà et là, des extravagances du même acabit : un œil plus petit que l'autre, le regard terne, le teint basané, le nez busqué, une grande bouche. Certains, bien qu'antisémites, trouvaient ce genre d'arguments trop peu crédibles et avancèrent, quant au Foetor, qu'il était métaphorique. Puisqu'il semblait résister à l'analyse scientifique, restait le recours au symbolique.

Woolston commente un passage d'Ammien Marcellin dans cette optique. L'historien antique parlait des « Juifs tumultueux et puants » en se demandant comment pareille odeur avait pu voir le jour ou « comment cette marque d'infamie a-t-elle pu être posée sur eux » ? Puis Woolston continue : « Est-ce à cause de la mauvaise odeur qu'ils dégagent suivant l'opinion commune, ou de quelque autre manière ? Cela importe peu à notre prophétie et à son type et même si leurs corps ne puent pas et n'ont jamais pué, leurs blasphèmes contre le Christ, les malédictions qu'ils lancent contre son Église, et leurs fausses gloses de l'Écriture suffisent pour rendre leur nom odieux et abominable[76]. » Conclusion, même s'ils ne sentent pas mauvais, ils puent quand même...

On rétorquera peut-être que dans ces imprécations honteuses, seuls d'obscurs primitifs ont sali leur nom. Il serait plaisant que cela fût vrai. Seulement, la vérité est plus sinistre, et dans la liste des nez qui flairent la puanteur juive, on trouve des philosophes, dont un Juif...

Lisons donc Arthur Schopenhauer, grand défenseur des bêtes, philosophe de la pitié et moraliste du doux nirvana... Et convenons que cet esprit fut aussi abruti par les brumes antisémites. Dans quelques fragments qu'il a laissés et qui lui ont valu sa réputation, bien plus que *Le Monde comme volonté et comme représentation*, Schopenhauer a précisé sans ambages ce qu'il pensait du sujet : « Le bon Dieu, prévoyant dans sa sagesse que son peuple choisi serait dispersé dans le monde entier, donna à tous ses membres une odeur spécifique qui leur permît de se reconnaître et de se retrouver partout, c'est le Foetor Judaïcus[77]. » La puanteur est donc un signe de ralliement, un code.

Schopenhauer est même capable de voir le miasme à l'œuvre chez Spinoza dont il n'aime ni le panthéisme, ni l'optimisme, ni les opinions sur les animaux. *L'Éthique* enseigne en effet que l'interdiction d'immoler les animaux relève de la pure superstition, ou de la pitié de femme, ce que le philosophe pessimiste ne saurait accepter, lui qui investit son chien de l'autorité juridique du légataire universel... Sur ce sujet, Schopenhauer est particulièrement susceptible, et il entre dans une colère noire contre Spinoza qu'il flétrit à l'aide d'arguments antisémites : « Ici, écrit-il, il parle comme peut le faire un juif (...) de sorte que nous autres, habitués à des doctrines plus pures et

plus dignes, nous sommes envahis par le Foetor Judaïcus.
Il semble n'avoir pas du tout connu les chiens[78] », conclut
Schopenhauer — qui devait ignorer que Spinoza, « lorsqu'il voulait se relâcher l'esprit (...) cherchait des araignées
qu'il faisait se battre ensemble, ou des mouches qu'il jetait
dans la toile d'araignée, et regardait ensuite cette bataille
avec tant de plaisir, qu'il éclatait quelquefois de rire[79] ».
Sympathique ami des bêtes...

L'amour qu'il porte aux animaux est inversement proportionnel à celui qu'il porte aux Juifs. Schopenhauer
trouve essentielle la parenté des hommes et des bêtes. C'est
toute sa métaphysique qui est comprise dans cette idée : le
vouloir, qui est l'essence du monde, habite indistinctement
le minéral, le végétal et l'humain. A différents degrés, certes, mais de façon substantielle. Entre les atomes du
quartz et ceux qui constituent le philosophe, il y a plus de
proximité que de distance. A ceux qui ne souscriraient pas
à son programme, il lance qu'« il faut être vraiment
bouché, avoir été endormi comme au chloroforme par le
Foetor Judaïcus pour méconnaître cette vérité : que dans
l'homme et la bête, c'est le principal, l'essentiel qui est
identique, ce qui les distingue, ce n'est pas l'élément premier en eux, le principe, l'archée, l'essence intime, le fond
même des deux réalités phénoménales, car le fond, c'est
en l'un comme en l'autre la volonté de l'individu[80] ». Schopenhauer et son caniche, Spinoza et ses mouches sont
confondus dans la même nécessité du vouloir et subissent
tous sa loi avec la même force impérieuse.

En bon antisémite qu'il est, le philosophe allemand
confond hargne et ce qui contredit son système. Tout ce
qui ne relève pas de sa sensibilité, de ses goûts et de ses
options est contaminé par l'esprit juif. Ainsi, la pitié, la
sagesse ou la politesse, qui sont dans l'économie de sa pensée des vertus cardinales, passent pour distinguer celui qui
les pratique comme l'excellence incarnée. Se faisant l'historien des mentalités, il constate que cette éthique aristo-
cratique a été enseignée partout dans le monde quand il
s'est agi de promouvoir une morale de la perfection. Même
les Indiens, précise Schopenhauer, ont fait de ces vertus
des principes archétypaux. Puis il ajoute : « On le voit, en
tous temps, en tous pays, les hommes ont su où prendre
la source des bonnes mœurs ; les hommes, exceptés les
Européens ; et à qui la faute ? Sinon à ce Foetor Judaïcus

qui pénètre partout : il leur faut un devoir qui s'impose, une loi morale, un impératif, bref un ordre et un commandement pour y obéir[81]... »

On le voit, la terre allemande est riche en spécialistes de l'olfaction. Tant et si bien que l'on trouve même un philosophe juif pour mêler sa voix à ce concert d'antisémites en la personne de Karl Marx.

L'antisémitisme marxiste passe par l'identification du Juif au profiteur, au marchand, au banquier. Pour parler des peuples commerçants dans l'Antiquité, Marx précise qu'ils « n'existent que dans les intervalles du monde antique, à la façon des dieux d'Épicure, ou comme les Juifs dans les pores de la société polonaise[82] ». Certes, l'odeur n'est pas caractérisée, décrite, mais suscitée : sueur, transpiration, excrétion, produit odoriférant de la sudation, le Juif est assimilé à des odeurs négatives, dégradées, issues de la décomposition et de la fermentation.

Dans ses *Thèses sur Feuerbach*, Marx utilise une expression différemment traduite. Selon les versions, le *schmutzig jüdish* — « salement juif » — est rendu avec plus ou moins de virulence. Certains aseptisent la version française afin de disculper Marx des accusations d'antisémitisme qu'on lui impute à la lecture de *la Question juive*. On voudrait comprendre les imprécations du philosophe dans le sens d'un refus global du travers marchand qui exclurait un antisémitisme plus viscéral. Mais les récurrences métaphoriques sont trop nombreuses pour qu'on puisse blanchir Marx. Un analyste de l'antisémitisme a ainsi pu écrire sur ce point : « Le mystère juif, comparé au mystère du fauve, devient manifeste par l'odeur juive. Non seulement Marx emploie souvent les métaphores de l'odorat à propos des Juifs, mais il est lui-même écœuré par leur puanteur. A plusieurs reprises, dans *Le Capital*, il utilise l'image du juif pénétrant les pores de la société. L'infecte transpiration juive dérange la société. Dépassant l'image ou la métaphore, Marx décrit la foule des agents de change dans un bureau d'Amsterdam dans les termes suivants : "le langage parlé sent fortement Babel, et le parfum qui envahit, par ailleurs, la pièce n'est pas des plus raffinés." Le Juif est donc infect, nauséabond, fétide[83]. » Il faut se rendre à l'évidence, le Juif Marx a prêté main-forte aux antisémites en ne reculant pas devant l'usage des lieux communs les plus dégradants. Hors les odeurs, on pourrait effectuer une

lecture de la philosophie allemande et constater combien
l'antisémitisme se formule en multiples variations, avant
de devenir la symphonie funèbre et triomphante que l'on
sait...

Après l'holocauste, et l'anosmie d'un Heidegger qui
n'aura jamais senti les fumées âcres d'Auschwitz, le lieu
commun d'un Foetor Judaïcus continuera son chemin
puisqu'en Tunisie, il y a encore peu de temps, Laurent Dispot a rencontré un homme qui lui affirmait pouvoir
reconnaître un Juif uniquement à son odeur, la Jiffa[84]. Il
faudrait inventorier toutes les répugnances qui ont pris la
forme olfactive en ce simple siècle : on rencontrerait alors
Edgar Bérillon, inspecteur des asiles d'aliénés, qui affirmait que les Allemands sentaient une odeur fétide telle que
certains aviateurs durent, lors de survols de villes ennemies, prendre de l'altitude pour échapper à cette « bromi-
drose fétide de la race allemande[85] ». On verrait aussi feu
Jean-Marie Tjibaou qui clamait « ne plus supporter l'odeur
du Blanc[86] », ou les Japonais qui surnomment les Blancs
du délicat sobriquet de « pue-le-beurre[87] »... Avatars d'une
métaphore appliquée à ceux que l'on ne peut pas sentir !

Entre Nègres et Juifs, il faudrait intercaler les Pauvres
gratifiés eux aussi d'odeurs animales, négatives et primitives. Le bon Kant avait déjà signalé dans son *Anthropologie
d'un point de vue pragmatique* la qualité délétère des
odeurs que l'on rencontre dans les « endroits populeux[88] ».
Le philosophe n'a pas pris la peine de nous dire ce qu'é-
taient ces odeurs de pauvreté. Il faut recourir aux notes de
certains savants pour savoir d'elles deux ou trois choses :
des effluves du vacher dans les montagnes à l'odeur des
Auvergnats qui rappelle, à s'y méprendre, celle du « petit-
lait aigri tournant à la putréfaction[89] », le spectre est large.
Associer les pauvres aux odeurs puantes n'est pas sans
effets, ni sans raisons : « Souligner la fétidité des classes
laborieuses, et donc mettre l'accent sur le risque d'infec-
tion que leur seule présence comporte, contribue à entretenir cette terreur justificatrice dans laquelle la bourgeoisie se complaît et qui endigue l'expression de son
remords[90]... » Qui donc, parmi les philosophes, a pu
apporter sa contribution à cette prévention à l'égard des
pauvres ? Cherchons deux nez qui témoigneraient...

Le premier penseur qui illustre cette volonté d'associer

la pauvreté à la puanteur pourrait bien être Taine. Suivons-le dans les pages de la *Philosophie de l'art* qui lui permettent de comparer les peuples, leurs mérites, leurs qualités — et leurs odeurs... On ne s'étonnera guère d'apprendre que la race germanique est blanche et belle, traits qui s'accentuent plus on monte vers le nord où sévissent cheveux blonds et regards bleus. Le teint est rose, charmant, délicat, vif, légèrement vermillon chez les jeunes. « Mais d'ordinaire, poursuit Taine, dans la classe laborieuse et dans l'âge mûr, je l'ai trouvé blafard, couleur de navet, et, en Hollande, couleur de fromage et même de fromage gâté[91]. » Le lecteur complétera ce qui s'ensuit en matière d'odeurs. Chez les pauvres, le corps est lourd, sans élégance, épais. Les traits sont irréguliers et vulgaires. Taine conclut qu'avec la lenteur, l'alcoolisme et la laideur la population est proche de ce qui peut se faire de plus primitif : « Dans cette race, l'animal humain est plus tardif et grossier que dans l'autre[92]. »

Dans ses carnets de voyages en Italie, Taine retrouvera le même réflexe en décrivant les gens de Naples : « Tout cela remue, mange, boit, sent mauvais ; on dirait des rats dans une ratière : c'est l'air épais, la vie débraillée et abandonnée des Lanes de Londres[93]. » La ville n'est pas sans intéresser les philosophes, puisqu'on y trouve notre second repère, au siècle suivant, au cours de l'été 36. Et c'est Jean-Paul Sartre, le futur thuriféraire de la cause du peuple, qui narre à Olga ses impressions de voyage dans une Italie maintenue sous la botte de Mussolini. Mais du fascisme, Sartre semble peu soucieux.

Sartre s'attarde sur les odeurs du peuple napolitain exacerbées par la tiédeur des rues étroites, obscures, désertées par le soleil : « De chaque pièce sombre émane une bouffée d'odeurs complexe et puissante, une odeur de sueur, de fruits, de friture, de fromage et de vin qui nous baignait au passage et dont nous ne sortions que pour nous enfoncer dans une autre odeur qui contenait, en proportion différente, les mêmes odeurs[94]. » Pour compléter le tableau — comme Taine recourait aux Rats — Sartre détaille les puces et les parasites puis constate : « Ici, c'est tout animal, ça va avec le reste, avec cette chair si contingente qui digère et respire en commun, avec tous ces corps qui se passent les uns aux autres leurs poux et leurs microbes[95]. » Et Sartre poursuit son périple, note des eczémas, des gales et des teignes, des croûtes rouges sur les visages, des crânes tondus, rasés, des infirmes, des rachitiques, des nains, des bossus pâles et maigres, des yeux crevés, des dents pourries, d'énormes verrues, des moignons et des corps amputés, des sexes et fesses d'enfants nus qui lui font penser aux singes du zoo de Hambourg, des mouches en grappe sur le sexe d'une petite fille jambes écartées... Ne dirait-on pas une cour des miracles, une lupercale brossée par Bosch ? Le tout, bien sûr, baigne dans des miasmes sans nom...

Le nez des philosophes n'est donc pas fait pour contribuer à leur intelligence du monde sensible. Trop vulgaire, trop vil. A tout prendre, quand il n'est pas oublié, honni, banni, il sert à disqualifier la cause qu'il élit. Punie de manifester une proximité compromettante avec le monde animal, l'olfaction devient le sens de l'exclusion, du mépris et du refus. Les penseurs veulent oublier l'odorat, mais quand ils s'en servent, sans s'en apercevoir, ils se dénudent et révèlent leurs travers, leur mépris du corps, de la chair, du monde sensible et de la diversité du réel.

Lorsque les odeurs sont trop phénoménales, pour utiliser le vocabulaire kantien, on fantasme des parfums célestes, des effluves nouménaux qui émanent de corps parfaits, rêvés par les philosophes qui aimeraient tant pareilles chairs désincarnées. Spiritualistes, idéalistes et autres philosophes classiques ne peuvent se réconcilier qu'autour des odeurs de sainteté qui sont à l'excellence et à la perfection ce que les odeurs de Nègres, de Juifs et de pauvres sont au négatif et à la médiocrité. Aux antipodes des puanteurs de poireau du Noir, des odeurs d'urine du Samoyède, des émanations sudorales du Juif, méphitiques et dégoûtantes du diable, on découvre les suaves odeurs des saintes et saints de toutes obédiences, de ces corps glorieux et transparents, sans chair ni lymbe, sans hémoglobine ni nerfs, sans humeurs et sans chyle. Divins corps idéaux, plus éthérés et légers que l'air, plus défaits de passions, de sensations et de sensualité qu'un cadavre ! Voilà les modèles sur lesquels les philosophes se penchent en souhaitant la fin du sensible et la toute-puissance de l'intelligence.

Les contempteurs du corps, qui sont aussi les fanatiques de l'idéal ascétique, ont tous pour fin la sublimation de la chair en ectoplasme dont le modèle est le corps du Christ.

Or *l'Épître aux Corinthiens* parle de « la bonne odeur du Christ[96] » et, ailleurs, on apprend que le Dieu fait homme a pratiqué ce sacrifice qu'on dit « d'agréable odeur[97] ». Point n'est besoin d'aller quérir d'autres édifications, avec de pareilles invites, on allait bientôt se faire fort de fouiller les tombeaux, les fosses et les charniers pour y trouver des odeurs de violette, de jasmin, de réséda ou de rose. Quand on a été touché par la grâce, on ne sent plus l'urine, le poireau ou la sueur, ou la viande en décomposition, on embaume les églises et les assemblées religieuses.

Le florilège de ces sublimes senteurs est fourni par Jacques de Voragine, dominicain du XIIIᵉ siècle, qui raconte dans *La Légende dorée* les faits et gestes des élus de Dieu dans les moindres détails. Ainsi lit-on sous la plume de l'hagiographe que des saints décapités ne se défont pas pour autant et quittent le lieu bravement, la tête sous le bras, ou que les lions et les fauves les plus redoutables se mettent à fondre de compassion devant des martyrs tellement convaincus de leur mission. Ailleurs, on verra passer, en toute modestie, un membre qui cherche le corps dont on l'a décollé, avant de prendre place, comme un ami fidèle, sur la chair privée de sa complétude. Une autre fois, un tortionnaire besogneux et particulièrement zélé se fera éborgner par une langue qu'il venait de couper — en ce temps-là, les rejets d'organes étaient dangereux — et que le saint lui cracha au visage.

Tant de véracité doit convertir : Voragine disant toujours la vérité, il est vrai que les odeurs de sainteté ont existé. Sous sa plume, les mauvaises odeurs sont assimilées au mal, au péché. Un publicain suffirait à nous en persuader qui enseignait que « la luxure (...) est fétide » : comme s'il disait : « je n'ose approcher, seigneur, de peur de sentir mauvais à votre odorat[98] ». Le démon est donc toujours associé aux odeurs dégoûtantes des cadavres en putréfaction là où les saints, à l'inverse, « doivent posséder la pureté de la conscience et le parfum de la bonne réputation[99] ». Le parfum agréable est divin et l'odeur nauséabonde, diabolique, la divinité est odoriférante et le diable puant. Cherchons donc quelques effluves aux valeurs positives et flairons la sainteté, elle se révélera par les narines.

Jean et Gervais dégageaient des odeurs suaves qu'on a dites également grandes, merveilleuses, extraordinaires, puissantes[100]. Le détail fait penser à des aromates mélangés. Qu'on songe à des compositions d'armoise et de cannelle, de poivre et de gingembre, de cumin et de safran, de fenouil et de piment, et d'autres plantes encore. Les émanations sacrées sont caractérisées par des effluves épicés aux rhétoriques synesthésiques. Bien que Nazaire et Ambroise aient trépassé depuis longtemps, on retrouva leurs corps intacts, sang frais et cheveux souples, dégageant des parfums célestes, pénétrants et envahissants[101]. Leur concentration n'a d'égale que leur durée : ainsi, Crisant fut-il enfermé dans un cachot nauséabond, humide et écœurant qui devint, dans l'instant où l'on incarcérait le saint, un sanctuaire de parfums précieux[102].

Les senteurs sont les preuves de la sainteté, et lorsqu'une dépouille ne sent pas la charogne, mais la lavande, c'est tout simplement parce qu'elle est celle d'un être ayant eu commerce avec le divin. Élisabeth, qui vécut des heures bien originales, pourrait servir d'exemple : fanatique de prière dès son enfance, elle se voit obligée d'accepter un mariage et réussit le coup de force d'en sortir sans avoir connu de volupté coupable. Il est vrai qu'elle se faisait sortir du lit par sa chambrière la nuit, pour s'en aller prier. Elle soignait avec zèle et dévotion des malades contagieux aux peaux desquamées à l'aide de ses longs cheveux. L'abstinence alimentaire était sa règle, le dénuement vestimentaire sa loi. Elle aime tomber dans la boue ou parer le corps des cadavres, dormir avec les pourceaux, porter aux toilettes des enfants galeux. Elle disait : « Je regarde tout ce qui est de la terre comme fumier[103] » — formulation lapidaire de l'idéal ascétique. Moyennant quoi, elle eut le loisir d'exhaler un délicieux parfum après sa mort malgré quatre jours sans sépulture. Les parfums précieux se méritent. L'exégète précise : « Il est évident qu'elle possédait une grande pureté et une grande innocence, comme le prouve l'exhalation de l'odeur. Parce que son corps brilla dans sa vie de toute innocence et chasteté, il exhala dans la mort une odeur exquise[104]. » Bel exemple de causalité théologique : s'il y a effluves, c'est qu'il y a sainteté. Élémentaire…

Tenaces, les odeurs le sont puisqu'elles durent par-delà le dépérissement et que les reliques continuent même d'embaumer. Mais quelques chanceux eurent aussi l'avantage de sentir bon de leur vivant. Il suffit, pour s'en imprégner, de suivre le Sauveur à la trace, puisqu'on a vu que

Jésus est tout spécialement parfumé. Thérèse de Lisieux donne le mode d'emploi dans ses manuscrits autobiographiques. Lisons : « Puisque Jésus est remonté au ciel, je ne puis le suivre qu'aux traces qu'Il a laissées, mais que ces traces sont lumineuses ! Qu'elles sont embaumées ! Je n'ai qu'à jeter les yeux dans le Saint Évangile, aussitôt je respire les parfums de la vie de Jésus et je ne sais de quel coté courir[105]. » A plusieurs reprises, Thérèse parlera du parfum suave et virginal qu'il lui a été donné de sentir. Elle-même, de son vivant, aurait senti la rose, le lys et l'encens. Refusons l'aide du chimiste, il nous dirait que dans l'essence de rose, on découvre du scatole, une substance, qui, plus concentrée, parfume les matières fécales...

Le corps des saints est ce qui reste quand on a supprimé toute la chair de n'importe quel autre corps. Autant dire rien. Les gnostiques prêtaient au Christ une existence sans défécation. Voragine donnait à quelques dignes émules des qualités apparentées. Ce corps idéal qui ignore la soumission à la nécessité physiologique est aussi un corps impossible. Il n'y a pas d'autres issues : soit l'idéal ascétique, le refus de la chair et du corps, le mépris du sensible et la disqualification du monde réel, soit l'hédonisme, la prise en compte des sens, des passions, du corps et de la vie. Quiconque dédaigne le nez se veut pareil à un cadavre...

NOTES

1. Démocrite in *Les Présocratiques*, éd. J.-P. Dumont, La Pléiade, p. 749-750.
2. *Idem.*
3. *Ibid.*, p. 954.
4. Diogène Laërce, *Vies, opinions et sentences des philosophes illustres*, tome I, pp. 127-140, trad. R. Genaille. Les cyrénaïques prennent le plaisir du corps pour fin nous dit le compilateur et il ajoute « les plaisirs du corps leur paraissent supérieurs à ceux de l'âme », p. 135.
5. Grenier (Jean), *La Vie quotidienne*, chapitre « Les Parfums », Gallimard, p. 206.
6. Corbin (Henri), *Le Miasme et le Jonquille. L'odorat et l'imaginaire social. XVIIIᵉ-XIXᵉ siècles*, Aubier-Montaigne, p. II.
7. Kant (Emmanuel), *Anthropologie d'un point de vue pragmatique*, Vrin, trad. M. Foucault, I.I. § 15.
8. *Idem.*
9. Edmond Roudnitska, créateur de parfums, est aussi l'auteur de *l'Esthétique en question*, P.U.F., 1977, 264 p., un ouvrage dans lequel il dit

les limites de l'esthétique kantienne considérée d'un point de vue des odeurs et parfums.

10. Kant, *Anthropologie...*, *op. cit.*, § 17.

11. Lucrèce, *De la Nature*, II. 422-425.

12. Kant, *Anthropologie...*, *op. cit.*, § 19.

13. *Ibid.*, § 21.

14. *Ibid.*, § 20.

15. *Ibid.*, § 21.

16. *Idem*.

17. Wasianski (E.A.), *Emmanuel Kant dans ses dernières années*, in *Kant intime*, Grasset, p. 68.

18. Kant, *Conflit des facultés*, Vrin, trad. Gibelin, pp. 132-133.

19. *Idem*, p. 130.

20. *Idem*.

21. Kant, *Anthropologie...*, *op. cit.*, § 22.

22. *Idem*.

23. Vincent (Jean-Didier), *Biologie des passions*, Odile Jacob, p. 266.

24. *Idem*.

25. Vincent (Jean-Didier), *Casanova ou la contagion du plaisir*, Odile Jacob.

26. Freud (Sigmund), *Malaise dans la civilisation*, trad. Ch.J. Odier, P.U.F., p. 79.

27. *Odeurs*, numéro de la revue *Autrement*, Annick Le Guérer, *Les philosophes ont-ils un nez ?*, p. 49.

28. Freud, *Malaise dans la civilisation*, *op. cit.*, p. 50.

29. Malson (Lucien), *Les Enfants sauvages*, 10/18, pp 144 et 149.

30. Freud, *Malaise dans la civilisation*, *op. cit.*, p. 51.

31. *Ibid.*, p. 50.

32. Casanova, *Mémoires*, Pléiade, Gallimard, tome I, p. 4.

33. *Ibid.*, p. 7.

34. Belaval, Préface à *La Philosophie dans le boudoir*, Folio, p. 15.

35. Sade (D.A.F. de), *La Nouvelle Justine*, 10/18, tome II, p. 646 et tome I, p. 381.

36. Condillac (Étienne Bonnot, Abbé de), *Traité des sensations*, Fayard, Corpus, pp. 57-58.

37. Diderot (Denis), *Le Rêve de d'Alembert*, Pléiade, Œuvres, p. 904.

38. Changeux (Jean-Pierre), *L'Homme neuronal*, Livre de Poche, p. 334.

39. Brillat-Savarin (J.A.), *Physiologie du goût*, éd. J. de Bonnot, p. 43.

40. Boissel (Thierry), *Brillat-Savarin*, Presses de la Renaissance, p. 225.

41. Cabanis, *Rapports du physique et du moral de l'homme*, éd. Firmin Didot, 1828, tome I, p. 218.

42. *Idem*.

43. Quétel (Claude), *Les Médecines de la folie*, Poche Pluriel.

44. Cabanis, *Rapports...*, *op. cit.*, tome II, p. 342.

45. *Idem*.

46. *Ibid.*, p. 343.

47. *Ibid.*, p. 360.

48. *Ibid.*, tome I, p. 218.

49. Nietzsche (Frédéric), *Le Crépuscule des idoles*, Denoël, trad. H. Albert, p. 29.

50. Nietzsche (Frédéric), *Ecce Homo*, Œuvres complètes, pp. 255-256.

51. Le Guérer (Annick), *Les philosophes ont-ils un nez ?*, *op. cit.*, p. 52.

52. Kant (Emmanuel), *Philosophie de l'histoire de l'humanité* in *Philosophie de l'histoire*, Denoël, Trad. Piobetta, p. 62.

53. *Ibid.*, p. 112.

54. *Idem.*

55. *Ibid.*, p. 105.

56. Kant (Emmanuel), *Définition du concept de race humaine*, in *op. cit.*, p. 105.

57. Kant (Emmanuel), *Des différentes races humaines* in *op. cit.*, p. 19.

58. *Ibid.*, p. 21.

59. Brieude, *Mémoire sur les odeurs que nous exhalons ; considérées comme signes de la santé et de la maladie*, Histoire et mémoires de la société royale de médecine, tome X, 1789, p. XLVIII. Cité in Corbin, *Le Miasme et la Jonquille, op. cit.*

60. Landre-Beauvais, *Sémiotique ou traité des signes des maladies*, 1815, p. 423. Cité in Corbin, *Le Miasme et la Jonquille, op. cit.*

61. Virey, *Des odeurs que répandent les animaux vivants*, Recueil périodique de la société de médecine de Paris, tome VIII, An VIII, p. 248. In Corbin, *Le Miasme et la Jonquille, op. cit.*

62. Buffon, *De l'homme*, Histoire naturelle, Vialetay éd., p. 269.

63. *Ibid.*, p. 273.

64. *Ibid.*, p. 280.

65. *Ibid.*, p. 287.

66. *Ibid.*, p. 243.

67. Buffon, *Œuvres complètes*, tome III, p. 343.

68. Il faut ainsi lire Alexis Philonenko, *L'archipel de la conscience européenne*, Grasset, pp. 23-30. Voir aussi *Théorie de l'histoire chez Kant*, Vrin, p. 36 et *L'Œuvre de Kant*, Vrin, tome II, p. 65.

69. Gobineau (Arthur de, Comte), *Essai sur l'inégalité des races humaines*, Pléiade, Gallimard, p. 339.

70. *Idem.*

71. *Ibid.*, note 2 de la page 340.

72. Rousseau (Jean-Jacques), *Discours sur l'origine de l'inégalité parmi les hommes*, Pléiade, p. 141.

73. *Ibid.*, p. 342.

74. Ceronetti (Guido), *Le Silence du corps*, Albin Michel, trad. André Maugé, pp. 15-16.

75. Poliakov (Léon), *Histoire de l'antisémitisme*, tome I, Calmann-Lévy, p. 160.

76. Cité in Poliakov, *op. cit.*, tome III, p. 82.

77. Burdeau (Georges), *Pensées et fragments* d'Arthur Schopenhauer, Alcan, p. 222.

78. Schopenhauer (Arthur), *Parerga et paralipomena, Fragments sur l'histoire de la philosophie*, p. 82.

79. Colerus (Jean), *La Vie de B. de Spinoza*, in Spinoza, *Œuvres complètes*, Pléiade, Gallimard, p. 1320.

80. Schopenhauer (Arthur), *Le Fondement de la morale*, Aubier, p. 156.

81. *Ibid.*, p. 165. Sur ce sujet et sur ces textes, lire la remarquable analyse de Élisabeth de Fontenay, *La Pitié dangereuse*, pp. 83-96 in *Présence de Schopenhauer*, sous la direction de Roger-Pol Droit, Grasset.

82. Marx (Karl), *Le Capital*, Pléiade, Gallimard, Économie, tome I, p. 614. Voir la même image in tome II, p. 1098.

83. Herszlikowicz (Michel), *Philosophie de l'antisémitisme*, P.U.F., p. 149.

84. Dispot (Laurent), *Le Manifeste archaïque*, Grasset, p. 246.

85. *Ibid.*, p. 247.

86. Dispot (Laurent), *Le Manifeste archaïque, op. cit.*, p. 247.

87. Birolli (Bruno), *A l'Ouest sommes-nous tous des "pue-le-beurre"* ? in *Odeurs*, revue *Autrement*, pp. 150-154.

88. Kant (Emmanuel), *Anthropologie d'un point de vue pragmatique*, p. 40.

89. Cité par Corbin in *Le Miasme et la Jonquille, op. cit.*. Lire l'admirable chapitre intitulé « la puanteur du pauvre », pp. 167-188.

90. *Ibid.*, p. 168.

91. Taine (Hippolyte), *Philosophie de l'art*, Fayard, Corpus, p. 172.

92. *Ibid.*, p. 176.

93. Taine (Hippolyte), *Voyage en Italie*, Julliard, tome I, p. 42.

94. Sartre (Jean-Paul), *Lettres au Castor*, Gallimard, tome I, p. 78.

95. *Ibid.*, p. 67.

96. *Épître aux Corinthiens*, II. 2 (14-17).

97. *Épître aux Corinthiens*, V. 2 et *Exode* 29-18.

98. Voragine (Jacques de), *La Légende dorée*, Garnier Flammarion, tome I, p. 182.

99. *Ibid.*, II, p. 451.

100. *Ibid.*, I, pp. 351 et 400.

101. *Ibid.*, II, p. 19.

102. *Ibid.*, II, p. 294.

103. *Ibid.*, II, p. 356.

104. *Ibid.*, II, p. 361.

105. Thérèse de Lisieux, *Manuscrits autobiographiques*, Office central de Lisieux, p. 301.

> « Il en est de la religion et de la théologie
> comme de la philosophie. Plus elle s'éloigne des
> sens, plus elle fait parade des êtres suprasensi-
> bles. »
>
> FEUERBACH, *Contre le dualisme*
> *du corps et de l'âme, de la chair et de l'esprit.*

LA MACHINE À FAIRE DES ANGES

En se sectionnant les génitoires, Origène a, sans conteste, inauguré la machine la plus sommaire à produire un ange. Certes, le philosophe avait montré, depuis longtemps, un goût certain pour le masochisme et une complaisance toute particulière pour la persécution. Le christianisme a fourni à toute cette clientèle une idéologie à sa propre dimension. Matthieu l'évangéliste n'avait-il pas écrit : « Il y a des eunuques qui se sont châtrés eux-mêmes à cause du royaume de Dieu[1] » ? Il n'en fallait pas moins pour déclencher une épidémie d'autocastration au point que l'Église dut même décider par droit canon, au IVe siècle, une condamnation sans équivoque de ces pratiques pourtant antérieures au christianisme, et caractéristiques du courant ancestral de l'idéal ascétique.

Associer une plus haute spiritualité à une perte réelle ou symbolique de son activité sexuelle est une idée bien ancienne : avant les guerres médiques, il existe en Grèce des autels et des sanctuaires dans lesquels se pratique la divine opération. Pindare signale l'existence d'un tel lieu sur l'agora et Plutarque rapporte la castration d'un homme sur l'autel des Olympiens à Athènes. De son côté, Lucien de Samosate donne les détails de ces cérémonies au cours desquelles des impétrants déterminés s'infligeaient la blessure salvatrice à l'aide d'un couteau de métal précieux, avant d'exhiber l'objet sanguinolent dans les rues de la cité, puis d'élire une maison dans laquelle le sectateur, nouvellement angélique, se faisait offrir des vêtements de femme.

Le goût pour l'éviration sacrée est consubstantielle au désir : de la Grèce ancienne à l'Inde contemporaine, où ces pratiques existent toujours, les amateurs d'asexualité trouvent dans un geste aussi symbolique matière à dire le refus du corps, de la chair, de la sexualité et tout le mépris dans lequel ils tiennent le désir. Pour n'en pas recourir au geste mutilateur, les chrétiens ont tout de même fait leur le pari d'Origène : tuer le désir, l'extirper de soi et tâcher de s'en rendre maître.

Origène comprendra rapidement qu'on n'en finit pas aussi simplement avec la chair et que le désir ne réside pas tout simplement dans le membre viril. Commentant son geste dans un texte de vieillesse, il écrira à propos des versets de l'évangéliste : « S'il y a d'autres passages auxquels il convient d'appliquer l'adage "la lettre tue, et l'esprit vivifie", il faut reconnaître qu'il s'applique particulièrement à celui-ci[2]. » Les doctes de l'Église s'en souviendront et enseigneront de manière officielle qu'« il n'est pas nécessaire de se mutiler pour rester maître de ses sens et garder la souveraineté de l'esprit ». Et ailleurs : « Au demeurant, l'histoire des eunuques prouve fort bien que la castration ne suffit pas pour assurer dans un homme le règne de la pureté. La mutilation spirituelle, prêchée par Jésus-Christ, Matthieu XIX. 12, seule y réussit[3]. » On tremble, et l'on se réjouit de lire ainsi, de manière aussi sibylline et cynique, en quoi consiste le programme chrétien : une mutilation spirituelle, rien moins que la condamnation sans appel du désir et de ce qui fait l'essence d'un être.

Devenue idéologie officielle, la rhétorique des évangélistes trouvera un nombre considérable de zélateurs parmi les penseurs, philosophes et les opportunistes du moment. La méthode de castration s'affinera, bien sûr, et l'on rangera lames d'onyx et couteaux d'or dans le magasin des accessoires pour leur préférer de plus subtiles machines à faire des anges, toutes dévolues à l'éradication du désir et à la transformation de la chair en cadavre. L'instrument éthique est redoutable ; moins spectaculaire, il est plus populaire et susceptible d'être utilisé avec une dextérité plus immédiate. Avec celui-ci, on fait l'économie d'une douleur immédiate et brutale au profit d'un long travail de sape et de conditionnement : on évite le sang et l'amputation réelle pour un massacre qui n'en est pas moins sauvage et mortifère.

Dans *La Volonté de puissance*, Nietzsche a stigmatisé l'œuvre chrétienne sous la rubrique du « castratisme moral » et de l'idéal mutilé[4] ». Réprouvant la hargne avec laquelle les sectateurs du Christ ont couvert le corps d'opprobre, il écrit : « D'où vient la séduction d'un pareil idéal mutilé ? Pourquoi n'en sommes-nous pas dégoûtés, comme nous le sommes, par exemple, à l'idée que nous nous faisons du castrat ? La réponse saute aux yeux, car ce n'est pas non plus la voix du castrat qui nous dégoûte, malgré la cruelle mutilation qui en est la cause ; au contraire, cette voix est devenue plus douce... Par le fait que l'on a extirpé à la vertu ses "parties viriles", celle-ci a pris des intonations féminines qu'elle n'avait pas précédemment[5]. » En quoi consiste cette perte ? Tout simplement : la quintessence de l'être, sa force et le dynamisme qui le caractérise. Le christianisme a décidé un attentat contre ce qui génère identité et essence de chaque singularité. Plus tard, pour caractériser cette immense potentialité, les philosophes parleront d'appétit ou d'*impetus*, de désir ou de vouloir, de volonté de puissance, d'inconscient ou de vitalité. Quels que soient les références et les mots, on aura reconnu les multiples masques de Dionysos et les figures de l'instinct — de l'émotion à la passion.

Contre l'univers des forces, le christianisme fomentera de séduisants arrière-mondes, et les philosophes contribueront à cette haine mortelle de la chair en faisant l'éloge d'un monde d'Essences intelligibles, de Formes pures et désincarnées, d'Absolus et d'Esprits. Dans cet espace imaginaire « l'absence des sens prend rang de perfection[6] ». Le sage vit sous le règne de la tentation angélique où la virginité culmine dans l'excellence éthique. Nietzsche voit dans toute cette névrose, dans tout ce refus du réel au profit d'un monde mythique la caractéristique de « l'idéal anémique[7] ».

Les promoteurs de cet idéal, chrétiens au premier rang, mais suivis de près par les philosophes qui, pour la plupart, s'en font les complices, nient les évidences les plus élémentaires en matière de physiologie, donc de psychologie. « Le chrétien n'a pas de système nerveux ; le mépris du corps et la façon arbitraire de passer sous silence les *exigences* de celui-ci, les découvertes faites à son sujet[8] », tout cela fait du sacrificateur à l'idéal ascétique un individu contre-nature, soucieux de réaliser l'impossible et de consacrer ses forces à anéantir la puissance en lui dans le dessein maladif de faire de son corps un objet méprisable et honteux.

Poursuivant son imprécation, le père de Zarathoustra flétrit les disciples du Christ pour ce qu'ils ont fait du corps : ils le méprisaient, mais aussi, plus retors, « ils ne le faisaient pas entrer en ligne de compte, mieux encore, ils le traitaient en ennemi. Leurs extravagances, c'était de croire que l'on pouvait porter une "belle âme" dans un corps d'avorton, aux apparences de cadavre... Pour faire croire cela à d'autres gens encore, il leur fallait présenter autrement l'idée de "belle âme", transformer la valeur naturelle jusqu'à ce que l'on pût considérer un être pâle, maladif, exalté jusqu'à l'idiotie comme le *substratum* de la perfection, comme "angélique", comme créature transfigurée, comme homme supérieur[9] ». Le saint devient figure idéale, objet focal pour une tension spirituelle, une ascèse nouvelle. Toutes les figures fortes et puissantes doivent laisser place aux anachorètes, aux stylites perchés sur leurs colonnes, aux gyrovagues transformés en errants du désert, aux paissants occupés à brouter les terres ravagées et sèches. Le reclus, cloîtré dans un tombeau, acquiert toutes lettres de noblesse. L'ère qui s'annonce est celle d'un grand mépris du corps et d'une grande adoration des chimères.

L'Église s'est aliéné une cohorte d'hommes de main. Pour transmettre cet idéal anémique et l'imposer comme un viatique, elle a obtenu la collaboration des philosophes qui ont communié avec les Pères de l'Église dans un même dégoût de la chair. Tous, penseurs et théologiens, clercs et laïcs, se sont fait les calomniateurs du réel, les assassins du monde véritable. « L'inimitié perfide et aveugle des philosophes à l'égard des *sens* — combien il y a de la *populace* et du *brave homme* dans toute cette haine ! (...) L'histoire de la philosophie est une *rage secrète* contre les conditions de la vie, contre les sentiments de valeur de la vie, contre la décision en faveur de la vie. Les philosophes n'ont jamais hésité à affirmer un monde, à condition qu'il soit en contradiction avec *ce* monde, qu'il mette entre les mains un instrument qui puisse servir à parler mal de ce monde. La philosophie fut jusqu'à présent la *grande école de la calomnie*[10]. » On pourrait écrire cette histoire dans le détail, réaliser une encyclopédie de l'idéal ascétique qui, de Platon à nos modernes contempteurs du corps, comprendrait la partie la plus conséquente des productions enregistrées depuis plus de vingt-cinq siècles.

Pour donner forme et ordre à cette rhétorique de l'éradication, il faut, une fois de plus, recourir à Nietzsche qui a synthétisé, dans un lumineux aphorisme d'*Aurore* les techniques et méthodes mises en œuvre pour combattre un instinct, pour terrasser les désirs. Il isole six rubriques qui, chacune, concentrent les grands types de lutte pour le triomphe de l'idéal ascétique : « Éviter les occasions, implanter la règle dans l'instinct, provoquer la satiété et le dégoût de l'instinct, établir une liaison avec une idée torturante (comme celle de la honte, des conséquences affreuses ou de l'orgueil offensé), ensuite la dislocation des forces et finalement l'affaiblissement et l'épuisement général[11]. » Voilà pour la méthode. Reste l'objectif : le grand dessein des apôtres de l'idéal ascétique est d'anéantir le désir en l'homme, de produire une chair blanche, défaite de son sang et de sa matière, de ses humeurs et de sa lymphe, de sa vitalité et de ses forces. Au sens étymologique, il s'agira de produire un être insensé. Et rien n'est plus insensé qu'un Ange... Ce qu'ont voulu chrétiens et philosophes convaincus des mêmes idéaux est la réalisation d'une étrange alchimie qui aurait conduit les êtres sexués du désir d'où ils viennent, au néant de la chair, où ils vont. Transformer l'homme en ange, la matière en idée.

Rilke en parlait comme de mystérieux « oiseaux de l'âme[12] », et l'on se doute qu'il est présomptueux d'approcher de pareilles créatures, encore moins de les apprivoiser. Elles participent de l'ineffable au plus haut degré et revêtent l'habit du mystère tant elles semblent plutôt faites pour l'imaginaire que pour l'analyse. « Étrange, dira le poète, de ne désirer plus les désirs. Étrange, de voir tout ce que des rapports tenaient lié ensemble, flottant si librement dans l'espace[13]. » Étrange, aussi, la seule méthode avec laquelle il est possible de les approcher : la méthode négative. Les anges sont sans corps et sans matière, sans épaisseur et sans forme, sans dimension et sans consistance. Et pourtant, ils sont.

Convoqués au banc des témoins, les esthètes dévoileront leurs perceptions et leurs impressions. Le poète dira les « lignes des hauteurs, arêtes empourprées à l'aurore de tout ce qui fut créé, — pollen de la divinité épanouie[14] ». Le peintre dégradera les régimes de l'appareil ailé en camaïeux ou en éclats et fragments de couleurs qui emprunteront toutes les nuances de l'arc-en-ciel. Le philosophe exprimera les essences et leurs puretés — « parce qu'elles ignorent toute l'imagination matérielle, parce qu'elles demeurent sans mélange au-dessus de toute faiblesse » ; les essences et leur nature contemplative — « parce qu'elles reçoivent en toute plénitude le savoir immatériel d'une lumière supérieure » ; les essences et leur perfection — grâce à « leur noblesse immatérielle et intellectuelle[15] ». Puis, l'auteur épique cisèlera le paradis de sa *Divine comédie* en architectures célestes où l'on rencontrera, dispersés en cercles concentriques, Trônes et Séraphins, Pouvoirs et Puissances, Anges et Principautés, qui tous disent les différentes modalités de leur participation au divin. Le musicien, enfin, utilisera les effets chromatiques propres à son art et à son époque, il fera scintiller couleurs douces et blancheurs spectrales, rutilantes de vitraux et pluies de notes comme descendues d'un monde au-delà du monde. Mais Rilke ou Fra Angelico, Pseudo-Denys ou Dante, Bach ou Messiaen ne feront que tenter l'impossible, et toujours l'animal céleste restera terré dans l'imaginaire.

La difficulté de la tâche ne rebutera pourtant pas parmi les plus brillants. Ainsi, quelques-uns s'évertueront à montrer combien ce qui caractérise l'ange, avant toute chose, c'est la totale absence de compromission avec la matière : ni chair ni muscles, ni peau ni sexe. L'ange est la forme prise par l'esprit. De sa beauté, Marsile Ficin dit qu'elle « dépasse la beauté des corps, parce qu'elle n'est ni soumise au lieu, ni divisée selon les parties de la matière, ni corruptible. Elle dépasse aussi la beauté de l'âme, parce qu'elle est absolument éternelle et se meut indépendamment de la durée[16] ». Dans toutes les descriptions qu'il tente et commet de ces créatures insensées, Marsile insiste sur leur absence de liaison avec « les souillures de la matière » ou « le poids de la matière ». Antimatière, avant toute chose, l'ange est libre des impératifs de temps et d'espace, de finitude et de composition ou de mouvement.

Puisqu'il est sans forme particulière, l'ange est polymorphe, et il ne se prive pas d'endosser toutes les allures possibles : nez, bouche ou pied, il lui arrive d'élire n'importe quelle partie du corps, mais aussi bien, il peut se faire cheval ou vache ou ce que l'on voudra parmi les représentants du règne animal, à moins qu'il n'opte pour le règne minéral. On le verra alors revêtir toutes les nuances de gemmes et de cristaux imaginables. Certains ont même surpris les anges se métamorphosant en applaudissements.

Mais pour se faire entendre et comprendre des hommes, l'ange préfère se doter d'une paire d'ailes, pour mieux dire son rapport avec la légèreté, le céleste et l'aérien dont il provient. Les pennes célestes conduisent au monde cérébral, là où toute chair a disparu : l'aile désigne la libération à l'endroit de la matière. Platon a dit dans *Phèdre* que « la force de l'aile est, par nature, de pouvoir élever et conduire ce qui est pesant vers les hauteurs où habite la race des dieux. De toutes les choses attenantes au corps, ce sont les ailes qui le plus participent à ce qui est divin[17] ». Le Pseudo-Denys l'Aéropagite, qui connaît bien son Platon et a lu les bons auteurs, ne dira rien de plus lorsqu'il écrira, pour les expliquer, que « les allégories théologiques placent des ailes aux pieds des saintes intelligences, car les ailes signifient une rapide montée spirituelle, une élévation céleste, une progression vers le haut, une ascension qui libère l'âme de toute bassesse ; la légèreté des ailes symbolise l'absence de toute attraction terrestre, l'élan total et pur, exempt de toute pesanteur, vers les cimes[18] ». Redirat-on assez combien l'aile est véhicule vers l'absolu, instrument de l'arrachement d'avec la matière, la peau, la chair. Et le sexe, bien sûr...

Étrangement, la querelle du sexe des anges n'a pas laissé de traces comme d'autres problèmes théologiques — ainsi de la transsubstantiation. La légende veut qu'on ait posé le problème dans un Concile, plus particulièrement celui qui s'est tenu en même temps que la prise de Constantinople par les Ottomans. Si l'on veut des détails sur l'appareil génital des anges, il faut tout simplement aller aux textes fondateurs de l'angélologie — où l'on retrouve Pseudo-Denys et sa *Hiérarchie céleste*.

On concédera que « des essences qui vivent au-delà du ciel[19] » n'ont que peu à faire avec des organes de miction ou de copulation : il faudrait, pour ce faire, être soumis aux désirs de soif — et l'on imagine mal un ange assoiffé — ou de concupiscence. Il faut se résoudre à l'évidence et constater « l'absence totale en eux de toute concession aux biens inférieurs (...), une tendance continue vers les sommets qui marque, bien qu'ils ne soient pas d'ici-bas, leur indéfectible aversion à l'égard de toute bassesse, la tension de toutes leurs puissances pour se maintenir de façon ferme et constante auprès de celui qui est véritablement le Très-Haut[20] ». Déception, point de phallus sous la toge des anges...

Faisons confiance à l'Église, elle a très tôt fait le nécessaire pour qu'existe un discours officiel sur ces créatures de rêve. Laisser à la gouverne de chacun le soin d'imaginer la nature des anges présentait trop de risques. Les créatures célestes ont donc été décrétées de pure spiritualité et pourvues de l'intelligence la plus acérée. Éthérés, ils sont invisibles et libres des soumissions corporelles. Si l'on imagine mal un ange goûtant d'une tétine de truie farcie au festin de Trimalcion, on sait en revanche qu'ils se nourrissent de manne, une alimentation fabriquée tout spécialement par Dieu pour satisfaire l'appétit des enfants d'Israël perdus dans le désert. Saint Justin, auquel on doit l'information[21], raconte que la manne tombe du trône de Dieu à destination des anges. Point de charcuterie pour l'ineffable...

En matière de nourriture spirituelle, les créatures célestes se distinguent des hommes avec la même originalité : quand l'animal terrestre peine sur un problème de philosophie de la connaissance, recourt à d'habiles travers ou à d'impressionnants stratagèmes philosophiques ou métaphysiques, l'ange se contente d'un contact direct et immédiat avec l'intelligible. Il connaît par participation. Certes, leur science est limitée. En tant qu'ils ne culminent pas dans la création et qu'ils subissent la loi de Dieu, ils avouent quelques faiblesses qui font la différence avec leur supérieur hiérarchique : à la différence de lui, ils ignorent les futurs libres, les pensées secrètes, les mystères positifs, et, sauf cas exprès de révélation, les mystères absolus. Toutefois, ils sont dotés de la vertu intellective dans sa plénitude : proches des hommes en ce qu'ils voient leurs potentialités limitées, les anges sont proches de la perfection en ce qu'ils surclassent les créatures terrestres.

L'intersubjectivité angélique est tout aussi parfaite : entre eux, ils communiquent par impulsion de direction volontaire de leur pensée dans le sens de leur interlocuteur. Économes des procédés discursifs, rationnels et verbeux, ils peuvent être sans subir la médiation des cinq sens qui, dans la perspective de l'idéal ascétique, limitent les hommes à n'être informés que de ce que les sensations apprennent. Retenons que, « pour saisir l'objet de leur connaissance, les anges ne sont pas soumis à la servitude des sens. Ce n'est donc pas des choses elles-mêmes que peut leur venir l'image qu'ils en ont, mais d'idées infuses communiquées par Dieu[22] ». Pauvres mortels ! A eux les idées confuses pour une science imprécise, aux anges la science infuse pour une connaissance immédiate... Comment ne pas désirer leur quasi-omnipotence !

Enfin, la créature céleste connaît les plaisirs de l'omniprésence, de la presque capacité d'ubiquité : l'ange est là où il veut être, quand il veut être. L'espace ne l'asservit pas, il asservit l'espace — il fait d'ailleurs de même avec le temps. Ainsi les anges ne souffrent-ils pas des affres de la durée, ils sont sans âge, ne vieillissent jamais, évoluent en dehors de jeunesse et sénilité, de féminité et de masculinité car — et les artistes le savent — « si l'ange peut être masculin ou féminin quand sa fonction l'exige, guerrier ou compagnon de la Vierge, par exemple, il ne doit jamais, sous peine d'inconvenance, être ni tout à fait homme, ni tout à fait femme ; c'est là une caractérisation trop précise et qui appartient trop à la terre[23] ». L'ambiguïté est le maître mot en matière angélologique : dans le temps et hors du temps, dans l'espace et hors de l'espace, dans une forme et hors des formes, homme ou femme sans jamais être sexué, l'ange est la cristallisation imaginaire des fantasmes humains d'immatérialité.

Avec saint Thomas d'Aquin, l'Église disposera de son docteur officiel : il donnera à la science des créatures ailées son bréviaire pour longtemps. Quiconque veut encore aujourd'hui se familiariser avec elles doit recourir à la *Somme théologique* qui établit la doctrine en la matière. Pour bien dire la totale indépendance des anges avec la matière et les éléments, il commence par préciser qu'ils « n'assument ni des corps de terre ou d'eau, car ils pourraient les faire disparaître d'un seul coup ; ni des corps de feu, parce qu'ils brûleraient ce qu'ils toucheraient ; ni des corps d'air, car l'air n'a ni figure, ni couleur. Les anges n'assument donc pas des corps[24] ». En cette époque médiévale, où Aristote fait toute l'autorité que l'on sait, exclure une réalité des quatre éléments matériels, c'est immanquablement la réserver pour l'éther, l'ailleurs, l'autre que l'ici-bas.

Pourquoi donc faut-il que les anges empruntent parfois des formes qui contredisent leur essence ? Tout simple-

ment par souci pédagogique, pour endosser des dépouilles
que reconnaîtront les hommes, d'une part, et, d'autre part,
montrer à leurs interlocuteurs terrestres à quoi peut bien
ressembler le monde quand il est composé de pures essences. L'ange s'incarne « pour montrer, par un commerce
familier avec les hommes, ce que sera la société intellectuelle que les hommes espèrent avoir avec eux dans la vie
future[25] ». Le sensible angélique est d'emprunt : il est
nécessaire pour entrer en contact avec qui ne connaît que
le sensible. La matérialité céleste est donc de compassion
— aux hommes de saisir l'excellence de ces idées drapées
d'ineffable.

Thomas n'est pas avare de détails sur les modalités de
cette vêture exceptionnelle. Il explique comment les anges,
en subtils physiciens qu'ils sont, agissent sur l'air et la soli-
dification, de concert avec l'Alchimiste Suprême qui n'est
pas sans interférer pour forcer le succès. Dieu et ses créatures harmonisent des simulacres qui ne trompent que les
hommes. S'ils ont forme humaine, c'est illusion pour capter l'attention des hommes. Et si des anges ont ainsi pu
donner l'impression qu'ils marchaient, mangeaient, copu-
laient ou parlaient, c'était tout bonnement afin d'user des
mêmes méthodes et recours que les hommes. En ce qui
concerne le langage, par exemple, on a pu entendre des
anges adresser des messages à tel ou tel — Marie-Made-
leine doit s'en souvenir —, c'était pure illusion fomentée à
dessein pédagogique car « les anges ne parlent pas, au sens
propre du mot ; ils produisent seulement dans l'air des
sons qui sont semblables aux voix humaines[26] ». Bien sûr...
Les voix angéliques sont impénétrables, mais compréhensibles quand il le faut. Dans cet ordre d'idées, même pour
la manne de saint Justin, — encore plus pour les cha-
meaux farcis de Pétrone —, on a pu se faire abuser et
croire que les anges mangeaient, qu'ils s'attablaient avec
les humains pour de plantureux banquets. Nenni ! Les
anges « ne mangent pas réellement, mais ce qu'ils font
représente la manducation spirituelle[27] » — simulacre de
poulets, illusions de charcuterie, mystification sur la
marchandise : l'ange avale un ragoût, mais c'est de la nourriture spirituelle. Chair angélique n'est point réelle, mais
virtuelle. La matière, chez eux, n'est que la forme prise par
l'esprit pour se mouvoir dans un monde qui n'est pas le
leur, mais dans lequel ils ont office.

Parler, manger, soit, mais copuler : que peuvent les anges en la matière, eux qui sont dépourvus des instruments avec lesquels on pratique cette intersubjectivité si singulière ? La bouche leur fait défaut, mais ils peuvent donner l'illusion d'une parole — compréhensible — et d'une manducation — effective. Le manque de phallus rend-il l'ange Gros-Jean, lui qui peut se doter à souhait du matériel illusoire nécessaire ? Pas besoin de sexe, « l'ange (...) ne connaît pas les passions de désir[28] » et, par conséquent, ne pratique d'amour qu'intellectuel.

Thomas aura laissé de côté les écrits intertestamentaires dans lesquels on peut toutefois lire pourquoi, et comment, l'angélisme n'est pas de ce monde. Il aura suffi que des créatures célestes se mêlent de séduire des femmes pour damner l'humanité qui, depuis, loin des anges, croupit dans la matière, comme en guise de punition. Comprenons les anges, il était séduisant de pratiquer comme pour la nourriture ou la parole : manger sans manger, parler sans parler. Le pas était court à franchir, ils ont opté pour copuler sans copuler. De cette époque date la décadence. Pris au piège, si doux, de la simulation charnelle, l'ange est mort quand il a pris son envol sur les ailes du désir. En préférant le plaisir à la sainteté, les créatures célestes ont précipité le monde dans le péché. Désirer le désir, voilà la faute cardinale.

La colère divine est imaginable ! Quand, informé par ses cohortes ou sa science infuse, il a appris que les anges étaient devenus fornicateurs, qu'ils avaient troqué leurs ailes chamarrées pour le phallus, ailé lui aussi, des hédonistes dionysiens, Dieu n'a pu que pester — lui qui se morfond dans une ancestralité chaste et vierge. Le jour, donc, où le phallus est poussé à l'ange, en même temps que ses ailes tombaient, Dieu a dit — Hénoch s'en souvient : « Vous étiez des saints, des esprits éternellement vivants. Et vous vous êtes souillés au contact du sang des femmes, vous avez engendré par le sang de la chair, vous avez eu des désirs à l'instar des humains et vous avez créé comme eux, eux qui créent de la chair et du sang, qui meurent et disparaissent (...). Vous, vous étiez de nature des esprits, éternellement vivants, soustraits à la mort pour toutes les générations du monde, et c'est pourquoi je n'ai pas créé parmi vous de femelles[29]. » Désirer est donc bien le péché suprême, et il arrive même que les anges y succombent...

L'ange est l'une des preuves de l'aliénation, au sens que lui donnait Feuerbach : une création hypostasiée de l'homme, bâtie de toutes pièces à partir de ses fantasmes et de ses aspirations les plus radicales. Investir une idée de formes qui n'en soient pas pour pouvoir mieux la vénérer suppose une brisure au creux de l'être, une fêlure à combler, de toute façon, une insatisfaction majeure de l'ici-bas qui fait rêver un imaginaire aux dimensions de tous les possibles. Ludwig Feuerbach traque le principe de l'aliénation dans la façon qu'a l'homme d'intuitionner « sa propre activité, seulement comme *objectivée*, séparée de lui, de même qu'il n'intuitionne le bien qu'en tant qu'objet, nécessairement de même il reçoit l'impulsion, l'élan, non pas de lui-même, mais de cet objet. Il intuitionne son essence comme extérieure à lui, et comme étant le bien. Il va de soi, c'est pure tautologie, que pour lui, l'impulsion vers le bien ne peut venir que de là où il a déplacé le bien[30] ». Le ciel est donc le lieu créé de toutes pièces par les hommes pour assurer avec une efficacité métaphysique l'auto-castration dont ils se prévalent. La force dionysienne effraie, le réel tétanise, et pour mieux conjurer les frayeurs, les hommes se sont inventé un univers mythique en négatif. L'ange apparaît ainsi comme le double en creux de l'homme. Ce que l'un est, l'autre ne l'est pas. Mieux, l'un se nourrit de l'inverse de l'autre : la matérialité de l'un génère l'immatérialité de l'autre : la corporéité de l'homme, ses limitations dans le temps et l'espace sont à l'origine de l'incorporéité de l'ange, de sa souveraine indifférence à l'égard de la durée et du lieu ; la créature terrestre est toute de chair, de peau et de sang, de matière et de désir, alors, la créature céleste sera spirituelle, chaste et asexuée. Plus le dualisme se creuse, plus l'homme en vient à se haïr, à préférer le modèle qu'il a élu — ou que des générations ont élu pour lui et qu'il subit comme un impératif auquel on semble ne pas pouvoir échapper.

Impossible modèle, l'ange sécrète en l'homme la haine de soi, enracinée dans l'impuissance qui caractérise les êtres de chair à faire l'économie de leurs corps et de leurs désirs. L'idéal ascétique est inhumain, la sainteté, un vœu pieux. Et pour cause, l'absolu est une chimère, l'ascète court après son ombre. On comprend alors pourquoi « l'Église affirme, avec saint Bernard, que l'idéal de l'homme sur la terre est de "vivre comme un ange dans un corps presque de bête[31]" ». On saisit aussi que le processus aliénant, en tant qu'il n'offre que motifs d'insatisfaction, est fort, dans ses conséquences, de schizophrénie — si l'on sait se souvenir de la coupure qui gît dans son étymologie —, de culpabilité et de dégoût de soi. Incapable de réaliser l'impossible, l'homme finit par retourner contre lui l'insuccès dont la nature de son objectif est seul coupable. Plutôt que d'abandonner derrière soi des vêtements trop grands pour lui, il en viendra à maudire sa carrure...

L'angélologie est une histoire des rendez-vous impossibles de l'homme avec lui-même. Si l'on se rappelle qu'« un ange, ce n'est pas seulement un être parfait, (que) c'est encore un être heureux qui vit dans un domaine où tout est beau, pur et joyeux, où rien ne heurte, où le bonheur est à l'abri du temps qui détruit tout, de la monotonie qui lasse, de l'incertain qui gâte les meilleures joies[32] », comment croire encore à l'humanité d'un pareil programme ? L'ange est, avec l'androgyne ou l'hermaphrodite, une figure de rhétorique qu'on a eu tort d'ériger en modèle. L'éthique chrétienne a proposé celui-ci en sachant qu'il produirait l'échec et l'insatisfaction coupable de ceux qui auront fait leur ce point fixe de la métaphysique de l'idéal ascétique. Arracher ses parties génitales n'a jamais fait pousser d'ailes dans le dos de qui que ce soit. Le paradigme a suscité au travers des âges un ensemble de méthodes toutes élaborées pour tenter d'éradiquer le désir. Il n'est pas sans intérêt de traquer, des stoïciens aux néo-bouddhistes, les techniques mises en œuvre par les philosophes pour détruire la part dionysiaque en l'homme et la contraindre à épouser les contours d'impératifs apolliniens sévères, aux limites du morbifique.

La machine à faire des anges n'est pas une invention des chrétiens. Si elle est bien une spécialité portée à son incandescence par les disciples du Christ, il n'en reste pas moins que l'antiquité pré-chrétienne offre en la matière des raffinements dont un amateur d'évangiles n'aurait pas à rougir. On laissera de côté Platon, ses aphrodites célestes et pandémiennes, son éloge de la chasteté et la soumission de réincarnations intéressantes à une conduite qui les mérite. Son mépris de la chair est manifeste, la passion qu'il met à discréditer le sensible au profit du seul intelligible — le lieu des anges catholiques — suffisent à dire combien la machine platonicienne est huilée, graissée pour produire une morale de l'idéal ascétique où renoncement, haine de soi, condamnation de la chair sont des vérités cardinales. Lorsque Nietzsche fera du christianisme un platonisme pour le peuple, il dira tout ce qu'il fallait dire sur ce sujet.

La technique grecque semble culminer chez Marc Aurèle, et chez les auteurs qui illustrent le courant du stoïcisme impérial. Rome est décadente, les plaisirs ont droit de cité et le premier des Romains, en grec, ses *Pensées pour moi-même* dans lesquelles il flétrit autant qu'il est possible les forces de vie et les passions, les désirs et l'émotion. Marc Aurèle n'a de cesse d'aller au-devant de la mort. Sûr qu'il est du néant qui attend chacun — on aurait mauvaise grâce à ne pas reconnaître l'évidence avec lui —, il précipite, en un mouvement suicidaire, le néant qu'il semble appeler de ses vœux. Tout ce qui pourrait donner du goût à la vie est condamné en vertu du principe qu'il ne faut pas s'attacher à ce qui nous sera enlevé. En mourant ici-bas, en se faisant tel le cadavre un masque de vermine, on aura moins de peine à trépasser : Marc Aurèle traite la mort en homéopathe, il mithridatise à souhait et empoisonne le quotidien au nom d'un futur qui viendra toujours assez tôt.

La méthode est simple, et la machine du philosophe-empereur est de type psychagogique : « Toutes les fois que les choses te semblent trop dignes de confiance, mets-les à nu, rends-toi compte de leur peu de valeur et dépouille-les de cette fiction qui les rend vénérables[33]. » Soulever la peau, donc. Aller jusqu'aux viscères, puis mépriser tout ce qui pourrait faire penser à du plaisir, du bonheur ou de la jouissance. Marc Aurèle dépouille le réel pour mieux lui faire endosser une allure imaginaire, un aspect dégoûtant. Il donne des exemples : pour ne pas succomber aux plaisirs de la chair, et ne jamais s'enthousiasmer d'une cuisine fine ou d'un vin exceptionnel, il faut se dire : « Ceci est le cadavre d'un poisson ; cela, le cadavre d'un oiseau ou d'un porc ; et encore, en disant du Falerne, qu'il est le jus d'un grappillon[34]. » De même, en ce qui concerne les honneurs et l'accès à la virilité que désignait la robe prétexte, il faut opérer une démystification : le vêtement, malgré ses symboles, n'est que « du poil de brebis trempé dans le sang d'un coquillage[35] ». Enfin, si les désirs de la chair sont trop impérieux, qu'ils préoccupent l'esprit avec trop d'ardeur, il faut mépriser la sexualité qui s'ensuit : l'accouplement « est le frottement d'un boyau et l'éjaculation, avec un certain spasme, d'un peu de morve[36] ». Le philosophe stoïcien n'a de cesse de rendre le réel insupportable, comme pour mieux justifier la haine qu'il lui voue. En associant la vie au dégoût, à la mort, à la putréfaction, aux déjections et au négatif, il n'est pas difficile de pratiquer l'idéal ascétique : qui souffrirait de se voir priver d'un cadavre de poisson, d'un vulgaire jus de fruit, d'un spasme morveux ?

Dans la typologie qu'il fait des moyens de lutter contre l'instinct, Nietzsche a isolé avec précision celui qui sied tant à Marc Aurèle. « Il existe, écrit-il, un procédé intellectuel qui consiste à associer l'assouvissement à quelque pensée très pénible, si fermement qu'au bout d'un certain entraînement l'idée de l'assouvissement provoque toujours elle aussi instantanément une sensation pénible[37]. » Il poursuit en donnant l'exemple du chrétien qui associe plaisir physique et ricanement du diable, envie de tuer et châtiment éternel. Logique castratrice en ce qu'elle compte sur l'inhibition. Le technicien de cette automutilation produit l'interdiction et la culpabilité qui l'accompagne. Le plaisir finit alors par être essentiellement connoté de souvenirs ou d'idées dégoûtantes, d'interdits impérieux qu'on ne saurait braver sans encourir les foudres divines. Pour qualifier cette stratégie qui fait de soi son propre bourreau en même temps que sa victime, Baudelaire, en reprenant Térence, Joseph de Maistre et Thomas de Quincey, parlera de l'Héautontimorouménos...

De l'épicurisme, il faudra dire toute la charge, pareille à celle des stoïciens, contre les désirs et les plaisirs[38] et montrer combien, avec le platonisme, les écoles philosophiques de l'Antiquité ont préparé le terrain idéologique du christianisme : le *Phédon*, les *Pensées pour moi-même* et les *Maximes* d'Épicure fournissent les canevas à partir desquels les Pères de l'Église tisseront cette longue et interminable tapisserie qui drape encore aujourd'hui la philosophie et les comportements.

Saint Augustin élabore la première somme destinée à faire du christianisme une philosophie à part entière. Dans les milliers de pages de ses opuscules sur tous sujets, Augustin comble des vides laissés par Jésus et complète le message, le durcit dans l'intérêt des institutions. Le prin-

cipe augustinien, en matière de corps et de haine de soi,
réside dans une courte citation : « En raison de sa condition mortelle, notre chair a quelques appétits qui sentent,
pour ainsi dire, la terre. C'est sur ces appétits que vous a
été concédé le droit de frein[39]. » L'odeur de la terre pour
caractériser la chair n'est pas innocente, on s'en doute. Les
chrétiens estiment certainement que ces parfums chtho-
niens sont trop éloignés des odeurs de sainteté, des suaves
effluves dévolus aux anges. Les créatures célestes, le
Pseudo-Denys aura bien pris soin de le préciser, sont
d'odeurs agréables et disposent d'un flair divin, puisqu'elles sont capables de distinguer « les suaves émanations qui
dépassent l'intelligence[40] ». Terre et chair contre ciel et
âme.

Augustin est passé maître en l'art du mépris de soi, et
les *Confessions* méritent d'être lues dans cette perspective :
le fils de Monique confie combien, avant la rencontre avec
Dieu, il croupissait dans la luxure, évoluait dans le stupre,
la fornication ou quel amour il avait pour l'amour. Désirer
le désir, voilà le summum du négatif. Il parle des souillures
de son passé, des infections charnelles de son âme, des
voies scélérates de sa jeunesse, des amours ténébreuses.
Ailleurs, il parle du limon de la convoitise, des troubles
vapeurs de la passion, du gouffre des vices ou du grince-
ment de la chaîne qui le liait à la mortalité[41]. Comme on
le voit, le pauvre homme était cerné de toute part ! Et le
Père de l'Église se répand en reconnaissance à l'égard de
Dieu qui lui a indiqué la voie de la sagesse. Après avoir cité
quelques fragments des Écritures, Augustin confie : « Ah !
Si, plus vigilant, j'avais écouté ces paroles ! Si, plus heureux, eunuque volontaire en vue du royaume des cieux,
j'avais attendu tes embrassements[42]. » La voilà bien la
méthode chrétienne, cette machine à faire des anges : l'eu-
nuchisme délibéré, l'autocastration...

Le mode d'emploi de ces fabriques d'asexués est toujours simple, voire sommaire : « Domptez donc votre chair,
tant que vous le voudrez ; échauffez-vous contre elle avec
toute la sévérité imaginable[43]. » Brimez, humiliez, contrai-
gnez, car la chair « est inférieure à l'esprit ; elle est faite
pour être maîtrisée et gouvernée par lui[44] ». Pour ce faire,
il faut « ne pas pousser la délectation de la chair jusqu'aux
plaisirs défendus et même lui interdire parfois les joies
permises (car) ce qu'on refuse aux joies de la chair est

autant de gagné pour les joies de l'esprit[45] ». La logique
est simple, parce que duelle — pour Augustin, on pourrait
même dire manichéenne. D'un côté, le céleste, le divin,
l'âme et la perfection. De l'autre, le terrestre, l'humain, la
chair et le négatif, pour cause de péché originel. Avers :
contemplation, prière, spiritualité, ascétisme. Revers :
hédonisme, matérialisme et souci des choses prochaines.

Car la chair est coupable, depuis le fruit défendu, ou la
copulation des anges, c'est comme on voudra. La faute originelle est la cause de l'asservissement de la matière corporelle au mal. Augustin met en évidence « le fait que la chair
convoite contre l'esprit, que le bien n'habite pas dans notre
chair, que la loi de nos membres s'oppose à la loi de
l'esprit[46] ». Le corps est le véhicule du négatif car il est
matériel, substance étendue avant que d'être substance
pensante, même si cette dernière est sa chance.

Le désir est coupable lorsqu'il se trompe d'objet et qu'il
élit des réalités de la cité terrestre. En revanche, il est louable quand il opte pour n'importe quelle instance de la cité
céleste. Le corps est, on ne peut mieux, le type même de
la mauvaise élection : « La chair est une partie trop inférieure et terrestre de l'homme et c'est pourquoi il est coupable de régler sa vie sur elle[47]. » D'où l'impérieuse nécessité de la continence et de la mortification de la chair par
l'esprit. La pureté doit refréner le désir : « Aussi longtemps
que l'esprit convoite à l'égard de la chair et la chair à l'en-
contre de l'esprit, il suffit que nous ne consentions pas aux
désordres que nous ressentons (car le péché réside dans)
notre corps mortel si l'on acquiesce à ses désirs[48]. » Se
faire eunuque, donc. Ne pas consentir à ses désirs, se refuser le plaisir, se faire créature céleste — saint Augustin
l'écrit d'ailleurs de façon explicite : « L'intégrité virginale
et l'abstention de tout rapport charnel, c'est la condition
des anges[49]. »

Éternel combat de Titans entre la chair et l'esprit, l'âme
et le corps ! Il n'y aura pas de repos tant que le péché originel fera son effet, tant qu'il n'y aura que cité terrestre. Le
salut sera réalisé lorsque les corps seront glorieux, célestes,
défaits de passions et de désirs, tout entiers voués au divin.
Alors « la chair n'aura plus de convoitise contre l'esprit
lorsqu'elle aussi sera dite spirituelle, car sans aucune résistance et même sans aucun besoin d'aliments corporels, elle
sera soumise à l'esprit pour être éternellement vivifiée[50] ».

La chair deviendra enfin acceptable lorsqu'elle aura perdu sa matérialité au profit du diaphane.

Belle machine augustinienne ! Elle surclasse en subtilité celle d'Origène, bien qu'elle se propose la même finalité : la lame d'agathe a été remplacée par le fil tranchant de l'éthique, mais les désirs sont toujours aussi haïs. Consentir au désir et au plaisir transforme l'homme en animal, aurait dit un stoïcien, en pécheur, affirme le chrétien. « Les convoitises mauvaises naissent en nous quand ce qui n'est pas permis plaît ; mais on ne les satisfait pas lorsque, l'esprit obéissant à la loi de Dieu, la volupté est réprimée[51]. » L'idée traversera les siècles et les espaces : elle aura un excentrique âge d'or chez les moines du désert, en Égypte, avant de s'acclimater dans les familles de l'Occident chrétien pour devenir le principe de l'Europe médiévale, puis moderne. Saint Augustin a bien travaillé, sa machine est performante, on lui doit les plus déplorables névroses et l'essence du malaise dans la civilisation.

Les doctes chrétiens, et Augustin en tête, ont illustré l'une des méthodes saisie par Nietzsche dans sa pathologie de l'idéal ascétique. Pour combattre les instincts, il existe un recours, parmi six : « On peut éviter les occasions de satisfaire cet instinct et par de longues, toujours plus longues périodes d'abstinence, l'affaiblir et le laisser se dessécher[52]. » Stratégie de l'étouffement, de l'asphyxie, de la mort par extinction. La machine suppose la strangulation, le désir est une bête à détruire, le plaisir, une vermine à anéantir.

Saint Thomas d'Aquin donnera à l'idéal ascétique sa forme presque contemporaine, en tous les cas, une modernité qui sert de socle au discours officiel. Toutes les condamnations qui émanent du Vatican, en cette fin de millénaire, sont enracinées dans la *Somme théologique*. Le docteur évangélique médiéval opte, lui aussi — et cela ne fait pas mystère —, pour le corps glorieux sans chair et dépourvu de sang : un sac idéal destiné à accueillir l'esprit dans une substance qui soit la sienne. Haro donc, là encore, sur le désir et les passions, l'émotion et le plaisir. Lances brisées contre la volupté et la concupiscence. Profération d'anathèmes contre la chair qu'on veut morte. En forme de pendant à cette guerre menée contre les corps, Thomas élabore une pathologie qui se structure autour d'un édifice monumental de fautes et de péchés.

Consentir à la matière est la pire des fautes. Seul le spiritualisme est vertu. « Les réalités invisibles sont quasi infinies au regard des réalités matérielles. Et la raison en est que la forme est en quelque sorte concentrée et réduite par la matière, de telle sorte qu'une forme dégagée de la matière est d'une certaine manière infinie. De là vient que le sens, faculté corporelle, a pour objet de connaissance le singulier, qui est limité par la matière. Au contraire, l'intellect, activité dégagée de la matière, connaît l'universel qui est lui-même abstrait de la matière et qui tient sous sa dépendance une infinité de singuliers[53]. » La clé de voûte de l'architecture thomiste est la déconsidération de la matière et du sensible de type platonicien. Les choses prochaines doivent devenir les choses lointaines, et vice versa. Thomas et les chrétiens proposent une inversion qui génère l'aliénation : préférer l'ailleurs, improbable, incertain, irréel, à l'ici-bas, réel, évident, immédiat, est une opération singulière et pathologique. Pour parvenir à ses fins, l'auteur de la *Somme théologique* vante, à son tour, les mérites de l'idéal anémique — *perinde ac cadaver* là encore.

La sensualité est l'ennemie du chrétien. Thomas montre bien comment il s'agit de contenir dans la même réprobation les plaisirs gastronomiques et sexuels, parce que relevant tous deux d'un hédonisme du toucher. La sexualité comme métaphore du tactile. L'idée remonte aux plus anciens des philosophes ascétiques mais saint Jérôme a stigmatisé cette association dans une phrase des plus claires : « Le ventre et les parties génitales sont voisines, de sorte que leur voisinage fait comprendre combien leurs vices sont associés[54]. » Ventre et bas-ventre font partie de ce que la chair a de plus corruptible. Avec l'odorat, le goût et le toucher font les frais des attaques les plus groupées de la part des thuriféraires de l'idéal anémique. La bouche, la peau et le phallus : le corps est tout entier là dans sa dimension méprisable. Restent, parmi les cinq sens, la vue et l'ouïe, investis de dignité, parce qu'ils assurent d'une distance avec la matière, et surtout, parce qu'ils laissent à la raison un pouvoir plus grand et assurent d'une cérébralité minimale.

En revanche, les plaisirs de la peau et du toucher aliènent la raison, ils sont frères de folie, ou de déraison. Dionysos à l'œuvre. D'où l'impérieuse nécessité qui consiste à tenir sous la bride de la continence les velléités d'errance manifestées par la chair. « Le bon usage des organes génitaux est du ressort de la chasteté », pour la bonne et simple raison que leur mouvement « n'est pas soumis à l'empire de la raison, comme c'est le cas pour le mouvement des autres membres extérieurs[55] ».

Pour donner à la raison un pouvoir effectif, Thomas discrédite moins le geste que les intentions qui le précèdent — Kant saura s'en souvenir. Ainsi de l'acte sexuel qui n'est, en soi, ni mauvais, ni bon. S'il est pratiqué dans l'intention d'une jouissance et d'un plaisir pris au plaisir, il est éminemment coupable. Si, en revanche, il vise la procréation, ou s'il s'accompagne d'une volonté farouche de ne pas laisser s'installer l'émotion, alors il est bon, et l'on peut même qualifier cette relation de chaste.

Thomas peut ainsi longuement disserter sur les conditions dans lesquelles l'émission de sperme, comme il dit, est légitime. Puisque l'on sait que « l'intégrité demeure dans le membre corporel lorsque, par une détermination de la volonté, on s'abstient du plaisir sexuel[56] », on décidera de l'inconséquence des pollutions nocturnes ou, toujours selon la terminologie thomiste, des mouvements involontaires. Dans l'hypothèse d'une relation subie, viol ou sexualité conjugale non consentie, il ne saurait y avoir de faute. Mais dans tous les cas, on préférera « l'exemption totale de volupté charnelle (car) ce qu'il y a de formel et d'accompli dans la virginité, c'est le propos de s'abstenir perpétuellement du plaisir sexuel[57] ». La maîtrise de soi suppose le refus de consentir au plaisir qui implique le maintien de la raison dans la totalité de ses prérogatives. Jouir, c'est congédier la raison, ce qu'aucun philosophe n'accepte sans avoir l'impression de jouer le jeu de Satan. Le corps est sans raison et la raison ne le connaît point.

L'autorité des philosophes antiques faisant loi, celle d'Aristote par-dessus tout, Thomas reprend le lieu commun selon lequel le plaisir entraîne sur de dangereuses pentes où Dionysos légifère. Il faut conserver à la raison la faculté qu'elle a de rendre raisonnable. Rester maître de soi, jusques et y compris dans l'autoflagellation ou la mortification. Le masochisme plutôt que la jouissance qui s'affirme telle. Le chemin emprunté par le penseur est toujours pervers et détourné : le plaisir n'est possible que dans la douleur d'une castration qu'on s'inflige.

L'acte sexuel est porteur d'une charge inquiétante, il

n'est pas sans entretenir de rapport avec le sacré des païens ou la folie, entendue comme privation de raison ou de conscience de soi : « En tout acte charnel il y a un excès de jouissance qui absorbe la raison en ce sens qu'il est impossible de réfléchir à quelque chose à ce moment[58] » — il se peut d'ailleurs que dans cette fuite du monde, cette échappée hors du réel réside tout l'intérêt... Pour contenir cette potentialité aliénante, il faut réserver l'acte aux fins de procréation. Alors il est légitime car « il a lieu avec la mesure et l'ordre requis, selon ce qui est approprié à la finalité de la génération humaine ». Et plus loin : « Ce n'est pas la quantité de plaisir qu'éprouve le sens extérieur et qui résulte de la disposition du corps qui importe à la vertu, mais la disposition où se trouve l'appétit intérieur par rapport à ce plaisir[59]. » Tout est donc dans la tête : le corps est coupable quand il subit l'abandon et consent à la vague d'oubli qui l'emporte. La déraison, l'ivresse, l'égarement, voilà les ennemis.

La relation sexuelle en elle-même n'est pas coupable. Aussi Thomas peut-il affirmer qu'il existe des rapports corporels qui échappent à toute condamnation : ceux qui sont accomplis pour fonder un foyer, certes, mais aussi tous ceux qui ont été imposés par la violence. Une femme violée est toujours chaste et vierge dans l'esprit de Thomas puisqu'elle aura subi une sexualité à laquelle elle n'aura pas consenti, donc à laquelle elle n'aura pris aucun plaisir. La machine castratrice prend de plus en plus de subtilité, elle fonctionne en visant l'intention et le type d'émotion ressentie. En demi-teinte, on saisit comment Marie peut rester vierge en enfantant, il lui suffit de subir une maternité qu'elle se verra imposer sans aucunement y prendre plaisir. Insatisfaite, elle demeure vierge, et accouche...

Dans l'économie d'une sexualité chaste, on supprimera, bien sûr, tous les gestes qui supposent l'intention du plaisir, donc tous ceux qui ne sont pas utiles pour une relation destinée à la maternité, car « lorsque les baisers, les étreintes et actions semblables sont faites en vue du plaisir sexuel, ce sont péchés mortels. C'est dans ce cas seulement qu'ils sont dits libidineux[60] ». La *Somme théologique* condamne toutes les sexualités de traverse, de l'onanisme à la sodomisation en passant par la zoophilie. On s'en serait douté. Le saint, docte, écrit qu'il y a péché contre la nature « lorsqu'on n'observe pas le mode naturel de l'accouplement, soit en n'utilisant pas l'organe voulu, soit en employant des pratiques monstrueuses et bestiales pour s'accoupler ». Il faut se rendre à l'évidence : « Les jouissances qui conviennent à l'homme sont celles qu'approuve la raison[61]. »

Quand il est sensuel, le plaisir est coupable. Ce qui n'est pas le cas quand il est intellectuel, c'est-à-dire quand il provient d'une relation avec Dieu, car « les plaisirs les plus parfaits ont pour objet les réalités immuables[62] ». Ils ont l'avantage de conserver à la raison tous ses pouvoirs, voire de les exacerber. Les facultés intellectuelles et spirituelles sont toujours conservées quand l'homme pratique un amour pur des réalités célestes. Le défaut de conscience de soi ramène par trop à l'animalité et à ce que les philosophes de l'idéal ascétique flétrissent sous cette rubrique expéditive. En refusant la part dionysienne en l'homme, ces penseurs font la promotion d'un corps mutilé, idéalisé. Le postulat qui leur permet cette haine de la chair est qu'il est inacceptable de ne plus s'appartenir, ou de consentir à l'extase matérielle. Les chrétiens conspuent les ivresses et les forces qui faisaient l'objet des fêtes païennes de l'Antiquité — bacchanales, dionysies, priapées, processions ithyphalliques. Et ce discrédit s'enseigne au nom d'un rationalisme militant et exacerbé : préférence absolue pour la raison, déification de l'ordre et du sens, crainte et peur des débordements et des ébriétés : « L'exercice de la raison est empêché par une sorte de ligature ; c'est-à-dire que le plaisir entraîne une certaine modification corporelle, plus grande même que dans les autres passions, et d'autant plus que la véhémence de l'appétit est plus accusée à l'égard d'une chose présente que d'une chose absente. Or ces perturbations du corps empêchent l'exercice de la raison, comme on le voit pour les hommes ivres, dont la raison est liée ou entravée[63]. » Tout chrétien est effrayé des désordres physiologiques, des forces corporelles et des tensions pathologiques. L'émotion le crucifie. Il semble bien que dans cette haine, et dans la densité qu'elle concentre, les familiers de l'idéal ascétique ne font qu'avouer leur peur, leur crainte devant le déchaînement de la vigueur et de la puissance. Thomas hait la dimension véhiculaire de la sexualité : il préfère doter les anges d'un appareil ailé quand les anciens Grecs en pourvoyaient les phallus.

Des fêtes hellénistiques ont en effet permis à ces phallus,

ou à des figures d'Éros, de mener des processions ailées : les pennes et rémiges disaient la célérité du désir, son extrême mobilité, sa fulgurance vers les sphères célestes. A cette époque, Dionysos fait partie du panthéon *avec* Apollon, et non *contre* lui. Avec les zélateurs chrétiens, anges et phallus sont devenus ennemis : le choix de l'un signifiait le mépris de l'autre. Avec saint Augustin, l'ange a terrassé le phallus, et l'histoire de ces épaules contraintes au sol produit encore aujourd'hui ses effets.

Le contact avec les puissances irrationnelles a toujours contrarié l'ordre dans lequel les philosophes ont voulu contenir et maintenir le monde. Michel Foucault a montré comment on a tenté de circonscrire le fou au travers des âges dans le dessein de mieux dire une volonté de raison qui fut tyrannique. La folie est part maudite et objet privilégié des invectives rationalistes. Certes, elle est parfois totalement dévolue à tel ou tel qui, entre Hölderlin ou Artaud, participe de loin aux étranges rhétoriques qui donnent parfois une proximité saisissante avec la lucidité. Mais souvent, elle est diluée, çà et là, en chacun et agit, de temps en temps, comme véhicule vers d'autres contrées que le réel dans sa crudité.

Quelques expériences permettent l'accès à ces voies singulières qui mènent *ailleurs*. De Baudelaire à Jünger, on a tout dit des drogues. De Khayyam à Verlaine, on a tout raconté de l'ivresse. De Platon à Breton, il faudrait tout dire de l'amour, et de sa formidable capacité aux transports qui tant inquiète les philosophes. Le plaisir sexuel est bien souvent associé à ces expériences de retrouvailles avec la part dionysienne en soi. D'où la tentative, durable, de lire le phénomène amoureux comme un produit de la pathologie, et la métaphore médicale qui s'ensuit : le goût pour le plaisir est une maladie dont il faut se soigner.

Dans le commentaire qu'il fait du dialogue de Platon sur l'amour, Marsile Ficin use de cette comparaison de la passion avec une affection. Il assimile l'amour à « une espèce de folie. Tant que dire l'amour, écrit-il des amants, ils sont d'abord affligés par le feu de la bile, puis par la brûlure de l'atrabile, ils se perdent en furie et en feu et, pour ainsi dire aveugles, ils ignorent où ils se précipitent (...). C'est un fait que par cette fureur l'homme se trouve rabaissé au rang de la bête[64] ». La figure de rhétorique est appelée, chez Marsile, à de nombreux développements : le désir est une maladie, une contamination, il suppose la contagion, la démangeaison et se trouve compris dans les affections telles « la gale, la lèpre, la pleurésie, la phtisie, la dysenterie, l'ophtalmie et la peste[65] ». En familier qu'il est des théories hippocratiques qui règnent alors en matière de médecine, Marsile Ficin établit un diagnostic et tente une explication en décrivant les modalités de l'inflammation des humeurs : « La démangeaison de la peau tant qu'il y a dans les veines un dépôt de sang corrompu ou tant que sévit dans les membres l'acidité de la pituite, dès que le sang est purgé et la pituite adoucie, la démangeaison cesse et les horribles taches de la peau s'effacent[66]. » Il faut rappeler que l'auteur se proposait d'examiner, dans ce chapitre, « des manières de se dégager de l'amour », selon son expression. Nul doute qu'en songeant aux dermites, Marsile ait disserté sur la question du désir.

Quels remèdes y a-t-il donc à cette maladie d'un genre particulier ? Des frictions ! Recourir au gant de crin, frotter fort et user la peau, déchirer la chair. Puis, si la technique ne porte pas ses fruits, « il faut modérer les habitudes et surtout prendre soin d'éviter que nos yeux se rencontrent avec ceux de la personne aimée. S'il y a dans l'âme ou dans le corps de l'aimé quelque chose de vicieux, il faut soigneusement en détourner son âme. L'âme doit s'occuper d'affaires nombreuses, diverses et sérieuses. Il faut souvent réduire la quantité de sang. Il faut boire du vin clair, quelquefois même s'enivrer, afin que le vieux sang évacué, il y ait place pour un sang nouveau et pour de nouveaux esprits. Il est important de se livrer à des exercices corporels jusqu'à en transpirer, car par la sueur les pores de la peau s'ouvrent et le nettoyage s'opère. En outre, tout ce que les pohysiciens donnent pour soutenir le cœur et nourrir le cerveau est utile au plus haut point[67] ». Les stratagèmes sont multiples, comme on peut le voir, et vont de l'évitement au divertissement, en passant par la saignée, le choix de son alcool ou tout simplement l'ivresse, sans oublier les gymnastiques qui permettent sudation, donc purification, évacuation des humeurs. Enfin, Marsile Ficin n'oublie pas les drogues d'apothicaires destinées à maintenir d'attaque le muscle cardiaque, ou l'encéphale en état. Toute cette savante diététique ne s'appuie plus sur la casuistique théologique spécieuse, mais sur une logique païenne, médicale ou assimilée, en tout cas physiologique. Le trouble amoureux est dû à un délire des molécules, une valse folle des particules : il s'agit de mettre de l'ordre dans le corps, de donner à l'organisme une forme apollinienne.

La pathologie marsilienne suppose un jeu sur les flux : enlever du sang, le chasser et le changer grâce à l'usage d'un alcool clair ou d'une ivresse méthodique. Expurger les humeurs par la sudation, et faire s'écouler les particules fautives, pour se débarrasser du poison qui pervertit la chair et asservit la raison. La médecine du philosophe invite également à une prophylaxie : modération, évitement, divertissement. Le désir est donc bien une maladie dont il faut se défaire. L'ultime recours, en cas d'échec persistant, est donné par le biais d'une citation de vers extraits du *De natura rerum* de Lucrèce : si frictions, pharmacopées et diététique n'ont produit aucun effet, reste la satisfaction pure et simple du désir. Mais les techniques proposées devraient suffire à éradiquer le désir, à moins d'avoir affaire à un sujet atteint de priapisme ou définitivement voué à la cause de ses humeurs ! La mécanique est faite pour être performante : toutes les thérapies sont envisagées pour tuer le désir, l'anéantir. Le corps n'a plus aucune raison de triompher, tous les moyens de réaliser son autocastration lui sont proposés.

La Renaissance se révèle chez Marsile dans le souci qu'elle manifeste pour un retour aux choses de la nature. On évite la métaphysique qui n'est pas concernée par la médecine. Et il y a là comme un embryon du mode hygiéniste qui triomphera après la période moderne, dès l'apparition des machines à castrer contemporaines des Lumières. Comme presque toujours en l'occurrence, Jean-Jacques Rousseau fournit des prototypes. L'*Émile* propose un plan draconien pour éteindre le désir. Anti-Sade par excellence, le pédagogue autoritaire aux fantasmes d'omniscience et d'omnipotence soumet son disciple infortuné à la rude école spartiate d'autant plus sûre de sa virilité qu'elle l'a tout entière concentrée dans la lutte contre soi.

Le siècle de Rousseau passe pour être libérateur et fondateur de potentialités magnifiques quant aux vies : de nouvelles perspectives sont dessinées qui font penser à des esquisses pour un monde nouveau et meilleur. Il faut pourtant se rendre à l'évidence, cette époque est tout autant riche en vieilles lunes. Seules changent les formes, les impératifs demeurent. L'idéal ascétique trouve avec la plupart des philosophes de cette époque d'ardents thuriféraires. Hors du matérialisme hédoniste d'un La Mettrie ou d'un Sade, les propos éclairés consistent souvent en purs et simples démarquages d'idées anciennes puisées chez les stoïciens impériaux.

Dans le concert de louanges qui accompagne souvent le siècle des Lumières, Michel Foucault a apporté quelques précisions. Il écrit, par exemple, qu'« il y a eu, au cours de l'âge classique, toute une découverte du corps comme objet et cible de pouvoir. On trouverait facilement des signes de cette grande attention portée alors au corps — au corps qu'on manipule, qu'on façonne, qu'on dresse, qui obéit, qui répond, qui devient habile, ou dont les forces se multiplient ». Et ailleurs, donnant la définition de ce qu'est la soumission, Foucault écrit : « Est docile un corps qui peut être soumis, qui peut être utilisé, qui peut être transformé et perfectionné[68]. »

La machine rousseauiste à faire des anges rentre dans cette sensibilité mise au jour par Michel Foucault. Elle entend arracher le désir du corps de l'homme pour en faire un simple être de raison, dominé par la volonté et la conscience de soi. La totalité du traité de pédagogie qu'est l'*Émile* va en ce sens : comment faire du sujet qu'est l'éduqué une chose aux dimensions de la volonté d'un éducateur acariâtre et autoritaire ? Rousseau, qui ne perd aucune occasion de dire combien il faut faire confiance en la nature, sur le mode lyrique ou pathétique, construit son œuvre en forme d'éloge du culturalisme. Plutôt que de faire confiance en les passions, comme Sade, il les maudit, comme causes du mal : elles ne sont pas naturelles, à ses yeux, et il faut tout le poids de la culture et de la civilisation pour éradiquer l'essence de ce qui est naturel en l'homme.

L'éveil des sens, chez un jeune homme, est à l'origine de tous les bouleversements dont l'aboutissement est l'affaiblissement. Les individus sont d'abord concernés, puis l'espèce en entier, coupable de subir la loi naturelle qu'est le désir. Fidèle à son goût pour les champs, Rousseau pense que la campagne préserve plus longuement des perversions occasionnées par la sexualité. La ville est un creuset pour le pire, et l'on voit même les effets du milieu urbain sur les corps : « Les jeunes gens, épuisés de bonne heure, restent petits, faibles, mal faits, vieillissent au lieu de grandir[69]. » Une heureuse ignorance prolonge l'existence. Et le philosophe associe virginité et santé, robustesse et naïveté. Retarder l'apprentissage des plaisirs sexuels, c'est préserver le corps, car « si le corps gagne ou perd de la la consistance à mesure qu'on retarde ou qu'on accélère ce progrès, il suit encore que plus on s'applique à le retarder, plus un jeune homme acquiert de vigueur et de force[70] ». L'évitement est donc le premier palier auquel convie Rousseau. Quand on aura fait le nécessaire pour éviter de susciter la curiosité des pubères, il faudra se préparer au moment où l'économie des questions ne pourra plus se faire.

A la charnière de l'innocence et du souci pour les choses sexuelles, on rencontre le problème de la masturbation. L'onanisme met Rousseau en état de choc ! Tout est pensé pour que pareil divertissement ne soit pas possible : « Il serait très dangereux que (l'instinct) apprît à votre élève à donner le change à ses sens et à suppléer aux occasions de les satisfaire ; s'il connaît une fois ce dangereux supplément, il est perdu. Dès lors, il aura toujours le corps et le cœur énervés ; il portera jusqu'au tombeau les tristes effets de cette habitude, la plus funeste à laquelle un jeune homme puisse être assujetti[71]. » On aura remarqué la véhémence et la disproportion du jugement de Rousseau.

Au siècle suivant, les hygiénistes suivront Rousseau lorsqu'ils établiront une pathologie du Grand Masturbateur dans des textes qui mélangeront morale et médecine, préceptes religieux et considérations perverses. Le familier du plaisir solitaire se reconnaît. Comme deux gouttes d'eau, il fait penser à cet errant libertin des villes décrit par le philosophe : corps voûté, membres flageolants, apathie, mélancolie, tendances suicidaires, intelligence voilée, démarche tremblante, mine cadavérique aux yeux hagards, rouges, humides et cernés, paupières enflées, traits décrépits, face jaunâtre. D'aucuns ont même diagnostiqué des diarrhées colliquatives, des douleurs dans l'abdomen, des constipations, des urines blanches, épaisses et fétides, l'épaississement des vaisseaux, des palpitations, des essoufflements, des étouffements. La peau devient très sèche et brûlante, la toux apparaît et la voix s'assourdit[72]. Avec pareil tableau, qui oserait encore sacrifier à Onan les plaisirs de substitution qu'il offre ?

Le siècle suivant fera triompher la machine et ne reculera pas devant quelques-unes destinées, par exemple, à séparer les lits d'enfants en deux parties à l'aide d'une planche qui divise littéralement le corps en deux morceaux : la tête, le buste et le bassin, le ventre. D'une part, le lieu de l'âme, d'autre part, le symbole du désir : le sexe. Cette invention, due dans les années 1850 au docteur Deveaux, supposait une machine de bois faite de cloisons et d'un fourreau. Rousseau aurait apprécié qu'un instrument puisse lui permettre de faire l'économie d'une veille assidue de la part de l'éducateur. Car sa méthode de prévention des masturbations ne manquait pas de saveur...

« Ne le laissez jamais seul ni jour, ni nuit, dit-il de son Émile ; couchez tout au moins dans sa chambre. Défiez-vous de l'instinct sitôt que vous ne vous y bornez plus ; il est bon tant qu'il agit seul, il est suspect dès qu'il se mêle aux institutions des hommes ; il ne faut pas le détruire, il faut le régler, et cela peut être plus difficile que de l'anéantir[73]. » La scène est facile à imaginer, le pédagogue vaut comme emblème de la castration : il en est l'auxiliaire et le maître d'œuvre.

La technique rousseauiste est purement et simplement réactualisation de celle des stoïciens de l'époque impériale : il s'agit d'associer le désir au dégoût, la sexualité à la honte, l'Émile permet de lire combien cette haine des sens et du corps est vivace chez le philosophe des Lumières. Ainsi de ce précepte : « Suivez l'esprit de la nature qui, plaçant dans les mêmes lieux les organes des plaisirs secrets et ceux des besoins dégoûtants nous inspire les mêmes soins à différents âges, tantôt par une idée et tantôt par une autre ; à l'homme par la modestie, à l'enfant par la propreté[74]. » Pour être plus explicite et précis dans sa méthode, Rousseau ne recule pas devant les détails et les techniques sommaires : « En joignant aux mots grossiers les idées déplaisantes qui leur conviennent, écrit-il, on étouffe le premier feu de l'imagination ; on ne lui défend pas de prononcer ces mots et d'avoir ces idées, mais on lui donne sans qu'il y songe de la répugnance à les rappeler, et combien d'embarras cette liberté naïve ne sauve-t-elle point à ceux qui la tirant de leur propre cœur disent toujours ce qu'il faut dire et le disent toujours comme ils l'ont senti[75]. » Rousseau opte donc pour l'insinuation, le conditionnement avec assez de détermination pour transformer l'enfant dont il a la charge en sujet docile, soumis, passif, obéissant et serf. Voilà l'idéal du pédagogue des Lumières : un adolescent castré, un jeune homme éviré, un adulte impuissant.

Assez pour la théorie, Rousseau donne ensuite un exemple, en forme de travaux pratiques : comment, dans les faits, et concrètement, réaliser cette association du sexuel et du négatif ? Un enfant vient-il à demander comment il a été conçu, ou comment, de manière générale, on fabrique un être humain, il faudra immédiatement mettre en relation la procréation et la douleur, l'enfantement et la mort. Soucieux de réalisme, Rousseau imagine la question venant d'un enfant qui aurait eu le malheur d'avoir à souffrir de calculs rénaux : il faudrait lui dire qu'un accouchement est avant tout une souffrance immense. La mère répondrait donc : « Les femmes les pissent avec des douleurs qui leur coûtent quelquefois la vie[76]. » Et le maître de morale, apparemment fier de lui, conclut : « Par où l'inquiétude des désirs aura-t-elle occasion de naître dans des entretiens ainsi dirigés ? » Psychologue en diable le philosophe... Faire un névrosé, un sujet inhibé et complexé, mal dans sa peau, habité par une formidable culpabilité, impuissant de trop d'impératifs castrateurs, tout cela pour gérer un ensemble de désirs qui, tous, émanent d'une nature à laquelle Rousseau prétend tellement accorder confiance, voilà qui ne manque pas de saveur...

La méthode de Rousseau suppose une prescience de ce qu'avec la psychanalyse on appellera la sublimation. Le philosophe sait qu'on ne supprime pas totalement les désirs. Au mieux, on les canalise, on les comprime — ce qui suppose, dans tous les cas de figure, un investissement détourné des pulsions. Rousseau élit le sentiment pour autrui comme objet privilégié de cette opération de détournement : l'amitié, ou la pitié, deviennent alors des auxiliaires de la sublimation. La priorité étant de créer une diversion, un divertissement. L'intersubjectivité proposée par le philosophe doit permettre un oubli du désir. « J'en reviens à ma méthode, précise-t-il, et je dis : quand l'âge critique approche, offrez aux jeunes gens des spectacles qui les retiennent, et non des spectacles qui les excitent[77]. » La psychagogie rousseauiste est stoïcienne à plus d'un titre. Les règles données par Marc Aurèle auraient tout aussi pu faire l'affaire.

Poursuivant sa terrible association du sexe et du dégoûtant, Rousseau donne des exemples et ne tarit pas de détails. Continuant l'éradication du désir chez son patient, le philosophe écrit : « A mesure que ses désirs s'allument, choisissez des tableaux propres à les réprimer. Un vieux militaire qui s'est distingué par ses mœurs, autant que par son courage, m'a raconté que, dans sa première jeunesse, son père, homme de sens, mais très dévot, voyant son tempérament naissant le livrer aux femmes n'épargna rien pour le contenir ; mais enfin, malgré tous ses soins, le sentant prêt à lui échapper, il s'avisa de le mener dans un hôpital de vérolés, et sans le prévenir de rien, le fit entrer dans une salle où une troupe de ces malheureux expiraient, par un traitement effroyable, le désordre qui les y avait exposés. A ce hideux aspect, qui révoltait à la fois tous les sens, le jeune homme faillit se trouver mal. "Va, misérable débauché — lui dit alors le père d'un ton véhément —, suis le vil penchant qui t'entraîne ; bientôt tu seras trop heureux d'être admis dans cette salle où, victime des plus infâmes douleurs, tu forceras ton père à remercier Dieu de ta mort[78]." » Gageons que la méthode porta ses fruits... Et retenons combien le penseur donne aux expériences de vieux militaires toute la dignité philosophique qu'elles méritent. Comment la pédagogie du Genevois a-t-elle pu passer si longtemps pour moderne, alors qu'elle s'évertue à travestir sous de nouvelles couleurs les vieux habits de l'idéal ascétique ? Il aura fallu toute la détermination des philosophes pour donner à leur volonté laïque un soupçon de modernité quand il n'y avait, dans leurs entreprises, que formulations spécieuses des théories ancestrales, portées au pinacle par l'Église.

Par ailleurs, Rousseau ne s'attarde pas sur la contradiction qu'il y a à se dire « le ministre de la nature », tout en la contraignant comme il le fait. Le désir, qui n'est rien d'autre que l'expression de la nature, plutôt que d'être encouragé, promu, est détruit et méprisé. Au contraire d'un Charles Fourier qui construit sa civilisation sur une harmonie avec les passions, Rousseau élabore une scène philosophique débarrassée des émotions et du corps. Rien n'effraie plus Jean-Jacques que la nature, ses forces et les trajets dionysiens qu'elle utilise. Rousseau opte pour le culturalisme le plus échevelé et la civilisation dans ce qu'elle a de moins louable : l'arsenal répressif et castrateur. Quand il écrit d'Émile : « Nous l'avons soustrait à l'empire des sens[79] », il jubile. L'exaltation est à son comble. Sûr de son fait, il constate son œuvre : un élève désexualisé, un pantin décervelé, *perinde ac cadaver*. Le dessein pédagogique est castrateur, quoi qu'on fasse : on prétend dominer la bête en l'homme, et plutôt que la domestiquer, on l'abat. Civiliser paraît un argument suffisant pour anéantir, et là où il n'y aurait que forme à donner aux désirs, les philosophes de l'éradication pratiquent la politique du désastre et de la terre brûlée. Faut-il, alors, s'étonner de voir Rousseau faire appel au secours d'un militaire pour mener à bien son entreprise philosophique ?

Outre le lazaret pour syphilitiques, Rousseau met en œuvre de nouvelles techniques. Après avoir invité à éviter — les villes, les femmes et les questions —, à associer sexe, dégoût et grossièreté, il propose de détourner les désirs, d'entamer une sublimation habile et de recycler l'émotion. D'où l'étonnant éloge de la chasse et du travail, transformés en recours efficaces dotés des meilleures vertus : il s'agit de promouvoir la fatigue de la chair, déjà envisagée par Marsile Ficin. Rousseau écrit donc : « C'est en exerçant son corps à des travaux pénibles que j'arrête l'activité de l'imagination qui l'entraîne ; quand les bras travaillent beaucoup, l'imagination se repose ; quand le corps est bien las, le cœur ne s'échauffe point[80]. » Nietzsche a montré en un superbe aphorisme d'*Aurore* combien le travail est un auxiliaire précieux dans le registre apollinien, combien il contribue à l'étouffement des pulsions sexuelles, combien il se nourrit du désir qu'il phagocyte et néantise. Travailler, donc, pour ne plus sentir son corps, pour transformer sa chair en viande meurtrie incapable de désir, éteinte, porteuse des remugles de la mort. Travailler pour détourner ses forces et son énergie, pour les conduire sur des fins socialement acceptables, culturellement tolérées, voire encouragées quand elles rentrent dans l'économie d'un système castrateur. L'éviration par le travail, ou le travail de l'éviration...

Et quand le labeur ne suffirait pas, ou voudrait-on rendre l'arme plus efficace, il faut pratiquer la chasse. En quêtant le gibier à détruire, les animaux à transformer en charpies sanguinolentes, Émile « perdra, du moins pour un temps, les dangereux penchants qui naissent de la mollesse. La chasse endurcit le cœur aussi bien que le corps ; elle accoutume au sang, à la cruauté. On a fait Diane enne-

mie de l'amour, et l'allégorie est très juste. Les langueurs
de l'amour ne naissent que dans un doux repos ; un violent
exercice étouffe les sentiments tendres[81] ». Le militaire que
Rousseau aime tant prendre comme modèle du philosophe, n'aurait évidemment rien trouvé à redire. Il aurait
su, lui, combien le sang est une passion, et comment on
ne peut sacrifier avec efficacité à l'un sans profondément
mépriser l'autre. Les familiers de Diane, souvent che-
vauchée par Thanatos, sont de vulgaires et épais clients
pour Éros — tout juste bons à marier, Kant leur donnera
d'ailleurs la formule pour une castration bourgeoise de
type familial. Et l'œuvre de Jean-Jacques Rousseau s'achèvera dans les senteurs paradisiaques du mariage, quand
toutes les stratégies d'évitement, de sublimation et d'écœu-
rement n'auront pas suffi et qu'après chasse et travail,
malgré eux, on ne pourra plus faire l'économie de la question sexuelle, il s'agira de marier Émile à Sophie, d'attendre que les effets de la passion se soient amenuisés pour
envisager de fonder une famille. Enfin arrivé au port, après
tant d'escales chez les syphilitiques, les militaires, les tra-
vailleurs et les chasseurs, Émile se fera père, engageant ses
génitoires dans les rouages de la machine à faire des
anges...

Rapportée à la classification nietzschéenne, la technique
rousseauiste relève d'une savante sublimation dont le mot
d'ordre est le suivant : « On entreprend de disloquer son
potentiel de force en s'imposant quelque travail particulièrement dur et astreignant, ou en se soumettant délibéré-
ment à de nouvelles séductions et à de nouveaux plaisirs,
et en déviant ainsi vers d'autres voies les pensées et le jeu
des forces physiques. C'est aussi le but visé quand on favo-
rise temporairement un autre instinct, lui procure de fréquentes occasions de se satisfaire et le pousse ainsi à dissiper la force dont disposerait sans cela le premier instinct
devenu gênant par sa violence[82]. » L'aphorisme d'*Aurore*
semble avoir été écrit tout exprès pour Rousseau et les propos qu'il tient dans l'*Émile*...

On fêtera le dixième anniversaire de la mort de Jean-
Jacques en 1788, quand naîtra à Dantzig Arthur Schopenhauer, grand contempteur du corps, lui aussi, grand
spécialiste de la haine de soi. On lui doit la médiation occidentale de la métaphysique bouddhiste avec la mise en
forme philosophique de l'idéal ascétique oriental : ce qu'on

ne pouvait plus, ou ne voulait plus, accepter de la part du christianisme, on l'accepta venant de Bouddha. Pourtant, le bouddhisme n'est que la forme exotique de l'enseignement de Jésus et l'on peut bien opposer de savantes spéculations qui voudraient renvoyer le christianisme du côté de la transcendance dualiste quand le bouddhisme serait exclusivement préoccupé d'immanence moniste, le mépris de la chair est commun aux deux boutiquiers vendeurs d'arrière-mondes : le sourire de l'un vaut l'auréole de l'autre.

La métaphysique de Schopenhauer suppose une identification de l'essence du réel à un principe honni, investi de toutes les responsabilités en matière de négatif : le vouloir-vivre, ou volonté. A l'œuvre dans tous les degrés de la réalité, du minéral au végétal, de l'animal à l'humain, essence même de la musique ou de l'instinct, de l'être ou de la durée, le vouloir-vivre est la substance d'un monde à éteindre. Une fois identifiée la volonté au négatif, il s'agit de travailler à la négation de ce qui est pour affirmer les prérogatives du néant et réaliser rien moins que la fin du monde. Schopenhauer a toujours aimé l'apocalypse à moindres frais.

Le corps qui, comme le reste, est volonté, concentre dans les organes génitaux le principe essentiel dans sa quintessence. En revanche, le cerveau représente l'intelligence, seule capable de mettre en œuvre l'extinction du monde. « Quand on me demande, écrit Schopenhauer : où peut-on obtenir *la connaissance la plus intime* de cette essence du monde, de cette chose en soi que j'ai appelée le vouloir-vivre ? Ou bien : où prend-on la plus claire conscience de cette essence ? Ou bien : où elle-même obtient-elle la révélation la plus pure de son identité ? Quand on me demande cela, force m'est de rappeler *la volonté dans l'acte de la copulation*. C'est cela ! C'est la vraie essence et le noyau de toutes choses, le but de toute existence[83]. » Le vouloir, c'est la loi de l'espèce et la rhétorique de la propagation qui l'accompagne. Dans le génital réside le concentré du réel à mépriser. D'ailleurs, Schopenhauer constate que « châtrer un individu, c'est comme le retrancher de l'arbre de l'espèce, sur lequel il bourgeonne, et de le laisser se dessécher une fois séparé : c'est condamner son esprit à la décrépitude et ses forces physiques au dépérissement[84] ». Et si cet exemple ne suffit pas, le philosophe en trouve un autre : il voit la même leçon dans l'état d'épuisement dans lequel se trouvent les amants après l'acte de copulation. Le dévot de Bouddha trouve en Celse un frère d'armes puiqu'il s'appuie sur l'une de ses citations, apparemment sans appel, qui enseigne : « L'émission du sperme est la perte d'une partie de l'âme[85]. » Avis aux inconscients qui pourraient bien de la sorte se trouver un jour privés d'âme pour avoir trop lâché la bonde aux liqueurs séminales... L'acte sexuel est suicidaire, il épuise les potentialités énergétiques, raccourcit à coup sûr l'existence, et avance le moment de la mort.

Si Schopenhauer a raison, on est en droit de se demander pourquoi, comme les gnostiques licencieux, il ne recourt pas à cette formidable apocalypse qu'est la sexualité pour en finir plus vite avec le monde. Puisque l'usage d'Éros donne à Thanatos les pleins pouvoirs, pourquoi ne pas réaliser la fin du monde souhaitée par la philosophie bouddhiste dans une vaste orgie perpétuelle qui mènerait plus sûrement à la fin que les techniques d'ascétisme qu'il propose, ardues, inopérantes et tristes ? En épuisant le réel par des bacchanales, Schopenhauer aurait opté pour la mort, donc conservé la même métaphysique, mais il aurait invité à un nihilisme jubilatoire. Le phallus au service du néant, quel programme...

On était autant en droit d'attendre pareille logique que Schopenhauer associe sans vergogne l'ascétisme à la force et la débauche à la décomposition. Lui, le familier du pire, aurait été bien inspiré d'appeler à faire son usage métaphysique du pénis. Las, il faut déchanter, le bouddhiste a opté pour les voies tristes, sinon sinistres. Il écrit, dans son œuvre majeur *Le Monde comme volonté et comme représentation* : « Chez l'homme, l'extinction de la force génératrice annonce que l'individu marche désormais vers la mort ; l'usage immodéré de cette force abrège la vie à tout âge : la continence, au contraire, accroît toutes les forces, et surtout la force musculaire, ce qui faisait partie intégrante de la préparation des athlètes grecs ; cette continence prolonge même la vie de l'insecte jusqu'au printemps suivant[86]. » On comprend pourquoi Nietzsche, avec le nez qui le caractérisait, a associé Schopenhauer aux odeurs de cadavres et aux pratiques de fossoyeurs : l'idéal bouddhiste est l'ascète chrétien, le sage qui économise sa vie à force de rétention, de continence. Mais pourquoi préférer cette dernière, puisqu'elle est une garantie pour préserver cette vie que, par ailleurs, le philosophe au Bouddha ne cesse de déprécier ?

Schopenhauer fournit en effet un nombre incalculable d'imprécations contre la vie avec lesquelles il serait loisible de constituer un florilège : « La souffrance est le fond de toute vie[87] », la vie est une affaire dont le revenu est loin de couvrir les frais[88] », ou encore « Entre les fatigues et les tourments de la vie et le produit ou le gain qu'on en retire, il n'y a aucune proportion[89] ». Et tant d'autres de la même tonalité ou de la même couleur... Pourquoi n'avoir pas enseigné le suicide par copulation ? Vraisemblablement par manque d'humour... Le chaos par le rut.

Bien que familier, en tant qu'homme, des choses de l'alcôve, le bouddha de Francfort ne manque aucune occasion de dénigrer la sexualité, et c'est en tant que philosophe, cette fois-ci, qu'il écrit de l'accouplement qu'il s'effectue dans la tragédie, le sinistre. Comment on y sent l'œuvre de l'espèce qui se joue des singularités et s'en sert comme des médiations pour son exigence ou comment la vie est désespérante car elle se déploie sur fond de désir, donc de volonté.

Le mal radical, pour Schopenhauer, c'est le désir, l'*impetus* qui donne forme au réel : « L'instinct sexuel est cause de la guerre et but de la paix ; il est le fondement de toute action sérieuse, l'objet de toute plaisanterie, la source inépuisable de tout signe muet, de toute proposition non formulée, de tout regard furtif, la pensée et l'aspiration quotidienne du jeune homme et souvent aussi du vieillard, l'idée fixe qui occupe toutes les heures de l'impudique et la vision qui s'impose sans cesse à l'esprit de l'homme chaste ; il est toujours une matière à raillerie toute prête, justement parce qu'il est au fond la chose du monde la plus sérieuse[90]. » Freud, et Nietzsche avant lui, développeront à satiété cette riche idée : le penseur du *Gai savoir* inversera la proposition schopenhauérienne et fera du désir, de cette voix de Dionysos, une force à susciter, une énergie à développer, une puissance à écouter. Le pessimiste de Francfort n'avait de cesse de flétrir cette dynamique, d'appeler à la mutiler, à la détruire en vertu du principe, devenu loi des santés défaillantes, que « la plus grande faute de l'homme, c'est d'être né[91] ».

Dans cet état d'esprit, la vie est une erreur, un pensum

dont il faut, au plus vite, se défaire — même si Schopenhauer fit confiance à la nature pour ne connaître cet état bienheureux que passé soixante-dix ans. La méthode est simple, c'est celle des chrétiens, il suffit d'insister sur la « vertu sanctifiante » de la douleur, sur le caractère trompeur des jouissances qui « ne tiennent pas ce qu'elles promettent[92] », quand les souffrances, elles, sont bien réelles et durables. D'où la fin poursuivie par cette haine de soi : éteindre le désir par la négation du vouloir-vivre, pratiquer la pitié, la commisération, la contemplation esthétique en des paliers propédeutiques, puis, enfin, connaître l'extase, la béatitude avec l'accès au nirvâna.

L'ascétisme bouddhiste est le même que celui des pères du désert, il se propose la fabrication d'un corps identique : décharné ; énervé dans son sens étymologique, déserté par le désir. Schopenhauer écrit d'ailleurs : « Ma morale s'accorde toujours avec la morale chrétienne[93] » et l'on ne s'étonnera pas de lire sous sa plume une défense ardente « du vrai christianisme » qui invite aux macérations, au mépris de soi, à la divinisation du célibat, à la chasteté et à la virginité. Puisque l'existence « est un égarement d'où la rédemption consiste à revenir[94] », il faut mettre en œuvre une austère méthode pour nier la volonté, car « on ne peut assigner d'autre but à notre existence que celui de nous apprendre qu'il vaudrait mieux pour nous ne pas exister[95] ». On s'étonne que le philosophe ait pu oublier l'homme en lui qui avait si bien compris la dimension métaphysique des maisons closes pour y être allé chercher parfois cette négation du vouloir-vivre qui faisait si bien son bonheur. Dans la typologie nietzschéenne, Schopenhauer illustrerait le cas de « celui qui supporte et trouve raisonnable d'affaiblir et d'opprimer l'*ensemble* de son organisation physique et morale (et qui) parvient évidemment du même coup à affaiblir un instinct particulier trop violent : comme le fait par exemple celui qui affame sa sensualité mais fait dépérir et ruine simultanément sa vigueur et souvent même son jugement, à la manière de l'ascète[96] ».

De Marc Aurèle à Schopenhauer, la liste des amateurs de castration ou des inventeurs de machines à fabriquer des anges comporte les seuls noms de guerriers qui entendent purement et simplement éradiquer le désir : stoïciens,

chrétiens, néo-platoniciens de la Renaissance, néo-stoï-
ciens du siècle des Lumières ou néo-bouddhistes de la
Révolution industrielle, les machines de l'idéal ascétique
sont toutes agressives et taillent dans la chair. Il aura fallu
tout le talent d'Emmanuel Kant pour offrir une machine
alternative, moins ouvertement traumatisante même si les
fins qu'elle se propose demeurent identiques. Kant offre un
mécanisme plus perfectionné, apparemment plus subtil,
tout aussi efficace et appelé à fonctionner longtemps : le
carburant de sa mécanique est tout simplement la canali-
sation du désir, sa mise en cage. Avec la machine bourgeoise kantienne, le mariage devient la camisole la plus
sûre de Dionysos. Tant et si bien qu'aujourd'hui encore,
elle colle comme une tunique de Nessus à la chair
païenne...

Kant illustre, dans le tableau nietzschéen du combat
contre les instincts, le moment le plus entaché d'Apollinien
qui consiste à se donner pour loi de satisfaire le désir
« mais selon les règles d'un ordre rigoureux : en introdui-
sant ainsi en lui une règle et en comprimant son flux et
reflux dans des limites temporelles stables, on gagne des
périodes intermédiaires où il cesse d'importuner[97] ». On ne
tue plus le désir avec violence, brutalité ou sauvagerie,
mais on pratique l'étouffement, l'asphyxie en coulant
l'énergie dynamique en une forme contraignante, en l'occurrence le mariage.

Les thèses formulées par Kant ne sont pas neuves. Déjà
saint Augustin les défendait en une rhétorique similaire
dans ses opuscules sur la morale. Le célibataire de
Königsberg se contentera de reformuler les vieilles lunes
en effectuant un passage par la *Doctrine du droit*. Quand
le Père de l'Église s'appuyait sur l'ordre céleste pour fonder
le registre terrestre, le Père du Criticisme recourt à la
raison juridique, mais c'est pour défendre les mêmes positions, dans les limites de la simple raison...

Que dit saint Augustin ? « Le mariage a l'avantage de
réduire l'incontinence juvénile de la chair, même si elle est
vicieuse, à l'honorable fonction d'engendrer des enfants.
Ainsi, le lien conjugal transforme en bien le mal de la
concupiscence. Il comprime dans ses élans la volupté, met
une sorte de pudeur dans leur fougue et les tempère par le
désir de paternité[98]. » Lorsqu'il vise la procréation, l'acte

conjugal n'est pas un péché, alors qu'« accompli pour satisfaire la concupiscence entre époux bien entendu et comme
gage de la fidélité nuptiale, (il) est un péché véniel[99] ».
Mortel, en revanche, quand il est adultère, ou fornication,
c'est-à-dire lorsqu'il se propose le pur et simple plaisir
sexuel. Résumons-nous : « Aujourd'hui le lien nuptial
remédie au vice de l'incontinence. Il permet à ceux qui ne
peuvent maîtriser leurs sens de les satisfaire, non par la
débauche, mais par les chastes relations du mariage qui
ont en vue la procréation des enfants[100]. » Le mariage
assure donc la régulation des pulsions sexuelles, il permet
à Dionysos de s'exprimer au minimum, dans les limites du
foyer conjugal, de façon à ne pas errer là où on peut le
rencontrer habituellement, du lit de la courtisane aux
luxures de la maison dite de tolérance. Autant contenir un
fleuve en crue par des barrages de chiffons...

Kant ajoutera peu sur le fond. Son originalité consistera
à donner une forme juridique à ce programme réjouissant.
Dans les *Observations sur le sentiment du beau et du
sublime*, Kant compare la nature impérieuse du désir à « la
sauvagerie d'un penchant impétueux[101] ». Sa connaissance
de l'état de fait semble précise et il écrit : « Que l'on tourne
autour du mystère autant qu'on voudra, l'attirance sexuelle
est en définitive au fondement de tous les autres
attraits[102]. » Ailleurs, dissertant sur les effets produits par
les femmes sur les hommes, il ajoute : « Tout cet enchante-
ment se déploie sur le fond de la pulsion sexuelle. La
nature poursuit son grand dessein ; et toutes les finesses
qui s'y associent, qu'elles semblent s'en écarter aussi loin
qu'elles le veulent, ne sont que des enjolivements et
empruntent, en définitive, leur charme à la même
source[103]. » Rendons hommage à tant de lucidité, la chair
de Kant ne fut certainement pas sans frissons. Le travail
du philosophe, néanmoins, consistera à contenir cette pulsion sexuelle, dans les limites de la simple raison. Comp-
tons sur lui...

Dans la typologie kantienne, la tendance sexuelle est
située parmi celles de la conservation de soi comme animal, comme être purement et simplement physique. Elle
siège à côté des tendances par lesquelles la nature
recherche la conservation de soi, de l'espèce, ou « de la
faculté de jouir, mais seulement eu égard aux jouissances
animales[104] ». Le sexe n'existant que dans la logique de la

conservation de soi, c'est du moins le postulat kantien, le philosophe pose la question suivante : sans viser la fin de l'espèce, la personne est-elle « en droit de faire usage de cette faculté en vue uniquement du plaisir physique[105] » ? Réponse, on s'en doute, dans l'esprit de saint Augustin : oui l'on peut, mais seulement dans le mariage, sinon il y a volupté et impudence, contradiction de la vertu de chasteté, donc manquement à la règle éthique. Kant écrit : « La volupté est contraire à la nature, lorsque l'homme n'y est pas poussé par l'objet réel, mais par la représentation imaginaire de celui-ci, qu'il se crée lui-même contrairement à la finalité[106]. » Exit le fantasme. Et plus loin : « Qu'un semblable usage contraire à la nature (donc un abus) de la faculté sexuelle constitue une transgression de la moralité violant au plus haut point le devoir *envers soi-même*, c'est ce que reconnaît chacun dès qu'il y songe et cela suscite envers cette pensée une telle répugnance, que l'on tient même pour immoral d'appeler un tel vice par son nom[107]. » L'usage de soi pour des fins aussi opposées à la nature rabaisse l'homme au-dessous de la bête, continue le philosophe : il relève d'une violation grave du devoir envers soi-même, ceci pour la simple raison qu'en agissant de la sorte — c'est-à-dire en visant la jouissance sexuelle, et non la procréation —, l'homme « abandonne (avec dédain) sa personnalité, puiqu'il fait usage de soi seulement comme d'un moyen pour satisfaire ses tendances animales[108] ». Dans l'esprit du penseur, en agissant ainsi, les hommes attentent même à la dignité de la totalité de l'humanité en leur personne : il ne peut en ressortir que dégoût et mépris de soi. La volupté implique la souillure de soi. Kant ne plaisante pas, s'il ne s'était donné pour mission de débarrasser le christianisme de toutes ses vieilles mythologies, tout en en conservant l'esprit, le philosophe aurait certainement invoqué quelque chose comme le péché mortel et les enfers...

Comment Kant voit-il la sexualité ? Il le précise avec dignité et ton professoral dans une lettre à Gottfried Schuetz : « Jouir, au *sens propre* d'un être humain (c'est-à-dire le consommer), comme le font les anthropophages, serait en faire un objet ; seulement les époux ne deviennent pourtant pas par l'acte sexuel des *res fungibiles* (...) Dans la jouissance d'une telle chose (une chose *procurant immédiatement du plaisir*), on se représente conjointement cette chose comme *objet de consommation (res fungibiles)*, et c'est ainsi qu'est constitué en fait l'usage réciproque des organes sexuels des deux parties en présence. La contagion, l'épuisement et la fécondation (qui peut avoir pour conséquence un accouchement mortel) peuvent anéantir l'une ou l'autre des parties, et il n'y a qu'une différence de pure forme entre l'appétit d'un anthropophage et celui d'un libertin, au point de vue de l'usage qu'il fait du sexe[109]. » Dans ses remarques explicatives à la seconde édition de la *Doctrine du droit*, Kant reviendra sur le problème de la sexualité entendue comme consommation animale. Il précisera : « Que la consommation se fasse avec la bouche et les dents, ou que la femme soit consommée par la fécondation et l'accouchement mortel pour elle qui peut en résulter, ou que l'homme se laisse épuiser par les trop nombreuses exigences de la femme vis-à-vis de son pouvoir sexuel, il n'y a de différence que dans la manière de jouir[110]. » La jouissance sexuelle est pécheresse lorsqu'elle s'accompagne de démesure, mais sur celle-ci Kant n'est pas prolixe : Qu'est-ce qui la fonde ? Quand commence-t-elle ? Où sont les limites de la mesure ? On saura tout simplement comment le philosophe entend la démesure dans ses définitions négatives, comme par l'extérieur : ce qui est mesure relève de l'usage domestique, privé et conjugal. En dehors de cette norme, il y a excès, donc péché. Kant part du principe que dans un rapport conjugal et marital, la relation sexuelle est essentiellement réciproque, quand elle serait univoque dans le cas d'une sexualité extra-conjugale. On ne voit pas ce qui distingue le propos de Kant d'une pure et simple assertion postulée : le mariage, en tant que contrat légal, ne saurait fonder autrui comme sujet, par-delà l'objet, dans la relation intersubjective nouvellement fondée. La tentation est même grande de se faire kantien contre Kant et d'inviter, dans pareil cas de figure, à juger sur l'intention qui préside à la forme donnée à la relation.

Quoi qu'il en soit, le mariage est aux yeux du philosophe la condition *sine qua non* d'une sexualité qui transcende la nature objectivante de la sexualité : par le contrat qu'il suppose d'un engagement sur la vie, il sanctifie la sexualité qui devient alors possible, au-delà de l'animalité, dans la sphère éthique de l'humain. Contractant sur la durée, les époux sont fondés à user d'eux-mêmes dans une relation sexuelle : le rapport sera éthique. Quelle place faut-il alors accorder au consentement dans la fondation de la relation éthique kantienne si l'engagement contracté le jour du mariage doit valoir, quelles que soient les conditions futures, dans tous les cas de figure, sans exception ? En laissant de côté la passion, le désir, l'émotion, la volonté pour leur préférer la validité froide d'un contrat un jour paraphé, Kant asservit la chair au texte, la peau à l'article de loi. Son inhumanité est aussi grande que sa dévotion à l'idéal juridique théorique pur...

Dans la lettre au même Schuetz, on peut lire qu'il est évident que « lorsque l'acte est admis comme conjugal, c'est-à-dire légal, quoiqu'il repose seulement sur le droit de nature, l'autorisation est déjà dans le concept. Mais telle est justement la question : est-ce qu'un acte conjugal est possible, et en vertu de quoi ? Il ne faut donc parler ici que de l'acte charnel (coït) et de la condition de son autorisation. Car le *mutuum adjutorium* n'est que la conséquence juridiquement nécessaire du mariage, dont il s'agit avant tout d'examiner la possibilité et la condition[111] ». Un passage célèbre de la *Doctrine du droit* définit le mariage comme « l'union de deux personnes du sexe différent pour une possession perpétuelle et réciproque de leurs attributs sexuels[112] », il est donc le commerce naturel des sexes lorsqu'il se conforme à la loi. On voit toute la poésie dont Kant est capable.

Dans l'analyse qu'il fait de cette question, J.L. Bruch remarque que « l'idée d'amour ne figure pas dans la définition kantienne du mariage réduit à un contrat[113] ». On s'en serait aperçu à moins. Insistant sur le caractère destructeur et sauvage de la sexualité, Kant investit le mariage d'une mission d'humanisation, quasi civilisatrice : la loi, ici encore, contient la nature, la limite, la brime, lui donne forme après l'avoir brisée, anéantie. Le droit comme anesthésie des forces. « Le mariage peut seul humaniser la sexualité, poursuit Bruch, et doit à la fois se définir entièrement à partir d'elle, et en constituer le seul usage légitime. La sexualité est alors une jouissance solitaire et l'autre devient un simple moyen de jouir[114]. »

La sexualité entendue comme moyen de satisfaire le désir ne saurait relever que du désir errant, de l'amour vulgaire ou de la fornication. Kant préfère le latin pour dire ces choses-là, c'est plus poétique : *vaga libido, venus vulgi-*

vaga et *fornicatio*, de l'utilité des humanités. Et toutes ces
modalités de la jouissance hors-la-loi sont éminemment
condamnées, répréhensibles d'un point de vue éthique.
L'homme qui ne soumet pas son plaisir à la loi est un animal qui faillit au respect élémentaire de soi, et de l'humanité en lui — donc de l'humanité tout court, car Kant n'y
va pas par quatre chemins : « Si l'homme et la femme veulent jouir l'un de l'autre réciproquement en fonction de
leurs facultés sexuelles, ils *doivent* nécessairement se
marier et ceci est nécessaire d'après les lois juridiques de
la raison pure[115]. » Dans le contrat, chacun considérant
l'autre comme une chose, il s'instaure un équilibre qui
fonde la dignité et établit la personnalité. Ainsi « il s'ensuit
que l'offre et l'acceptation d'un sexe pour la jouissance
d'un autre ne sont pas seulement admissibles sous la
conditions du mariage, mais qu'elles ne sont possibles que
sous cette *unique* condition[116] ». Ce qui suppose, conséquemment, la cohabitation conjugale qui marque l'accomplissement du mariage et fonde seule sa validité. Ainsi
s'éteignent les pérégrinations du désir selon Kant : dans
la douce chaumière, au sein du foyer conjugal, dans le lit
nuptial. Programme céleste, s'il en est un. Le désir n'a
même plus le loisir de mourir dans le sang, après arrachement et combat acharné, il meurt domestiqué, comme un
animal qui paie sa tranquillité d'une obésité d'autant plus
fastueuse que sa castration est ancienne. Triomphe de la
bourgeoisie et d'Apollon sur les forces dionysiennes,
ultime succès des machines à produire des anges — les
époux, la mort du désir et la naissance des anges.

Finissons avec un ultime ricanement de Nietzsche qui,
après avoir récapitulé les différentes méthodes d'extinction
du désir, conclut, souverain, sur ce sujet : « Mais *vouloir*
combattre la violence d'un instinct, cela n'est pas en notre
pouvoir, pas plus que la méthode que nous adoptons par
hasard, pas plus que le succès que nous remportons ou
non avec elle. Visiblement, dans tout ce processus, notre
intellect est bien plutôt l'instrument aveugle d'un *autre instinct*, *rival* de celui dont la violence nous tourmente : que
ce soit le besoin de repos ou la peur de la honte et d'autres
conséquences fâcheuses, ou l'amour. Tandis que "nous"
croyons nous plaindre de la violence d'un instinct, c'est au
fond un instinct *qui se plaint d'un autre* ; ce qui veut dire
que la perception de la souffrance causée par une telle *vio-*

lence présuppose qu'il existe un autre instinct tout aussi violent ou plus violent encore et qu'il va s'engager un *combat* dans lequel notre intellect doit prendre part[117]. » Du rire de Nietzsche, ou comment dire que Dionysos est Phénix et Protée à la fois....

NOTES

1. Matthieu, 19. 12.
2. Origène, *Commentaire sur Matthieu*, XV. 3.
3. Bricout (J.), *Dictionnaire pratique des connaissances religieuses*, 1925, tome I, pp. 1123-1125.
4. Nietzsche, *La Volonté de puissance*, trad. H. Albert, Mercure de France, tome I, § 217.
5. *Idem.*
6. *Ibid.*, § 218.
7. *Idem.*
8. *Ibid.*, § 112.
9. *Ibid.*, § 113.
10. *Ibid.*, § 259.
11. Nietzsche, *Aurore*, trad. J. Hervier, Idées Gallimard, § 109.
12. Rilke (R.M.), *Élégies à Duino*, II, Seuil, p. 19.
13. *Ibid.*, I. p. 17.
14. *Ibid.*, II.
15. Pseudo-Denys l'Aréopagite, *La Hiérarchie céleste*, trad. M. de Gandillac, Aubier, 62 (208.A).
16. Marsile Ficin, *Commentaires sur le Banquet de Platon*, VIIe Discours, Ch. XVIII, Les Belles-Lettres, p. 238.
17. Platon, *Phèdre*, 246. D.
18. *Ibid.*, 332. C.D. p. 239.
19. *Ibid.*, 200. C. p. 205.
20. *Ibid.*, 205. D. p. 207.
21. Saint-Justin, *Psaumes*, CIV. 40.
22. Bricout (J.), *Dictionnaire...*, op. cit., p. 232, tome I.
23. Villette (J.), *L'Ange dans l'art occidental du XIIe siècle au XVIe siècle. France, Italie, Flandre, Allemagne*, Henri Laurens éd. 1940, p. 53.
24. Thomas d'Aquin, *Somme théologique*, éd. du Cerf, tome I, Q. 50.
25. *Idem*, p. 520.
26. *Idem*, Q. 51. A. 3. S. 4.
27. *Idem*, Q. 51. A. 3. S. 5.
28. Respectivement Q. 59. A. 4. S. 3 et Q. 60. A. 1.
29. *I. Henoch*, XV. 3-7, in *Écrits intertestamentaires*, Pléiade, Gallimard.
30. Feuerbach (L.), *L'Essence du christianisme*, trad. J.-P. Osier, François Maspero éd., p. 148.
31. Faure (P.), *Les Anges*, Cerf, p. 114.
32. Villette (J.), *L'Ange dans l'art...*, op. cit., p. 7.
33. Marc Aurèle, *Pensées pour moi-même*, VI. 13.
34. *Idem.*
35. *Idem.*

36. *Idem*.
37. Nietzsche, *Aurore*, § 109.
38. *Cf.* infra, pp. 240-242.
39. Saint Augustin, *L'Utilité du jeûne*, Œuvres complètes, tome II, IV. 5. Desclée de Brouwer, p. 597.
40. *Testament d'Abraham*, XVI. 8 in *Écrits intertestamentaires*, *op. cit.* Voir aussi Pseudo-Denys, *op. cit.* 322. A. p. 238.
41. Saint Augustin, *Confessions*, trad. L. de Mondanon, s. j. Pierre Horay, livre II.
42. *Ibid.*, p. 49.
43. Saint Augustin, Œuvres complètes, tome II, IV. 4. p. 595.
44. *Ibid.*, VI. 7. p. 601, tome II.
45. *Ibid.*, VI. 6. p. 599, tome II.
46. *Ibid.*, VIII. 21. p. 69, tome III, *L'Ascétisme chrétien*.
47. *Ibid.*, IV. 11. p. 45, tome II.
48. *Ibid.*, II. 5. p. 33 et III. 8, tome II.
49. Saint Augustin, *De la virginité*, 13. P. L. 40.401.
50. Saint Augustin, Œuvres complètes, VIII. 19. p. 65, tome III.
51. *Ibid.*, VIII. 20. p. 67, tome III.
52. Nietzsche, *Aurore*, § 109.
53. Saint Thomas d'Aquin, *Somme théologique*, I. II. Q. 2. R.
54. Saint Jérôme, *Lettres*, 55. P. L. 22. 561.
55. Saint Thomas d'Aquin, *Somme théologique*, Q. 151. A. 4.
56. *Ibid.*, Q. 154.
57. *Idem*.
58. *Ibid.*, Q. 153.
59. *Idem*.
60. *Ibid.*, Q. 154.
61. *Ibid.*, II. II. Q. 141. A. 1. S. 1. S. 1. et A. 4. S. 1.
62. *Ibid.*, Q. 32. A. 2. S. 1.
63. *Idem*.
64. Marsile Ficin, *op. cit.*, VIIe discours, ch. XII.
65. *Ibid.*, VIIe discours, ch. V. p. 249.
66. *Ibid.*, ch. XI.
67. *Idem*.
68. Foucault (M.), *Surveiller et punir*, Gallimard, p. 138.
69. Rousseau (J.-J.), *Émile*, in Œuvres complètes, Pléiade, Gallimard, tome IV, p. 496.
70. *Idem*.
71. *Ibid.*, p. 663.
72. Lire sur ce sujet Aron (J.-P.) et Kempf (R.), *Le Pénis ou la démoralisation de l'Occident*, Grasset.
73. Rousseau, *Émile*, *op. cit.*, p. 663.
74. *Ibid.*, p. 498.
75. *Idem*.
76. *Idem*.
77. *Ibid.*, p. 517.
78. Rousseau, Œuvres complètes, Pléiade, Gallimard, tome I, p. 1154.
79. Rousseau, *Émile*, *op. cit.*, p. 636.
80. *Ibid.*, p. 644.
81. *Idem*.
82. Nietzsche, *Aurore*, § 109.
83. Schopenhauer, *Berliner Manuskripte (1818-1830)*, p. 240.

84. Schopenhauer, *Le Monde comme volonté et comme représentation*, trad. A. Burdeau, P.U.F., p. 1261.

85. *Idem*.

86. *Idem*.

87. *Ibid.*, p. 393.

88. *Ibid.*, p. 1080.

89. *Ibid.*, p. 108.

90. *Ibid.*, p. 1264.

91. *Ibid.*, p. 1370.

92. *Ibid.*, p. 1408.

93. *Ibid.*, p. 1420.

94. *Ibid.*, p. 1370.

95. *Ibid.*, p. 1373.

96. Nietzsche, *Aurore*, § 109.

97. *Idem*.

98. Saint Augustin, *Le Bien du mariage*, in Œuvres complètes, tome II, Problèmes moraux, III. 3. p. 29.

99. *Ibid.*, VI. 6. Tome II.

100. Saint Augustin, *Les Mariages adultères*, tome II, p. 207.

101. Kant (E.), *Observations sur le sentiment du beau et du sublime*, Garnier Flammarion, p. 140.

102. *Ibid.*, p. 132.

103. *Idem*.

104. Kant (E.), *Doctrine de la vertu*, Vrin, trad. A. Philonenko, Vrin, p. 92.

105. *Ibid.*, § 7. 1re partie, livre I, section I, p. 98.

106. *Ibid.*, p. 99.

107. *Idem*.

108. *Idem*.

109. Œuvres complètes, éd. Ac. VI., pp. 359-360.

110. Kant (E.), *Doctrine du droit...*

111. *Ibid.*, pp. 212-217.

112. *Ibid.*, p. 113. Barni, p. 113. Ed. Ac. Tome VI, p. 277.

113. Kant (E.), *Lettres sur la morale et la religion*, introduction, traduction et commentaires de Jean-Louis Bruch, Aubier-Montaigne, note 5, p. 218.

114. *Idem*.

115. Kant (E.), *Doctrine du droit*, op. cit., § 24, Vrin, pp; 156-157.

116. *Ibid.*, § 25 p. 157.

117. Nietzsche, *Aurore*, § 109.

La possibilité d'une philosophie du corps est récente, même si l'hédonisme n'a jamais cessé de parcourir, en énergies souterraines, l'histoire des idées. La seule mise en accusation du christianisme permet l'émergence d'une nouvelle positivité qui fasse l'éloge du corps enthousiaste. Sur les décombres et gravats laissés par le travail du négatif des philosophies du soupçon, on peut aujourd'hui vouloir un corps nouveau, radicalement païen et athée, à des lieues de ce que proposeraient de comiques dionysies souhaitées par des nostalgiques de la Grèce. Être post-chrétien ne se fera pas par un retour aux anciens, mais par un dépassement de ce qui a perduré de l'hellénisme dans le christianisme, notamment ce que Nietzsche a stigmatisé sous la rubrique de l'idéal ascétique. Dans la *Généalogie de la morale*, il écrit : « C'est tenue en *lisières* par cet idéal (ascétique) que la philosophie a appris à faire ses premiers pas, ses tout petits pas sur terre. (...) Cette attitude particulière au philosophe, qui le fait s'éloigner du monde, cette manière d'être qui renie le monde, se montre hostile à la vie, méprise les sens, austère, et qui s'est maintenue jusqu'à nos jours de façon à passer pour l'*attitude philosophique par excellence* cette attitude est avant tout une conséquence des conditions nécessiteuses dans lesquelles, en général, la philosophie est née et a subsisté[1]. » Tous les continents et toutes les époques sont concernés. Et il ne faut rien attendre du siècle des Lumières, obscurantiste comme les autres sur la question du corps, malgré quelques exceptions dont La Mettrie et Sade.

La brèche est ouverte dans l'histoire des idées par Ludwig Feuerbach qu'une confiscation, plus tard, par les marxistes, reléguera dans des arrière-cours dont il mérite pourtant grandement de sortir. Il est l'un des premiers à penser en relation la fin du christianisme et le début, possible, d'une anthropologie immanente. D'abord, il s'agit de saisir la nature architectonique de l'aliénation dans la logique religieuse : ce que l'homme prête à la divinité, c'est ce dont il se défait. Les hommes n'habillent les dieux qu'avec les étoffes qui leur reviennent. Il suffira de mettre en évidence les rouages de cette rhétorique du dépouillement pour inviter les hommes à se retrouver, notamment à retrouver leurs corps.

Pour fêter comme il se doit la réconciliation de l'homme avec lui-même, il faut avant tout en finir avec les arrière-mondes, les cieux et les lieux de résidence supposés des idées, des essences, des divinités. Ces espaces sont mythiques, rêvés et supposés. Ils n'ont aucune existence, sinon fantasmatique. Sans tergiversations inutiles sur la nature du réel ou du vrai, Feuerbach écrit : « Est vrai ce qui se manifeste aux sens[2]. » Ou bien : « La manifestation sensible est la réalité même[3]. » La mort de Dieu est moins importante que la destruction de ce qui l'a si longtemps rendue possible. Feuerbach ne cesse de pratiquer la politique de la terre brûlée et redouble de vigueur conceptuelle contre le christianisme, puis contre la religion, en tant qu'elle suppose une fracture au sein de l'homme, une partition entre le corps et l'âme, la chair et l'esprit.

L'hédonisme feuerbachien suppose la réduction du bonheur au seul réel possible et non à d'hypothétiques mondes situés par-delà la mort : l'immanence contre la transcendance, les sens contre l'essence, l'ici-bas contre l'au-delà. On peut voir ici comme le premier principe d'une philosophie hédoniste : rematérialiser la vie. Dans cette hypothèse, Feuerbach écrit : « Si l'essence de l'homme est la sensibilité et non pas un abstrait fantomatique — l'"esprit" —, toutes les philosophies, toutes les religions, toutes les institutions qui contredisent ce principe ne sont pas seulement erronées, elles sont aussi fondamentalement corruptrices. Si vous voulez améliorer les hommes, rendez-les heureux ; mais si vous voulez les rendre heureux, allez aux sources de tous les bonheurs, de toutes les joies — aux sens. La négation des sens est à la source de toutes les folies, les méchancetés et les maladies qui peuplent la vie humaine. L'affirmation des sens est la source de la santé physique, morale et théorique. Le renoncement, la résignation, l'"abnégation", l'abstraction rendent l'homme maussade, renfrogné, sale, lubrique, lâche, avare, envieux, sournois, méchant ; le plaisir des sens, à l'inverse, rend serein, courageux, noble, ouvert, expansif, compatissant, libre, bon. Tous les hommes sont bons dans la joie, méchants dans la tristesse ; et la tristesse vient justement de ce que nous faisons abstraction des sens, que celle-ci soit volontaire ou involontaire[4]. » Certes, à maints endroits les pages de Feuerbach fleurent le XVIIIe siècle et son lot d'optimisme béat et de résolution des problèmes par le collectif. La confiance faite à l'humanité ressort des lieux communs véhiculés par le siècle des Lumières et relier la problématique du bonheur à celle du collectif manifeste une nette empreinte dix-huitiémiste. Toutefois, le texte de Feuerbach vaut pour ce qu'il annonce et les intuitions qu'il met au jour. Ainsi du sensualisme, du monisme matérialiste, du souci biologique et physiologique, de l'hédonisme et des thèses qu'on retrouvera chez Freud dans la rubrique *aliénation, sublimation* ou *complexes*.

Les analyses développées dans *Contre le dualisme du corps et de l'âme, de la chair et de l'esprit* annoncent celles de la psychanalyse en matière de relation causale entre négation des sens et traumatisme, contention des désirs et névroses. Lutter contre son corps est facteur de malaise, l'idée est devenue banale. Au-delà des volontés de désert, Feuerbach exprime les principes d'une volonté de jouissance qui associerait plaisir et noblesse, affirmation et santé, liberté et excellence. Le mot d'ordre feuerbachien pourrait se présenter comme la phrase emblématique de l'hédonisme : « Jouir de la divinité de la sensibilité au lieu de jouir de la sensibilité de la divinité[5]. » Un corps hédoniste donne aux cinq sens les prérogatives qu'habituellement on reconnaît aux seuls sens susceptibles d'asservissement intellectuel immédiat — la vue et l'ouïe. La chair est investie de dignité philosophique, par elle se font les opérations de l'esprit, en elle s'inscrivent les parcours de l'intelligence. La matière n'est pas honnie, méprisée, mais vue comme le lieu où s'effectuent les étranges métamorphoses de la conscience. La physiologie recèle les réponses, quand bien même les questions resteraient opaques ou ignorées. Le philosophe abandonne le registre métaphysique au profit des investigations physiques. Feuerbach écrit en 1864 ce que tout le monde accepte aujourd'hui comme une donnée élémentaire, un point de départ, à savoir que « l'activité de la pensée est une activité organique[6] » et non la résultante d'une rhétorique transcendante ou quelque peu divine. L'émergence de l'homme neuronal est contemporaine des réflexions du soupçon.

Enfin libéré des tutelles religieuses, spirituelles, idéalistes et théologiques, le corps peut se montrer dans la pleine lumière de l'immanence, la matière n'est plus une idée, mais une réalité, la seule réalité : le matérialisme hédoniste trouve en cette exigence ses conditions de possibilité. Le monisme seul permet une authentique philosophie du corps qui soit esthétique et poétique enthousiastes. Derrière cette nouvelle chair se profile Dionysos, dieu tutélaire, ombre prémonitoire. De ce dieu énergique, on sait le trajet près des gouffres et des cimes. Dépecé, déchiré vif et transformé en breuvage, « il vécut ainsi, pendant un temps, à l'intérieur des liquides qui circulent dans les vivants et s'en écoulent : sperme, liquide amniotique, sueur, sang ; finalement, il a été de nouveau solidifié en un corps, mais, frappé de folie, il marche en titubant, partout il apporte la fécondité, et pour cela on l'aime. (...) Dionysos est le *dieu titubant* d'une métaphysique du corps[7]. » L'hédonisme transmet l'écho de ces fêtes de la vie en lui donnant les formes que permettent les siècles et les époques. A l'ère industrielle qui prépare l'après-christianisme, il est confiance en des flux, des énergies, des parcours de forces, des puissances : la métaphore thermodynamique lui siérait à merveille.

L'individu soucieux d'hédonisme cessera de considérer son corps comme une étrangeté, un étranger, certes, mais il faudra aussi consentir à ces fulgurances qui l'habitent. Mieux, il s'agira de les susciter, de les décupler et d'en assurer la vitalité. Pour ce faire, la conscience est appelée à jouer un rôle architectonique : c'est elle qui transfigurera cette énergie pour éviter qu'elle soit apocalyptique, dangereuse et mortifère. Bien sûr, la conscience n'est pas extérieure au corps, dont elle n'est jamais que l'une des multiples modalités : elle est, du corps, ce qui exprime le mieux les velléités apolliniennes d'ordre. Par elle se tissent les formes avec lesquelles l'énergie se fait chair singulière, personnalité. La conscience informe les potentialités vitales du corps pour les concentrer sur des comportements, des actions, des conduites. Elle permet l'exercice de la volonté, bien qu'après Schopenhauer on en sache la nature. La conscience est l'instrument avec lequel on peut produire un style, montrer une façon originale et singulière de donner forme à ses virtualités. Par cet exercice, les hommes s'arrachent à la bestialité, ils affirment leur excellence. Dans le règne humain, la conscience est même ce qui permet la hiérarchie et les aristocraties, ce qui sépare la vulgarité et la distinction, le sommaire et l'élaboré, la sottise et le génie. La médiation de la volonté, de la conscience et de l'intelligence des événements série définitivement les jouissances bestiales et les plaisirs hédonistes. Jouissance sans conscience n'est que ruine de l'âme...

Savoir qu'on jouit, voilà la caractéristique du genre humain dans son rapport au plaisir. Et le savoir suppose un jeu avec la conscience, une mise en perspective de la jouissance et de la conscience qu'on en a : le cerveau agit comme un filtre qui décode le plaisir, lui donne sa plénitude et sa forme intellectuelle. Le plaisir sans encéphale ne saurait être esthétique. S'il peut viser la puissance d'un critère éthique, le plaisir le doit à sa faculté d'être mis en forme par la conscience. Feuerbach avait placé en évidence ces distinctions, comme pour mieux prévenir le reproche facile de transformer l'hédonisme en philosophie de pourceaux. Lisons donc le philosophe allemand : « L'homme ne se différencie des animaux que par ce fait : il est le superlatif vivant du sensualisme, l'être le plus sensitif, le plus sensible du monde. Il a le sens en commun avec les animaux, mais il n'y a qu'en lui que la perception sensorielle, d'un être relatif, subordonné aux autres buts inférieurs de la vie, devienne un être absolu, une fin en soi, il n'y a qu'en lui qu'elle devienne jouissance de lui-même. » Et, plus loin : « L'homme n'est donc *homme* que parce qu'il n'est pas un sensualiste borné comme l'animal mais un sensualiste absolu : n'est objet de ses sens, de sa sensation, ni ce sensible-ci, ni ce sensible-là, mais tout le sensible, le monde, l'infini, et cela, en vérité uniquement pour l'amour de soi-même, c'est-à-dire pour l'amour de la jouissance esthétique[8]. » Avec cette dernière expression — « jouissance esthétique » — l'hédonisme prend tout son sens : volonté de produire des formes uniques, de transfigurer le réel en émotions, de saisir le monde comme un prétexte à beauté, excellence et plaisir. Les instruments de cette alchimie sont les cinq sens exacerbés par la conscience.

Dans cette perspective, chaque sens doit être traité comme permettant un accès esthétique au réel. Ainsi de

l'odorat dont on a pu suivre, par petites touches, les traces
de l'éviction. Un matérialisme hédoniste prendra les effluves, les parfums, les odeurs comme des manifestations,
d'un certain type, du monde et de ses vibrations. Les particules détachées et rebelles véhiculent des informations
qu'on laisse bien souvent à leur errance, à tort. Il serait
trop inélégant de faire référence à Proust en passant, seulement. Qu'on lise *A la recherche du temps perdu* comme un
monument offert aux sensations, et l'on découvrira comment donner une dignité philosophique à la haie d'aubé-
pine, aux senteurs de la fleur d'oranger, ou aux bonnes
odeurs du lilas — « ses fleurs de fine mousseline aux étoiles
brillantes[9] » — qui font penser, dans l'ordre de l'excellence,
à celles de la pâtisserie, à moins qu'il ne s'agisse d'épine
blanche ou rose, auxquelles Proust associe « le souvenir de
ce fromage à la crème, blanc qui un jour qu'il avait écrasé
des fraises devint rose, du rose à peu près de l'épine rose,
et resta pour lui la chose délicieuse qu'il jouissait le plus à
manger[10] ». Et il faudrait parler des parfums de femmes,
des effluves discrets qui rappellent à la mémoire, et font
surgir, à la conscience, l'image d'un être particulièrement
aimé.

On ne s'étonnera pas d'apprendre que Proust s'intéressera à Bergson au point d'aller suivre ses cours en Sorbonne : l'auteur de *Matière et mémoire* a, en effet, de belles
pages sur les sensations affectives et les sensations représentatives dans lesquelles il prend soin d'analyser, entre
autres, le parfum d'une fleur. « Je respire l'odeur d'une
rose, précise-t-il, et aussitôt des souvenirs confus d'enfance
me reviennent à la mémoire[11]. » Qu'on puisse appréhender
le réel olfactif de manière à la fois poétique et philosophique réconcilie avec la corporation.

L'anthropologie de Feuerbach ne néglige pas le corps
capable de comprendre l'odeur du monde. Point de hiérarchie, chez lui, parmi les cinq modalités de la perception. D'où l'injonction : « Obéis aux sens ! Là où commencent les sens cessent la religion et la philosophie, mais en
échange t'est donnée la vérité simple et nue[12]. » Et ailleurs : « Pour l'individu, il n'y a de réel que ce qui peut être
l'objet des sensations et de sa conscience[13]. » Le nez sera
donc investi des pouvoirs de donner du monde un abord
singulier, la conscience ajoutera à ses pouvoirs, la
mémoire à ses prodiges.

Le visage, en tant qu'il est le lieu sur lequel s'inscrivent les organes des sens, offre protubérances et volumes, mais surtout béances par lesquelles s'infiltre le monde. Parmi ces ouvertures qui opèrent la jonction entre l'extérieur et l'intérieur, la bouche n'est pas des moins inquiétantes. Elle est l'organe du langage, des mots et de la communication, certes. Mais elle est aussi le vestibule de la nécessité alimentaire, nutritive et vitale. Or, puisqu'il est possible de transformer la nécessité en esthétique, on songe à la dimension gastronomique de ces possibilités. La faim se satisfait de manière sommaire par une pure et simple ingestion d'aliments : il ne saurait être ici question de plaisir ou de jouissance. Seule la gastronomie, entendue comme la culture ajoutée au besoin en matière de bouche, est susceptible d'apporter la part artistique à cette opération.

Le panthéon philosophique a même trouvé son thuriféraire en matière de mépris de la chair dans la personne de Sartre et dans son œuvre majeure : *L'Être et le Néant*. La métaphysique de trou à boucher qu'on y trouve permet à son auteur de révéler l'idée qu'il se fait de l'acte de se nourrir dans une pure et simple perspective nécessiteuse. On ne trouvera pas, faut-il s'en étonner, de phénoménologie de la gastronomie chez Sartre. Manger, pour lui, c'est boucher un trou, colmater une brèche, combler une béance. Rien d'esthétique, tout au contraire : l'alimentation révèle la contingence, elle assigne à l'homme un statut d'objet soumis à la nécessité corporelle. Laissons là Sartre et ses répugnances emblématiques : derrière lui se faufile la cohorte des contempteurs du corps. Et elle est impressionnante de longueur — et de tristesse.

A l'opposé de ce refus névrotique de la chair, le sensualiste pratique le matérialisme corporel qui promeut le corps dans sa totalité, fidèle en cela aux remarques de Feuerbach sur le sujet de l'impossible dichotomie entre corps et âme, chair et esprit : « Les hommes intellectuels, écrit-il, sont des hommes qui sentent par la tête, des hommes de tête ; les hommes sensuels sont des hommes qui sentent par le ventre, des hommes de ventre. L'homme intellectuel fait du ventre le moyen de la tête ; l'homme sensuel fait de la tête le moyen du ventre. Je mange pour vivre dit l'homme de tête, je vis pour manger, dit l'homme de ventre[14]. » On ne peut plus, aujourd'hui, ignorer que l'alternative oppose l'intellectuel et le sensuel. Puisqu'il est impossible de ne pas choisir...

La préférence accordée aux sens n'exclut pas, cela va de soi, un goût prononcé pour les pouvoirs de l'intelligence et de la conscience. De manière accessoire, et comme une remarque faite au passage, le philosophe qui opte pour le sensualisme contre l'intellectualisme fait le choix du style, de l'émotion et de l'esthétique de la pensée. L'écriture sensuelle relève des beaux-arts, comme une tentative pour associer beauté et vérité, enfin réconciliées. Dans cet ordre d'idées, il faut prendre plaisir à la prose de Michel Serres et à l'acuité de ses analyses. Une page de *Philosophie des corps mêlés I*, le sous-titre de son ouvrage *Les Cinq Sens*, permet de transfigurer un verre de vieil Yquem (1947) en objet philosophique. Enfin une réalité sensuelle appréhendée sans concept en une langue aux saveurs délicieuses. Lisons, il s'agit des premières sensations après la gorgée inaugurale : « Se déploie doucement le corps, strié, nué, chiné, tigré, damassé, moiré, ocellé, hors de la corne d'abondance ou autour du petit corps pattu de l'oiseau de Junon. Peut-on citer ou compter ? Voici passer les fleurs printanières, églantines ou lilas, clématites, les fruits de messidor, jusqu'aux pêches, ceux d'automne ou d'hiver, poires, pommes, raisins, noix, roulent derrière quelques noisettes, le long d'un sous-bois noir aux fougères blettes, voici des truffes dans l'humus gris, l'écorce collante de résine, puis des fragrances rares, minérales, silex, pierre à fusil, animales aussi, musc ou ambre, poil mouillé ou sueurs amoureuses, et voici derrière les bouquets second et premier, floréal d'abord, bestial et rocheux par après, le fumet, le tiers fumet si difficile, posé comme pizzicati sous la déclamation, hachures parmi un tissu à ramages, essayez de les reconnaître, odeurs éthérées comme l'acétone, aromates : menthe, géranium ; ambroisies : jasmin, vanille et tilleul ; baumes comme le benjoin, l'œillet, le camphre ; empyreumes comme le café, le tabac ; l'Yquem porte la marque de la forêt persistante, garde le souvenir du lointain armagnac, cite le graves, son voisin[15]. » Dyonisos styliste, écrivain... Certes, les maniaques du concept vont déplorer l'absence de jargons et crier au manque d'analyses. On reléguera le livre dans la rubrique de la littérature, avec le dégoût et le mépris dont sont capables ceux dont la plume suinte l'ennui et la lourdeur. Et l'on croira ainsi, à bon compte, faire l'économie d'une autre façon de faire de la philosophie, celle qui parie sur les vertus de la langue sensuelle, les beautés de l'analyse poétique et préfère l'émotion esthétique comme véhicule des connaissances et du savoir.

Selon les goûts, on pourra préférer, gonflés de la dignité philosophique que Sartre leur donnera, une bille de billard, un marteau ou un cendrier : on constatera, alors, combien « le surgissement du marteau est pur remplissement du marteler[16] » ou dans quelle mesure une pipe permet la crémation symbolique du monde... On a la philosophie des objets qu'on peut, ceux de Michel Serres ont le mérite d'être hédonistes, et pas seulement utilitaires. Le corps les appréhende dans leur totalité, tous les sens sont convoqués quand les phénoménologues, la poésie en moins, réduisent leurs objets bien souvent à ce qui relève du regard. Les yeux demeurent les organes de la mise à distance la plus évidente.

La peau, enfin, dira combien le toucher est le sens le plus érotique quand on a si souvent le désir de réduire ce sens à ce que les doigts, les mains sont capables de saisir. Car le toucher concerne la peau dans son ensemble. De même, on imagine presque toujours cette faculté comme résultant d'une volonté délibérée du sujet lorsque relèvent du toucher tous les contacts, involontaires ou non, entre l'enveloppe extérieure du corps et le monde : le marin sait comprendre une brise sur son visage et la percevoir comme une information sur la vitesse de son bateau. Le paysan saisit, à l'humidité, et à la douceur et à l'onctuosité d'un vent crépusculaire quel temps s'annonce pour le lendemain.

A la suite de Diderot, dans son orbite sensualiste, Michel Serres montrera combien la peau est tout entière la surface sur laquelle s'inscrivent nombre de sensations délicates, subtiles : « Notre large et longue enveloppe variable entend beaucoup, voit peu, respire les parfums secrètement, tressaille toujours, au bruit, à la lueur vive, à la puanteur, recule d'horreur, se rétracte et exulte. Frissonne devant le blanc et sous les hautes notes, coule, souple, sous toutes caresses. Les choses nous baignent des pieds à la tête, la lumière, l'ombre, les clameurs, le silence, les fragrances, toutes sortes d'ondes imprègnent, inondent la peau[17]. » Toile subtile, tendue entre les organes et le réel, le sang et l'air, la peau n'existe pas pour la plupart des philosophes. Elle semble avoir réalité pour le chirurgien qui l'incise, le dermatologue qui l'inspecte, et seulement pour eux. Pourtant, sur elle, s'inscrivent les émotions et les mémoires, les tragédies et les plis du rire, le temps et les progrès de la mort — parchemin peu de temps vierge, impossible palimpseste.

Restent les sens que la tradition veut nobles : l'ouïe et la vue, dont il faut dire combien ils procurent de sensations esthétiques socialement acceptables. On évitera la liste fastidieuse des beaux-arts qui relèvent du regard pour s'attarder quelque temps sur l'art divin qu'est la musique. Les philosophes sont rarement mélomanes au point de tenter une intégration de la musique dans les pièces maîtresses de leur édifice systématique, ou dans les lignes de force de leurs pensées. Outre Schopenhauer, Kierkegaard et Nietzsche, ils seraient peu nombreux, les philosophes, à écrire que « sans la musique, la vie n'est qu'une erreur, une besogne éreintante, un exil[18] ».

Pour conclure sur le corps hédoniste, la musique est d'un secours essentiel. Il s'agit, en effet, de concevoir l'existence et les mouvements de la chair, de la matière, sur le mode esthétique qu'autorise cette pointe des beaux-arts : multiplier les occasions d'émotions, de passions, de sentiments, de sensations, de vibrations. Vivre la vie comme si elle devait être musicale et plier le corps, sous l'effet de ce qui en elle se travestit sous les formes de la conscience, à la cadence, la mélodie, la musicalité des *improvisations*. Vouloir donner à l'instant toute sa puissance, faire confiance à l'inspiration, consentir à l'enthousiasme — si l'on prend garde de se rappeler l'étymologie : transport divin.

Spécialiste de musiques, de danseurs de cordes, de funambules et de familier des transes, Nietzsche a tenté de penser l'existence sous le signe de la métaphore musicale, avant de lui préférer celle du vitalisme. La musique exprime la quintessence du gai savoir, le premier Nietzsche, celui de *La Naissance de la tragédie* disait sur ce sujet d'implacables vérités. Et s'il fallait reprendre ce flambeau, retrouver le ton de cette période dans laquelle le philosophe n'avait pas encore de comptes à régler avec Wagner, ce qui lui permettait, sur un ton serein, d'envisager avec bonheur les fondements d'une *éthique esthétique* ?

Dans un aphorisme consacré à définir une fois encore la sapience dionysienne, Nietzsche établit une liaison subtile entre les sens et la musique : « Jadis, écrit-il, les philosophes craignaient les sens : est-ce que par hasard nous aurions par trop désappris cette crainte ? Nous sommes tous sensualistes aujourd'hui, nous autres, philosophes présents et futurs, non pas quant à la théorie, mais quant à la pratique... En revanche, ceux-là estimaient que les sens risquaient de les attirer hors de *leur* monde, du froid royaume des "ideas", dans une île dangereuse et plus méridionale où même leur vertu de philosophe, comme ils le craignaient, eût fondu comme neige au soleil. "De la cire dans les oreilles", c'était là, jadis, presque la condition préalable au fait de philosopher : un authentique philosophe n'avait plus d'oreille pour la vie ; pour autant que la vie est musique, il *niait* la musique de la vie — et c'est une très vieille superstition de philosophe que de tenir toute musique pour musique de sirène[19]. » L'a-t-on entendu ?

Dans la volonté d'une promotion des sens, Nietzsche posait, après Feuerbach, les linéaments d'une authentique philosophie du corps : une chair en paix avec elle-même et avec le monde, le seul monde qui soit. Une chair capable d'érotisme et de gastronomie, d'esthétique et de musique, de sensations tactiles et olfactives. Une chair en harmonie avec le réel, qui n'aille pas contre lui, mais dans son sens, qui obéisse aux injonctions de Dionysos plutôt qu'aux interdits d'Apollon.

Avec le plaisir comme fil conducteur de l'éthique, « l'homme n'est plus artiste, il est lui-même œuvre d'art[20] ». Un corps artiste, esthétique est donc nécessaire : contre les anges et leurs tentations blanches, leurs modèles translucides, la chair doit devenir vertu.

NOTES

1. Nietzsche, *Généalogie de la morale*, III. § 9, 10.

2. Feuerbach, *L'Essence de la religion*, in *La Religion*, trad. J. Roy, Librairie internationale Lacroix, Verboeckoven et Cie. 1864, p. 170.

3. Feuerbach, *Pensées diverses*, in *La Religion*, *op. cit.*, pp. 318 et 336.

4. Feuerbach, *Contre le dualisme du corps et de l'âme, de la chair et de l'esprit*, II, in *Philosophie*, n¡ 25, trad. Claire Mercier, pp. 14-15, Éditions de Minuit.

5. *Ibid.*, p. 18.

6. *Ibid.*, p. 9.

7. Cité par Safranski, *Schopenhauer et les Années folles de la philosophie*, trad. Hans Hildenbrand et P. Heber-Suffrin, P.U.F., p. 174.

8. Feuerbach, *Contre...*, *op. cit.*, II, p. 14.

9. Proust, *Jean Santeuil*, Gallimard, Pléiade, I, p. 197.

10. *Ibid.*, I, pp. 203-204.

11. Bergson, *Essai sur les données immédiates de la conscience*, in *Œuvres*, P.U.F., p. 107, 1970.

12. Feuerbach, *Manifestes philosophiques*, trad. L. Althusser, 10/18, p. 301.

13. Feuerbach, *Mort et immortalité*, in *La Religion, op. cit.*, p. 210.

14. Feuerbach, *Contre...*, *op. cit.*, II, p. 13.

15. Serres (Michel), *Les Cinq Sens*, Grasset, pp. 170-171.

16. Sartre (Jean-Paul), *L'Être et le Néant*, Gallimard, p. 672. Pour la bille : pp. 263-264. Pour l'attirail du fumeur : p. 687.

17. Serres, *op. cit.*, p. 72.

18. Nietzsche, *Lettres à Peter Gast*, 15 janvier 1888, éd. Bourgois.

19. Nietzsche, *Le Gai Savoir*, § 372.

20. Nietzsche, *La Naissance de la tragédie*, Idées Gallimard, p. 26.

Vertus

« Jouis et fais jouir, sans faire de mal ni à toi
ni à personne : voilà, je crois, toute la morale. »

CHAMFORT, *Maximes et anecdotes.*

Deux châtreurs de cochons eurent un jour raison des ardeurs vitales d'un philosophe qu'ils transformèrent en sinistre théologien. La chirurgie porcine a des mystères qu'il convient d'élucider. Tout commence à Paris, au XIIᵉ siècle : un jeune professeur de trente-neuf ans connaît des succès auprès de ses étudiants en logique et les femmes l'admirent, quand elles ne l'aiment pas d'un sentiment platonique. Clerc, le logicien, qui enseigne aussi la théologie, est tonsuré. Célibataire, donc, et vierge de surcroît. Toutefois, il a remarqué une jeune et jolie femme de dix-sept ans, et se demande comment il pourrait bien s'y prendre pour l'aborder, l'approcher et, peut-être, la conquérir : « Tout enflammé d'amour pour cette jeune fille, je cherchai l'occasion de nouer avec elle des rapports assez étroits pour me faire pénétrer dans sa familiarité quotidienne, et l'amener plus facilement à me céder[1]. » Par l'entremise d'amis, il se fit présenter à l'oncle de la jeune fille, Fulbert, chez qui elle habitait. Moyennant promesse d'enseignement en échange de vivre et couvert, le philosophe obtint d'habiter sous le même toit que la femme dont il était tombé amoureux. Abélard venait de rencontrer Héloïse.

Les leçons se firent d'abord en présence de Fulbert, mais la réputation d'honnêteté d'Abélard suffit et bientôt le maître et sa disciple travaillèrent seuls. Rapidement vint le temps où Abélard voulut apprendre d'Héloïse ce qu'il semblait ignorer des choses de la vie. L'initiation se fit promptement, les deux amoureux firent tous les progrès requis par cette science en des temps records, tant et si bien qu'ils prirent l'un l'autre goût aux nouvelles sapiences. Mais pour mettre fin à de désagréables bruits qui couraient sur l'honnêteté d'Abélard, Fulbert fut contraint, par acquit de conscience, de vérifier la nature des leçons de logique et de théologie. Abélard l'écrira, plus tard, à un ami : « Sous prétexte d'étudier, nous nous livrions entiers à l'amour. Les leçons nous ménageaient ces tête-à-tête secrets que l'amour souhaite. Les livres restaient ouverts, mais l'amour plus que notre lecture faisait l'objet de nos dialogues ; nous échangions plus de baisers que de propositions savantes. Mes mains revenaient plus souvent à son sein qu'à nos livres[2]. » Le trouble était jeté dans l'âme d'Abélard qui en vint à négliger ses cours, à donner dans la tiédeur et la facilité. Il abandonna le difficile exercice d'improvisation auquel il avait toujours donné sa préférence, pour le cours dicté. Les nuits l'épuisaient, les journées ne lui permettaient pas de récupérer, ni de travailler à son enseignement. Fulbert n'eut pas à se tapir, ni à épier, il lui suffit d'ouvrir la porte de la chambre d'Héloïse pour découvrir Abélard en costume d'Adam.

Le philosophe quitta le toit de l'oncle, mais resta à Paris où il logeait dans une petite chambre qui lui permettait de continuer avec Héloïse les exercices spirituels qu'ils avaient inaugurés ensemble. La jeune femme apprit un jour avec joie qu'elle attendait un enfant de son amant. Ils décidèrent de partir pour la Bretagne, chez la sœur d'Abélard. Héloïse s'enfuit sous le déguisement d'une nonne, ce qui, semble-t-il, la ravit. C'est près de Nantes qu'elle accoucha d'un Astrolabe.

Abélard fit quelques démarches pour rencontrer Fulbert, lui offrit réparation : il fut convenu qu'un mariage arrangerait les choses. Le tonsuré y consentit, pourvu que le sacrement ne fût pas divulgué. Fulbert opina, dans le dessein de rendre publique l'information. Ce qu'il fit dès la fin de la cérémonie. Pour éviter les questions et les médisances, les mises au point et les démentis qu'elle ne cessait de faire pour protéger son époux, la mère d'Astrolabe entra au couvent d'Argenteuil où Abélard venait régulièrement la retrouver, pour de farouches complicités amoureuses. Il raconte : « Notre ardeur connut toutes les phases de l'amour, et tous les raffinements insolites que l'amour imagine, nous en fîmes aussi l'expérience. Plus ces joies étaient nouvelles pour nous, plus nous les prolongions avec ferveur, et le dégoût ne vint jamais[3]. » Chez Kraftft-Ebing, Abélard aurait été catalogué parmi les sadiques, Héloïse parmi les masochistes, car le mari tonsuré n'hésitait pas à recourir aux gifles, aux coups, à la violence pour obtenir les faveurs de son épouse voilée. Mais ils trouvaient toujours un terrain d'entente au point qu'ils ne reculèrent pas devant une fornication pascale dans l'Église même. Une autre fois, il précise : « Ma concupiscence déchaînée se satisfait avec toi dans un coin de réfectoire, faute d'un autre endroit où nous livrer à ces ébats[4]. » Joyeux monastère !

Fulbert eut vent de ces fureurs utérines et s'emporta. Après avoir obtenu des renseignements sur Abélard auprès de son valet soudoyé, il envoya deux sicaires pratiquer leur charcuterie sur Abélard endormi. Spécialistes en éviration porcine, les deux hommes firent vite et bien. Le philosophe dira par la suite que son sommeil avait agi comme un genre d'anesthésie et que l'ablation de ce qu'il appelle « l'aiguillon de la concupiscence[5] » s'était faite en douceur, disons dans la meilleure des conditions possibles. On ne sait ce qu'il advint des génitoires philosophiques, en revanche on connaît tout du destin des deux officiants : rattrapés, puis jugés, ils furent condamnés au même supplice avec, en sus, une mutilation des yeux. Magnanime, Abélard demanda révision du procès dans le sens d'une aggravation des peines.

En perdant son phallus, Abélard trouva le chemin qui mène à Dieu, et pour dire tout son bonheur d'avoir enfin trouvé la voie, le philosophe ne tarit pas sur la métaphore de la délivrance. Dans une lettre à Héloïse, il écrit : « L'indigne trahison commise par ton oncle fut donc un effet de justice et de clémence souveraines : diminué de cette partie de mon corps qui était le siège des désirs voluptueux, la cause première de toute concupiscence, je pus croître de toutes autres manières. Celui de mes membres qui seul avait péché expia dans la douleur ses jouissances peccamineuses : n'était-ce pas toute justice ? Tira des saletés où je me plongeais comme dans la fange, j'ai été circoncis de corps et d'esprit. Je devins ainsi d'autant plus apte au service des autels qu'aucune contagion charnelle ne pouvait désormais m'atteindre et me souiller. Vois de quelle clémence je fis l'objet[6] ! » Toute la missive est une variation sur ce thème : la castration m'a sauvé, elle m'a donné la vie et permis la rédemption.

Héloïse ne l'entend pas de cette oreille. Si, pour Abélard, la castration assure la prédominance du principe de réalité sur le principe de plaisir, comme en une dynamique réactive, pour Héloïse, il n'y a aucune raison de céder sur son désir. Elle estime en avoir suffisamment fait en prenant le voile alors que son mari s'excitait sur les Écritures dans son abbaye de Saint-Denis. L'amour lui a fait renoncer à beaucoup, mais elle ne veut pas réaliser en elle la castration radicale qui la transformerait en ectoplasme. Le désir est vivace en elle, tout autant que l'amour et le souvenir. Un superbe passage d'une lettre qu'elle lui fait parvenir dans sa retraite religieuse dit la vivacité de la passion qui demeure. La page est d'une saisissante beauté, tant la fidélité est demeurée intacte : « Les plaisirs amoureux qu'ensemble nous avons goûtés ont pour moi tant de douceur que je ne parviens pas à les détester, ni même à les chasser de mon souvenir. Où que je me tourne, ils se présentent à mes yeux et éveillent mes désirs. Leur illusion n'épargne pas mon sommeil. Au cours même des solennités de la messe, où la prière devrait être plus pure encore, des images obscènes assaillent ma pauvre âme et l'occupent bien plus que l'office. Loin de gémir des fautes que j'ai commises, je pense en soupirant à celles que je ne peux plus commettre. Nos gestes ne sont pas seuls restés gravés profondément, avec ton image, dans mon souvenir ; mais les lieux, les heures qui en furent témoins, au point que je m'y retrouve avec toi, répétant ces gestes, et ne trouve pas même de repos dans mon lit. Parfois, les mouvements de mon corps trahissent les pensées de mon âme, des mots révélateurs m'échappent...[7] » Superbe Héloïse qui ignore les ravages du temps et dont la passion surgit, hiératique, au milieu de la componction et de l'odeur de mort répandues par Abélard ! le moine impuissant fut sourd à la supplique et persista dans l'écriture de livres de théologie.

Une belle légende vit le jour, bien des années après. Elle rend justice à la constance et à la grandeur du sentiment d'Héloïse : on raconte qu'après la mort d'Abélard, elle avait fait la demande de le rejoindre dans sa tombe, après sa propre mort, qui advint presque un quart de siècle plus tard. Lorsque les croque-morts firent descendre le corps de la belle, on dit qu'Abélard la reçut les deux bras ouverts — preuve, s'il en est, que les pouvoirs du plaisir sont immenses...

NOTES

1. Abélard et Héloïse, *Correspondance*, 10/18 p. 55.
2. *Ibid.*, p. 56.
3. *Ibid.*, p. 57.
4. *Ibid.*, p. 182.
5. *Ibid.*, p. 197.
6. *Ibid.*, pp. 185-186.
7. *Ibid.*, pp. 157-158.

LE GAI SAVOIR HÉDONISTE

Quand il ne s'occupait pas des transformations de la mer en vaste étendue de limonade ou des moyens de faire pousser un archibras du thorax des habitants de sa cité idéale, Charles Fourier s'intéressait aux morales répressives qui sévissent depuis toujours pour leur préférer ce qu'il appelait d'un joli terme la *contre-morale* ; celle qui a mis en exergue, malgré les persécutions et les aléas, le principe de plaisir contre le principe de réalité, celle qui a préféré la jouissance et l'hédonisme au refoulement et à l'ascétisme. Dans les cahiers qu'il a laissés, et que les souris ont épargnés — car les rongeurs ont fait plus de mal aux manuscrits que la glose des universitaires —, on peut lire sur ce sujet : « La contre-morale n'a été que peu ou point étudiée : c'est une analyse qui pourrait fournir un ouvrage spécial très intéressant, et fâcheux pour les moralistes dont elle confondrait les systèmes[1]. » Contre Fourier, on peut douter que les moralistes en question acceptent de voir entamer leurs croyances et leurs certitudes par quelques hédonistes qu'ils s'empresseraient d'envoyer par le fond sous prétexte de manque de sérieux, de défaut de rigueur, ou d'incapacité au système. A moins qu'on se serve d'une appréciation morale pour les renvoyer, pour cause d'indécence, d'inconséquence ou de vulgarité, dans les rayons de seconde zone, derrière les œuvres complètes de Kant, par exemple.

Qu'importe. Dans la galerie des hédonistes, on rencontre en effet des exhibitionnistes, des ivrognes, des pédérastes, des sodomites, des moines et moniales athées, des musiciens vagabonds, des médecins exilés, des libertins embastillés, des rêveurs de cités idéales, des mangeurs de sperme, des poètes qui meurent d'indigestion ou se battent en duel, des travestis qui s'enduisent le corps de parfums. Ce sont les mêmes qui professent l'athéisme, le matérialisme, le vitalisme, l'esthétisme. Ils ont élu le banquet ou le cabaret contre l'Académie ou l'Université, la prison ou le bûcher contre l'Institution ou la prébende. On les rencontre plus volontiers dans un lit ou dans la rue que dans les bibliothèques ou dans les églises. Le plus souvent, ils montrent une ardeur à vivre leur philosophie et à penser leur vie. La théorie n'est pas pour eux lettre morte ou variation nébuleuse, mais propédeutique à l'action, aux comportements. L'éthique devient un art de vivre au quotidien, loin de la science absconse des codifications castratrices. Au centre des préoccupations hédonistes on retrouve le corps. La chair devient le souci de la morale : comment en user ? Quelles libertés pour le désir qui le parcourt ? Quelles issues pour le plaisir qui sourd ? Quelle béatitudes, extases, jubilations pour l'âme qui gît dans la matière, en son sein même ? Les philosophes hédonistes célèbrent la fête des sens, n'en négligent aucun, exacerbent les plus oubliés, les plus méprisés par les contempteurs du corps. Ils savent sentir, goûter, toucher, respirer, entendre, regarder et se font une joie de faire fonctionner ces mécanismes subtils qui permettent au monde de se faire formes, effluves, volumes, couleurs, parfums, sons, températures. Le sensible est sensuel, la peau du réel mérite souci.

L'ancêtre, leur père à tous, est Aristippe de Cyrène, du moins dans la tradition occidentale. A mi-chemin du bateleur et du clochard, subversif en diable et préoccupé de ses effets, il fait sécession d'avec Socrate dont il a mis en exergue les dons de mouche du coche, le talent pour la subversion. Mais si l'on sait combien son maître et mentor donnait dans l'austérité et la rigueur, il faut dire tout le chemin qu'il parcourt pour se défaire de l'esprit de sérieux et élire les vertus dionysiennes du rire, de la fête, de l'orgie et de la dérision. Aristippe, en effet, s'est départi du sobre vêtement philosophique pour donner dans le travesti : on l'a vu dans un banquet se trémousser aux accents d'une musique endiablée, le corps entièrement perdu dans des étoffes et tissus féminins, le tout dans d'incroyables effluves riches, car Aristippe était homme à se parfumer. Qu'on songe à l'effroi du Grec moyen, fier d'une virilité escortée d'une tunique de drap râpeux et d'un nez allergique aux belles et bonnes odeurs ! Aristippe qui joue la confusion des rôles et perturbe l'ordre sexuel pour endosser l'habit de femme tout en magnifiant le philosophe en lui... L'inversion du vêtement comme emblème de l'inversion de valeurs.

Dans sa logique transgressive, Aristippe pratique également le giton, même s'il s'est fait une spécialité dans la séduction des dames. S'il sacrifie aux amours régulières, il est aussi adepte des plaisirs de passage. Parfois, il s'entiche même d'une prostituée, ce qui lui vaut les quolibets du quidam auxquels il répond : « Voyez-vous une différence entre une maison qui a eu beaucoup de locataires et une qui n'a jamais été habitée ? — Non. — Entre un bateau qui a porté des milliers de gens et un où personne n'est jamais monté ? — Non. — Pourquoi donc y aurait-il une différence entre coucher avec une femme qui a beaucoup servi, et coucher avec une femme intacte[2] ? » L'anecdote elle-même a beaucoup servi, car Diogène Laërce, qui la rapporte, la prête également à un philosophe cynique. Mais c'est avec les plus vieilles histoires qu'on fait les meilleures sagesses.

Les tenants de la morale répressive s'inquiétaient de la cohabitation de la courtisane Laïs et d'Aristippe : on voyait dans une pareille proximité une entrave à la liberté radicale revendiquée par le cyrénaïque. Comment peut-on pratiquer le plaisir absolu si l'on est attaché à une personne particulière ? Aristippe répondait qu'il possédait bien Laïs, mais n'en était pas possédé. Ainsi pouvait-il vivre selon l'impératif catégorique hédoniste : profiter de l'instant présent, du moment qui s'offre, sans souci pour le passé qui génère la nostalgie ou le futur qui produit l'angoisse liée à l'attente. En revanche, on peut moduler ce principe si l'on fait un usage hédoniste du passé ou du futur : se rappeler d'excellents moments, se souvenir de plaisirs est légitime, aussi bien qu'aller au-devant de jouissances annoncées et mettre en scène des bonheurs à venir. Il n'est que du pur présent dont il s'agit d'extraire la quintessence.

Le plaisir des cyrénaïques mérite quelques instants d'attention, car il se distingue de nombre d'autres. Sa définition est dynamique et positive. La jouissance d'Aristippe suppose le mouvement, l'énergie, la vitalité en même temps qu'elle révèle un jeu de forces qui conduit l'individu à tendre à l'agréable et à fuir le désagréable. Chaque indivi-

dualité connaît cette oscillation entre l'attractif et le répulsif : « Il y a deux états d'âme : la douleur et le plaisir. Le
plaisir est un mouvement doux et agréable, la douleur est
un mouvement violent et pénible. Un plaisir ne diffère pas
d'un autre plaisir, un plaisir n'est pas plus agréable qu'un
autre plaisir. Tous les êtres vivants recherchent le plaisir et
fuient la douleur[3]. » A ne pas aller par quatre chemins, les
cyrénaïques enseignent que la jouissance concerne le
corps et uniquement lui. Les plaisirs de l'âme, les jubilations spirituelles relèvent, en tant que telles, des modalités
corporelles de l'hédonisme. Les adeptes d'Aristippe inaugurent ce qu'avec Nietzsche on pourrait appeler le grand
oui à la vie, l'acceptation de l'existence dans la moindre de
ses efflorescences.

Rien n'est plus étranger au familier de Laïs qu'une hié-
rarchisation des plaisirs. L'étymologie de hiérarchie suppose d'ailleurs une référence au sacré et à son pouvoir, et
un cyrénaïque ne connaît d'autre pointe à son éthique que
la jouissance. En dehors de celle-ci, tout se vaut. Aucune
jubilation n'est plus digne qu'une autre, aucun plaisir n'est
plus grossier qu'un autre. Le contentement de l'esprit n'a
pas moins d'importance que celui du ventre ou du bas-
ventre. Un accord sur le monde iambique n'est pas supérieur à la dégustation d'un Falerne. On prend le plaisir où
il est, comme on peut, le reste est littérature de moraliste
grincheux. Puisque tout est perception corporelle subjective, les jouissances, quelles qu'en soient les causes ou les
modalités, ne sont que des modifications physiologiques
de la matière corporelle. La chair ignore les raisons et peu
importe le flacon pourvu qu'on ait l'ivresse. D'où l'option
matérialiste et immanente des cyrénaïques. Aristippe était
fâché avec les dieux et blaguait à leur sujet devant des
auditeurs inquiets des conséquences. Les Théodoriens, qui
sont ses continuateurs, ruineront définitivement la
croyance aux dieux et à toute transcendance. L'hédonisme
implique un réel totalement dépourvu de sacré. La seule
concession faite à la dévotion concerne la jouissance.

Les tristes épicuriens assimilent le plaisir au contentement négatif, à la quiétude à l'œuvre dans les cadavres. Les
cyrénaïques en font une fin en elle-même : la jouissance
vaut par ce qu'elle est, pour ce qu'elle est, non pour ce
qu'elle permet, au-delà d'elle. « Le plaisir particulier est en
soi une vertu et le bonheur ne l'est pas par soi, mais par

les plaisirs particuliers qui le composent. La preuve que la fin est le plaisir est que dès l'enfance et sans aucun raisonnement, nous sommes familiarisés avec lui, et que, quand nous l'avons obtenu, nous ne désirons plus rien ; au contraire, nous ne fuyons rien comme la douleur, qui est l'opposé du plaisir. (...) Le plaisir est un bien, même s'il vient des choses les plus honteuses : l'action peut être honteuse, mais le plaisir que l'on en tire est en soi une vertu et un bien[4]. » Que les sinistres eudémonistes qui distinguent jouissances nobles et satisfactions ignobles prennent des leçons : la fréquentation des prostituées vaut celle des prêtres si l'on y trouve son contentement, l'orgie bachique et la beuverie du travesti sont égales au pain et à l'eau qui suffisent à l'orgueil de l'ascète. Redisons que seule importe la jubilation, le reste est libre d'interprétation et affaire de subjectivité. Corps en mouvement, chair parcourue d'énergies agréables, débarrassée de tensions désagréables, organes suscités pour ce qu'ils peuvent apporter d'aise, l'hédonisme est une philosophie de la matière corporelle, une sagesse de l'organisme.

A congédier le sacré comme il sait le faire, le cyrénaïque se retrouve, en matière d'éthique, devant un immense désert qu'il est libre d'habiter à sa guise : aucune divinité n'a laissé là scories qui rendent l'occupation des lieux indélicate. La terre est vierge, le ciel est vide. Pas d'empyrée pour y inscrire le nom des principes en vertu desquels il faudrait céder sur son désir et sacrifier son corps pour d'hypothétiques saluts qui n'assurent qu'un renoncement perpétuel. La mort est congédiée, l'hédoniste est un adorateur de la vie qui ne connaît pas de fatigue et que sa tâche enthousiasme. Le relativisme éthique est un principe d'évidence pour pareille philosophie. On songe au nietzschéen par-delà le bien et le mal. L'absolu éthique est une chimère car « rien n'est par nature juste, beau ou laid ; c'est l'usage et la coutume qui en décident[5] ». D'où l'immensité de la perspective qui s'ouvre devant l'hédonisme : fonder une morale, décider arbitrairement, subjectivement, d'un bien et d'un mal, d'un beau et d'un laid. Décider des valeurs, vouloir une éthique qui exprime l'excellence de la vie et qui flétrisse l'entropie, la mort et la douleur. Pour ce genre d'opération, Nietzsche invitait à se mettre en quête d'un Oui, d'un Non et d'une ligne droite. L'hédoniste dira Oui à la vie, à la jubilation, à la jouissance, au plaisir, au bonheur, à la joie, à la satisfaction, à l'agréable. Puis il dira Non à tout ce qui entrave sa positivité élue. Non à la peine, à la douleur, au renoncement, à la frustration, au désagréable. La ligne droite sera le chemin qui conduit vers les moyens de réaliser l'affirmation : l'énergie, la tension, la force, la volonté, en un mot, le consentement à la vie et à la santé qui parcourt les corps.

Aristippe prend l'exemple du crime et énonce sur ce sujet des thèses que l'on retrouvera sous la plume du marquis de Sade : il n'est pas mauvais en soi, au nom d'un hypothétique respect, dans l'absolu, de la vie humaine qui serait valeur. S'il doit se confondre à un plaisir, alors qu'il soit légitime ! En revanche, s'il doit impliquer déplaisirs, ennuis et troubles, qu'on l'évite. Une action est morale si elle permet la réalisation d'un plaisir. L'ordre social, l'éthique collective, la morale religieuse n'ont rien à faire dans la décision de l'hédoniste. Il est à lui-même sa propre loi. Ainsi « le sage pourrait à l'occasion commettre un vol, un adultère, un sacrilège, car aucun de ces actes n'est laid par nature[6] ». Qu'on n'aille pas chercher de droit naturel chez les cyrénaïques, ils ne reconnaissent pas même de lois culturelles, sociales. Seul importe leur jugement en fonction d'une arithmétique basée sur un calcul des plaisirs dont ils sont les seuls à détenir le mode d'emploi. Aucun impératif social ne saurait être celui d'un cyrénaïque, hormis l'hypothèse où l'adoption d'un commandement éthique collectif entraînerait une jouissance pour son propre chef. Fi donc de l'État, de la Patrie ou de la Religion qui sont, la plupart du temps, des machines à briser les jouissances, des institutions dévoreuses de vitalités singulières, sépcialisées dans l'absorption des énergies particulières. Aristippe avait suivi l'enseignement de Protagoras d'Abdère, le sophiste qui enseignait que l'homme est la mesure de toute chose, ce qui avait, par ailleurs, le don d'enflammer Platon et de le mettre en colère. Le philosophe de Cyrène a retenu la leçon du relativisme éthique : elle sera une constante de la sagesse hédoniste.

Avec quelques autres sectateurs — sophistes, cyniques, premiers stoïciens — les cyrénaïques opèrent une authentique transvaluation des valeurs. Ils mettent en péril le bel édifice grec et s'attaquent aux principes fondateurs de son système. Ainsi, en niant la transcendance et en se situant sur le terrain de l'immanence, en refusant la soumission de l'éthique au divin et en faisant redescendre la morale sur terre, en ne reconnaissant pas les vertus de l'idéal ascétique pour leur préférer celles de la jouissance, ils contribuent à la mise en valeur des passions dionysiennes là où la volonté apollinienne fait rage. L'hédoniste se moque de la pseudosécurité qu'offre le social en retour du don des reliefs de son autocastration. Il n'a que faire d'accéder au statut de citoyen s'il faut payer ce leurre du renoncement à soi. La Cité ne les intéresse pas, ils préfèrent la Fête. L'ordre statique les dégoûte, ils veulent le désordre dynamique des désirs. Leurs frères ennemis sont les épicuriens, emblèmes de ce que peut faire la mort d'un vivant avant qu'il ne trépasse...

Pauvres pourceaux d'Épicure ! Être affublés de pareille épithète quand le Jardin ressemble à un monastère, et si peu à une porcherie... Épicure est un modeste de la volupté — l'expression est de Nietzsche. Car c'est ignorer en quoi consiste le plaisir des épicuriens que d'imaginer le sectateur de l'ascète comme un philosophe au groin. Seul l'usage que pourront faire les libertins de l'atomisme épicurien comme d'une machine de guerre contre la scolastique chrétienne a pu faire naître pareil malentendu. L'hédonisme épicurien est rien moins que la jouissance masochiste d'un saint Benoît dans sa grotte ou d'un athlète du désert méditant, nu sous le soleil, debout sur une brique, attendant que sa sueur la fasse fondre — comme il y en eut tant dans le désert copte. C'est le plaisir pervers du renonçant qui s'évertue à mourir avant que la mort soit là, c'est la jouissance nauséabonde du sage qui veut se faire pareil à un cadavre. Jubilation de névrosé préoccupé de faire triompher la pulsion de mort en lui...

Le plaisir épicurien consiste tout simplement en l'évitement de la douleur : il est négatif et réactif — jouir, c'est ne pas souffrir — quand celui des cyrénaïques est positif et actif. Les uns visent l'impassibilité du cadavre, les autres l'exubérance de la vie. L'épicurien veut détruire en lui les passions, les désirs, la tentation de la volupté : son modèle est la charogne qui ignore la faim et la soif, le froid et le chaud, le désir et l'inquiétude. Il aime la souffrance physique, ou morale, car il peut ainsi aiguiser ses armes et faire démonstration du pouvoir de sa volonté. Il lui faut de la peine pour bien montrer qu'il sait la combattre. La cyrénaïque aime l'énergie qui le parcourt, il veut la santé qui

demande à prendre forme en lui : il fait de la vitalité une
alliée, du désir une volonté. Épicure n'aime pas la vie et
tend toute son activité vers l'idéal ascétique ; Aristippe
aime l'existence et jubile dans l'affirmation et la grande
santé. S'il fallait trouver un animal emblématique de l'épicurien, ce serait l'araignée à croix du bestiaire nietzschéen.

Les abonnés du Jardin ne consentent qu'aux désirs naturels et nécessaires. On en compte peu : manger quand on
a faim, boire quand on a soif, se protéger des intempéries
quand elles sont dangereuses pour la santé, dormir quand
le sommeil est exigeant. En un mot, obéir à ce que nous
commande le maintien de notre intégrité physique. Les
autres désirs sont coupables. Les plaisirs qu'ils supposent
sont à rejeter. L'abaissement de la température du corps
jusqu'à la catalepsie finirait même par être souhaitable. La
douce impassibilité de la chair morte ! Le plaisir épicurien
est donc l'état dans lequel se trouve le philosophe qui ne
connaît aucun trouble, aucune inquiétude, aucune douleur. A Ménécée, Épicure écrira : « Lors donc que nous
disons que le plaisir est le fin, nous ne parlons point des
plaisirs des prodigues et des plaisirs de sensualité, comme
le croient ceux qui nous ignorent, ou s'opposent à nous,
ou nous entendent mal, mais nous parlons de l'absence de
douleur physique et de l'ataraxie de l'âme. Car ce ne sont
point les beuveries, les banquets, la possession des garçons
et des femmes, la saveur des poissons et autres mets que
porte la table du riche qui engendrent la vie agréable, mais
un entendement droit, capable de trouver de justes raisons
de choix et d'aversion, le rejet des opinions fausses d'où
découle principalement l'angoisse des âmes[7]. » Voyez le
pourceau... L'idée d'une table bien garnie lui retourne
l'âme, l'hypothèse d'une courtisane ou d'un mignon dans
son lit lui chavire l'esprit, l'éventualité d'une amphore
pleine d'un bon vin le terrorise !

Auprès d'Épicure, on pratique le renoncement. Et seules
des mauvaises langues — mais elles se sont déliées dès
l'Antiquité — ont pu laisser dire que le philosophe se
pâmait devant chair et chère. Qu'on lise plutôt ses lettres
pour apprendre comment il envisageait les orgies dont il
était familier d'un point de vue alimentaire : « Envoie-moi,
écrit-il à son correspondant, un petit pot de fromage, afin
que si l'envie me prend de faire un repas somptueux je

puisse le satisfaire[8]. » La bombance épicurienne serait tout
juste apéritive chez les cyrénaïques...

Sachant à quel régime austère Épicure se soumettait, on
pourra comprendre avec plus de sagacité ce que le philosophe a pu vouloir dire quand il écrivait : « L'origine et la
raison de tout bien sont le plaisir du ventre : même la
sagesse et la culture doivent lui être rapportées[9]. » On imagine bien que le ventre du philosophe n'est pas ce que l'on
croit. Rien à voir avec le blason, encore moins avec le bas-
ventre — dont Épicure s'était mentalement amputé. Il est
le lieu du désir dont Alain a raconté les mystères : « Au-
dessous du diaphragme se trouve le ventre insatiable dont
parle le mendiant d'Homère ; et nous le nommerons hydre,
non point au hasard, mais afin de rappeler les mille têtes
de la fable et les innombrables désirs qui sont comme
couchés repliés les uns sur les autres, dans les rares
moments où tout le ventre dort. Et ce qui habite ici au
fond du sac, ce n'est point richesse, c'est pauvreté ; c'est
cette autre partie de l'amour qui est désir et manque. Ici,
est la partie rampante et peureuse[10]. » Si le plaisir est l'absence de désirs et le ventre, le lieu des désirs, on comprend
que la sagesse réside dans cette partie du corps : c'est là
qu'il faut éteindre les feux de la passion, c'est ici qu'il faut
chercher la paix avec soi-même. Le ventre est la partie
misérable à mépriser, à tuer, à réduire. Le travail d'anéantissement seul apportera le plaisir puisque avec lui s'instal-
lera la divine ataraxie.

En vertu du principe énoncé par Épicure selon lequel il
faut éradiquer en soi le désir, la tradition de l'idéal ascétique va trouver nombre de sectateurs. Platon avait, avant
tous, ouvert les hostilités contre la chair. Avec lui suivront
épicuriens et stoïciens, alexandrins et chrétiens primitifs :
la mort aura chez ceux-là de solides auxiliaires, elle ira
chercher les corps pour les plier jusqu'à la rupture et leur
donner forme inhumaine. Avec le christianisme s'ouvre
une ère faste pour les contempteurs de la vie.

A l'âge où la religion du Christ fait des adeptes en masse,
où le paganisme s'effondre doucement et avec lui les vertus
de l'Empire, des hommes et des femmes choisissent le
désert, la réclusion, l'errance. Certains, comme Siméon,
s'installent en haut d'immenses colonnes, dans de vastes
étendues de sable brûlées par le soleil, ravagées par la

sécheresse. Un système sommaire de poulies leur permet de s'approvisionner en dates, figues, eau à une ou deux dizaines de mètres du sol. Là-haut, ils se confondent en macérations, en exercices spirituels, en performances physiques et mentales. La prière les occupe, la méditation les distrait. D'autres deviennent gyrovagues et font indéfiniment les pérégrins, en s'interdisant toute sédentarité. Les paissants ont fait vœu de ne se nourrir que d'herbes et de racines. Quelques-uns se font emmurer vivants dans des espaces grands comme des caveaux et se font apporter une nourriture frugale par de minuscules ouvertures, seuls contacts avec le monde. Les uns s'installent au milieu des marais pour abandonner leurs corps aux énormes moustiques qui leur sucent le sang jusqu'à épuisement, les autres élisent une grotte où ils découvrent cadavres desséchés d'ascètes morts d'épuisement, et vite transformés en oreillers par le nouvel occupant. Le délire est généralisé. Dieu fait des ravages, le corps est à rude épreuve. Les moines du désert ne font qu'exacerber les enseignements évangéliques : mépriser le corps, détester la chair, jeter l'anathème sur la matière, prendre en haine la vie, transformer la terre en déambulatoire pour débiles et frêles, pour chétifs et malades. Les déserts égyptiens, syriens sont remplis de tels énergumènes.

Mais comme en revers à cette médaille décrépite, en Syrie ou à Alexandrie, quelques adeptes de la contre-morale, dirait Fourier, font aussi dans la démesure. Seulement leur tension ne vise pas l'idéal ascétique, mais l'affirmation de la vie dans ses formes les plus spermatiques. Ce sont les gnostiques, ils œuvrent aux IIe et IIIe siècles de notre ère et inaugurent les premières hérésies combattues par le christianisme lorsqu'il aura à châtrer les surgeons.

Les gnostiques font le procès du réel et voient le monde comme un produit de divinités malignes tant l'imperfection qui le caractérise est manifeste. Pour échapper à cette erreur métaphysique, un courant parmi cette sensibilité a élu la voie ascétique : mortifications, appétits contrariés, la panoplie des impétrants est connue. Le corps est considéré comme un ennemi, une entrave à l'union mystique ou à la libération du principe pneumatique : « Ce ne sont pas seulement ses formes, ses structures anatomiques, ses organes des sens — ces oreilles, ces yeux, ces papilles qui ne perçoivent qu'un infime fragment des ondes, des rayons, des saveurs du cosmos —, ce n'est pas seulement notre système osseux, nerveux, sanguin qui nous conditionne injustement, parce qu'il limite notre champ perceptif, c'est toute notre physiologie, l'exercice même des fonctions vitales organiques et physiques qui oblitèrent notre vie[11]. » Le corps est fœtus, immature et incomplet : son principe est matériel, il faut le nourrir, il produit des excrétions et manifeste ainsi sa soumission aux réalités sensibles, trop sensibles. La défécation est emblématique de la condition humaine, seuls les parfaits ignorent les règles de la matière en leur chair libérée.

A partir de ce principe, certains gnostiques accuseront les traits de cette imperfection en oubliant la chair, en la niant avec ardeur quand d'autres — les gnostiques qu'on dit licencieux — feront du corps un instrument ludique, porteur d'une vitalité assimilée au divin, susceptible d'être utilisée à des fins sotériologiques. L'hérésie est patente, et l'on se souvient des imprécations des Écritures contre l'usage hédoniste de la chair : « Ni les fornicateurs, ni les adultères ne seront héritiers du royaume de Dieu[12]. » Force est de constater que les gnostiques licencieux n'avaient point d'oreille pour de tels conseils. A l'inverse, ils ont même fait de la fornication et de l'adultère des voies d'accès privilégiées au salut. L'envie vient de se convertir.

L'un des philosophes gnostiques les plus ardents dans le libertinage, Simon le magicien, a inauguré sa carrière dans l'insolence en demandant aux apôtres du christianisme qu'ils l'initient à la technique des miracles moyennant rétribution. La transaction ne se fit pas, il devint thaumaturge par d'autres moyens. Bien qu'initié au christianisme officiel, il fit des siennes en s'opposant avec ténacité au diacre Philippe qui représentait l'autorité religieuse dans la contrée. Dans un phalanstère à sa façon, il avait réuni une trentaine de couples qui pratiquaient la charité et l'amour du prochain comme on imagine. En vertu du principe que la débauche est plus libératrice que l'ascèse, c'était la perpétuelle orgie chez Simon et ses comparses qui vivaient en union libre et pratiquaient l'échangisme avec vivacité. Saint Irénée vise pareilles philanthropies quand il stigmatise certains gnostiques qui « s'abandonnent sans réserve aux plaisirs de la chair, disant qu'il faut rendre la chair à la chair et l'esprit à l'esprit. D'autres encore déshonorent secrètement les femmes qu'ils instrui-

sent dans leurs doctrines (...) ; d'autres enlèvent ouvertement et sans scrupule à leur mari la femme dont ils sont
tombés amoureux et en font leur femme ; d'autres, enfin,
qui feignaient au début de vivre en tout honneur avec elles,
comme avec une sœur, ont été ensuite démasqués, la sœur
étant devenue enceinte des œuvres de son frère[13] ». La
conception virginale ne saurait se répéter trop souvent.

Frères en sexe de Simon, il faut raconter les phibionites,
spécialistes en consécration de leurs unions charnelles
puisqu'ils avaient élu rien de moins que trois cent
soixante-cinq puissances auxquelles dédier leurs prouesses
génitales — une par jour selon le calendrier grégorien. On
leur doit un brio particulier en matière de techniques
contraceptives. Si celles-ci manquaient leur but, l'avortement ne posait aucun problème — ni technique, ni éthique. D'autres qui laissaient la fécondation agir profitaient
du ventre rond de leurs sœurs en orgies pour pratiquer une
sorte de méditation transcendantale. En vertu du principe
théologique et cosmologique gnostique selon lequel le
monde tout entier est construit sur le modèle de la matrice
porteuse de toutes les virtualités, regarder l'arrondi d'un
ventre à gésine, c'est contempler la réduction de l'univers.
Le processus de mise au monde de l'enfant reproduisant
celui de l'avènement du monde. Ontogénèse et phylogé-
nèse, microcosme et macrocosme — le ventre des philosophes. Ces adorateurs du globule, les séthiens, soumet-
taient également l'acte sexuel à la rhétorique hédoniste et
libératrice. Le corps avait une fonction éthique, puis
métaphysique.

La version gnostique gastronomique existe également
avec ostentation, notamment chez les barbélognostiques,
mangeurs de sperme et quêteurs, de la sorte, d'une recons-
titution de l'unité primitive du monde. Incorporer la
substance du réel, avaler la quintessence de ce qui advient.
L'ingestion de liqueur séminale ne saurait être un mal
puisqu'elle est possible et que Dieu ne peut avoir doté les
hommes de potentialités à l'immoralité : tout ce qui est
possible est permis, car en sa divine bienveillance, l'auteur
du bien n'aurait pu inventer les moyens de réaliser le mal.
Ainsi pourvus d'un sauf-conduit, les gnostiques licencieux
abandonnent le corps à toutes les fantaisies dont il est
capable. Le geste en puissance induit la pratique en acte,
sans aucune interférence éthique.

Les barbélognostiques fustigeaient les exhortations à stériliser la jouissance, à capter les désirs. Ainsi critiquaient-ils la fidélité, la monogamie, le mariage, la famille et toutes les entraves au plaisir pour vanter les mérites d'une communion orgiaque, d'une fusion des énergies hédonistes. Les cérémonies au cours desquelles se faisaient ces invocations particulières nécessitaient une mise en condition exigeant boissons et nourritures à profusion. Dionysos aide au cheminement vers l'excellence. Saint Épiphane raconte la suite, pour s'en offusquer, bien sûr : « L'homme et la femme recueillent dans leur main le sperme de l'homme, s'avancent les yeux au ciel et, leur ignominie dans les mains, l'offrent au Père en disant : "Nous t'offrons ce don, le corps du Christ." Puis ils le mangent et communient à leur propre sperme en disant : "Voici le corps du Christ, voici la Pâque pour laquelle souffrent nos corps, pour laquelle ils confessent la passion du Christ." Ils font de même avec les menstrues de la femme. Ils recueillent le sang de son impureté et y communient la même manière[14]. » Ceci est leur corps, ceci est leur sang, prenez et mangez-en tous — on connaît les paroles rituelles, on ne peut accuser les gnostiques d'ignorer l'esprit et la lettre. L'utile et l'agréable trouvent de la sorte un terrain d'entente : la procréation est évitée, le plaisir réalisé.

D'autres sectateurs œuvraient par-delà la fécondation qui leur était nécessaire puisqu'ils se réjouissaient d'apprêter les fœtus avec épices et sauces diverses pour confectionner une confiture métaphysique — du *pâté d'avorton* écrit Épiphane — destinée à mettre le gastronome en relation avec le divin. L'orgie supposait des transes et des extases au cours desquelles on usait également du sperme en guise d'enduit pour les corps endiablés. Ceux-là avaient pour nom les nicolaïtes, les stratiotiques, les lévitiques, les borborites, les coddiens, les zacchéens et les barbélites. Ils furent assez nombreux pour qu'essaiment les communautés en de multiples endroits.

Les gnostiques licencieux pensaient qu'on ne pouvait retrouver le divin qu'à l'aide de ces pratiques d'ascétisme orgiaque. L'état de béatitude ne peut générer que nostalgie, douleur enracinée dans le passé, car, avant la chute dans le monde, les corps étaient extatiques, immatériels, dans le monde hypercosmique, au-delà du second cercle, des planètes et de la sphère des fixes, là où tout est potentialité séminale. Le corps idéal est spermatique, porteur de puissances germinatives, animé des énergies fécondantes, des flux fertiles. En tombant dans les cercles inférieurs, il s'est matérialisé, épaissi, informé. Simultanément, il a perdu sa ductilité. Les pratiques orgiaques visent les retrouvailles du corps avec sa souplesse éthérée. Seule une transvaluation des valeurs peut permettre de retrouver le chemin qui conduit à la libération : abandonner le corps aux vertus de la jubilation, c'est autoriser la fabrication d'un lien — qu'on se souvienne de l'étymologie de religion — qui met en relation l'énergie du corps avec l'igné et l'éthéré qui gouvernent le monde supérieur dont nous n'aurions jamais dû quitter la richesse.

Le dérèglement de tous les sens est architectonique. Avec lui exulte ce qui, dans le corps, témoigne d'une fragile, mais substantielle attache avec le Plérôme, le lieu des essences, le réservoir des substances intelligibles. La mise en perspective de ce relief d'ascendance divine et de l'au-delà du monde, générera une extase, une mise de soi hors de soi dans le dessein de permettre au corps de recouvrer un état de béatitude supranaturelle. On songe aux finalités de la procession plotinienne en constatant combien les moyens peuvent différer pour parvenir à des fins quelque peu semblables : apaiser l'inquiétude métaphysique avec des épousailles extatiques.

Certes, on n'imagine pas Plotin sodomite. Voilà qui marque toute la différence qui sépare le philosophe alexandrin des gnostiques pérates ou séthiens. Ou des ophites, spécialistes en adoration du serpent, dont on raconte le goût pour le lait versé dans des plats d'argent à même le sol. Ouroboros, Éternel Retour, le serpent est aussi l'animal qui, en se mordant la queue, réalise le cercle, la finitude, le retour sur soi, la complétude. Figure géométrique de la perfection, de l'autosuffisance et de la confusion des origines et des fins, le serpent magnifie les orifices d'ouverture et de fermeture du corps en appelant à leur confusion, leur réunion. Pareille métaphysique de la béance corporelle ne pouvait éviter d'ériger la sodomisation en méthode d'ascèse. On imagine — en cas de défaillance inventive, il suffit de se reporter aux vignettes qui accompagnent les éditions originales des œuvres du marquis de Sade — les édifices corporels ainsi obtenus : fusions stériles des chairs préoccupées par la captation d'énergie à offrir à la vie, à ses puissances, à ses forces. La sodomie devient l'« ascèse répétitive de l'acte premier du serpent, ouvrant les "voies" de la connaissance et dessillant ainsi les yeux aveugles de la chair[15] ». Le corps sert de la sorte au dépassement du majeur inconvénient d'être né, il est l'instrument de la libération, le recours immanent aux jouissances promues véhicules à destination du divin.

Le corps gnostique est philosophique et porte les traces des préoccupations métaphysiques de ses propriétaires. Qu'ils soient adamites et pratiquent la nudité rituelle ou saccophores et déambulent dans de vieux sacs, vieilles défroques pour éviter de donner au vêtement une fonction sociale, donc inégalitaire, les gnostiques font de leur chair un parchemin sur lequel ils écrivent sans vergogne leurs espoirs et leurs certitudes, leurs tensions et leurs ascèses. Le corps est un palimpseste sur lequel se gravent les philosophies, les conceptions du monde et les idéologies. Parmi les gnostiques, certains — les euchites — voulaient un corps oisif : ils se refusaient toute activité en dehors de la mendicité qui leur permettait de subvenir à leurs besoins réduits au maximum. L'essentiel de leur temps était consacré au sommeil : corps transparent offert à Morphée, fils d'Hypnos porteur de pavot et pourvoyeur de songes. D'aucuns, parmi les praticiens de la gnose, recouraient à la consommation de stupéfiants.

Tous les gnostiques licencieux eurent en commun une farouche volonté de libérer le corps, la chair, de laisser le désir exprimer ses fusées en affirmant que pareilles énergies, loin d'être mortifères, engageaient le sage sur la voie de la connaissance et de la vérité. La jouissance est entendue comme une offrande, un présent à destination des sphères où dansent les énergies pures dont participent celles qui animent les corps matériels. Quand Platon et Plotin font de l'âme le fil d'Ariane qui conduit à la béatitude contemplative, ils isolent une part imaginaire, un leurre, car l'âme est matérielle. Plus proches de l'évidence immanente, les gnostiques savent qu'il n'est que matière et qu'au milieu de celle-ci gît le principe qui la sauve : l'énergie — l'autre nom de la vie, de la vitalité. S'appuyant sur ces formidables puissances médiatrices, ils mettent en exergue le principe spermatique auquel ils invitent à consentir, pardelà le bien et le mal.

La gnose libertine eut une longue postérité, malgré les persécutions de l'Église, ses anathèmes et ses promulgations d'hérésies. Elle connut des variations, des modulations, des condensations et des déplacements. Chaque fois, elle a fonctionné comme un point d'ironie, une entrave bouffonne à l'esprit de sérieux œuvrant dans la civilisation tout entière dévolue à l'idéal ascétique. L'hédonisme est un éclat de rire, un parti pris joyeux, gai au milieu de l'austérité générale : Aristippe contre Platon, les cyrénaïques contre les épicuriens, Simon le Mage contre Augustin le saint, les gnostiques contre les Pères de l'Église. La contre-morale jubilatoire s'inscrit toujours dans la perspective d'un combat contre les tenants de la mort, du renoncement et de la haine des sens. Et le Moyen Age n'échappe pas à la règle : il se construit, en apparence, autour du seul christianisme et produit somme théologique ou somme contre les gentils, cathédrales de papier destinées à servir l'Église et lui fournir les moyens d'assurer sa domination sur les esprits et sur les corps. On brûle les incroyants, les sodomites, les sceptiques, on châtre Abélard, on coupe des langues, on construit des Universités pour prodiguer la bonne parole et la majorité des penseurs mettent leurs talents au service du pouvoir. Sous la robe de bure on a enfoui la mort, et partout c'est elle qu'on veut faire triompher.

Rétifs, rebelles et libertaires les Frères et Sœurs du Libre-Esprit disent non à l'idéal ascétique et élèvent un grand oui protestataire qu'on peut encore entendre aujourd'hui grâce au travail de Raoul Vaneigem qui affirme d'entrée de jeu sur ce sujet : « Le Moyen Age a été chrétien, comme les pays de l'Est sont communistes[16] » — l'ouvrage date de 1986. Et l'on voit, sous sa plume, se fissurer une époque médiévale cohérente dévolue à l'Église, au profit du surgissement d'une force hédoniste vivace, puissante et déterminée.

Le corps devient, là encore, l'instrument du salut, le partenaire d'une relation sotériologique. Les jouissances de la chair sont vantées sans aucun souci moral classique : il s'agit de permettre le plaisir pur et simple. Dans son *Examen de l'esprit nouveau* (vers 1259, 1262) Albert Le Grand rapporte le principe auquel se réfèrent les adeptes du Libre-Esprit : « Qui est uni à Dieu peut impunément assouvir son désir charnel de n'importe quelle façon, avec l'un et l'autre sexe, et même en inversant les rôles[17]. » Pour pratiquer la liberté sans culpabilité, il faut se défaire de tous les dogmes qui asservissent à un hypothétique salut ou à une damnation possible : dans cet ordre d'idées, le Paradis, l'Enfer, le Purgatoire sont renvoyés aux magasins des accessoires pervers. On dit leur rôle néfaste et leur fonction castratrice, et tout l'usage politique, idéologique que peut en faire le pouvoir ecclésiastique, donc le pouvoir tout court.

Les voies d'accès traditionnelles et dogmatiques à la perfection sont flétries : jeûnes, macérations, ascétisme sont déclarés indignes et maléfiques. Le péché est mis à terre au profit d'une morale immanente située par-delà le bien et le mal qui commande le maximum de jouissance ici et maintenant : la faute, le mal des chrétiens sont dépassés. Aussi invite-t-on à la gourmandise, au vol, à l'adultère et à n'importe quelle autre transgression qui vise la satisfaction du corps, des sens, de la chair et de la matière. L'offensive concerne également les enseignements théologiques officiels : la virginité de Marie et son immaculée conception, la transsubstantiation sont balivernes et leurres grotesques, instruments de domination sur les corps et les âmes. Albert Le Grand rapporte que les Frères et Sœurs du Libre-Esprit ne croient pas à la résurrection qu'on enseigne seulement dans le but de faire céder chacun sur son désir au profit d'un hypothétique bonheur céleste. Les sectateurs hédonistes ne connaissent de dimension au temps que le présent : jouir dans l'instant de ce qu'il est possible d'accomplir. Ne jamais différer, ne jamais remettre un plaisir possible ici et maintenant à demain, ne jamais abandonner la proie pour l'ombre. Vivre, vivre et encore vivre.

Au-delà du bien et du mal, les partisans du Libre-Esprit enseignent la Nécessité et la soumission du réel aux lois de la matière : il ne sert à rien de se rebeller contre l'avènement des choses, mieux vaut consentir et pratiquer le grand oui à l'existence. L'action n'est pas soumise aux caprices d'un éventuel libre arbitre, la seule liberté dont l'homme puisse se prévaloir consiste en l'acceptation de la Nécessité. La Nature est bonne conseillère, il faut obéir aux impulsions qu'elle suscite et aux conseils qu'elle donne. L'erreur serait de croire à la possibilité de contrarier le mouvement naturel des choses et du réel.

Le bégard prend à la lettre l'étymologie d'Église qui

révèle la communauté, l'assemblée de convaincus, le cénacle. Mais il n'entend pas le regroupement comme on pourrait le croire et partage avec les gnostiques licencieux l'idée qu'il faut promouvoir la communion par l'orgie. Et le corps de retrouver un rôle majeur. Guillaume d'Egmont rapporte comment, lors de messes parodiques, les Frères et Sœurs du Libre-Esprit mettent en scène Jésus et Marie afin de leur faire jouer la scène primitive de l'innocence antérieure au péché originel. Le Christ qui célèbre l'office est paré de vêtements précieux et porte un diadème. C'est alors qu'intervient « un prédicateur nu, qui invite l'assemblée à se dévêtir en témoignage de l'innocence retrouvée. Un banquet reproduisant la Cène, avec chants et allégresse se terminait en orgie[18] ». L'obéissance au désir est bonne, elle génère une satisfaction qu'on peut offrir et transformer en charité. Les hommes ne sauraient disposer d'une capacité au plaisir pour qu'elle soit brimée, interdite et comprimée. Le refoulement des énergies sensuelles est le mal dans l'éthique du Libre-Esprit. Il faut en croire les moniales de Schweidnitz qui professent : « Tout ce que l'œil voit et désire, que la main l'obtienne ! Si un obstacle se dresse devant lui — le bégard —, qu'il le supprime de bon droit. Car, si un homme tient tête à ce qui lui est contraire, sa liberté n'est pas entravée[19]. » Et les moniales n'enseignent pas sans risque, puisqu'elles tiennent ces propos devant Gallus Neuhaus, l'inquisiteur qui les persécute. Ce jour, elles en profiteront pour nier l'existence du Diable, de l'Enfer, du Purgatoire et du Paradis et dire combien ces inventions de l'Église servent la cause de la castration et du refoulement. Les Possédées de Loudun peuvent prendre des leçons...

Le principe de Nécessité doublé de l'Immoralisme implique une lecture totalement immanente du réel, cruelle dirait Clément Rosset. Et les moniales ne reculent pas devant les conséquences de leurs positions métaphysiques, ce qui les conduit à défendre des thèses à l'aide d'une rhétorique qu'on retrouvera à l'œuvre, dans les mêmes formes, chez le marquis de Sade. Nos bonnes religieuses justifient en effet le crime qui n'est jamais que la perturbation, placée sous le signe de la nécessité, d'une information particulière de la matière. Donner la mort, c'est aider à l'impulsion qui œuvre déjà dans le réel et qui, sous l'angle dynamique, ne cesse de faire surgir de nouvelles formes au détriment des anciennes. « Frère, disent-elles, lorsque tu frappes qui te frappe, tues qui veut te tuer, n'en aie pas mauvaise conscience, ne te confesse pas à un prêtre. Celui que tu as tué, tu t'es seulement contenté de le rendre à son principe initial, d'où il était issu[20]. » La théorie est claire, précise. L'invitation est sans ambages. Et les religieuses ne reculent pas devant les conséquences pratiques, concrètes, de leur métaphysique. Si malencontreusement une conventuelle connaît les plaisirs de la conception virginale, à moins qu'il ne s'agisse du fruit de l'imprudence orgiaque, elle pourra sans complexe ni remords recourir à l'avortement, voire à l'infanticide — car, parlant d'un enfant qui pourrait voir le jour sans le consentement de ses géniteurs, tous deux membres du Libre-Esprit, les moniales disent : « C'est à bon droit qu'ils le peuvent mettre à mort ou jeter à l'eau comme un quelconque vermisseau[21]. » On ne plaisante pas au monastère de Schweidnitz qu'on pourrait jumeler, rêvons un peu, avec le château de La Coste.

Les Frères et Sœurs ignorent les interdits sexuels et enseignent que « tout ce que l'homme fait sous la ceinture n'est pas un péché[22] ». Sœur Adelheide donne même des détails pour qui voudrait un vade-mecum et confesse combien les « attouchements réciproques et impudiques dans la région anale[23] » sont générateurs de plaisirs subtils. De même l'inceste est-il lavé du tabou qui pèse sur lui. Johannes Hartmann D'Astmanstett écrit d'un homme qui aurait des désirs incestueux : « Si la nature l'induit à l'acte d'amour, il peut s'y livrer légitimement avec sa propre sœur ou avec sa mère, en quelque lieu que ce soit, même sur l'autel[24]. » Il est vrai qu'à choisir une Église, mieux vaut élire l'endroit le plus chargé de sacré, c'est là, en effet, sous les mains de l'officiant, scellées dans la pierre, que sont placées les reliques consacrées qui permettent un supplément d'âme à l'intercesseur ecclésiastique. Transgression et sacrilège, deux précautions valent mieux qu'une. Notons, enfin, que les moniales aiment les parures érotiques et recourent aux étoffes précieuses, aux dessous chic qu'elles revêtent sous leur bure, à moins qu'elles ne fassent tailler directement les tissus pour leur donner forme de vêtements de travail, ce qui ajoute l'ironie à la jubilation.

L'appartenance au Mouvement du Libre-Esprit devrait suffire pour renseigner les membres sur les intentions qui président à l'intersubjectivité hédoniste promue dans leurs ateliers. Toutefois, pour simplifier et établir un code de la communication jubilatoire, les Frères et Sœurs avaient mis au point un langage gestuel destiné à dire le désir, à manifester l'envie de plaisir. Ainsi, l'expression de la volonté de jouissance se fait par le biais de signes codés avec précision : « Si la sœur pose un doigt sur le nez, elle engage le frère à pénétrer dans sa maison, qu'il soit dans l'église ou sur la place publique. Si elle se touche la tête, alors le frère entre dans la chambre et prépare le lit. Si elle se touche la poitrine, il monte dans le lit et pratique l'œuvre de la nature et l'amour autant de fois qu'il le peut[25]. » On imagine combien, dans les couloirs du monastère de Schweidnitz, la gestique devait faire penser à un banal institut de sourds et muets — avant même que ne fût codifié l'alphabet gestuel par l'abbé de l'Épée.

La débauche sexuelle et sensuelle n'exclut toutefois pas la chasteté, car on définit la chose de manière agréable chez les adeptes du Libre-Esprit : on est chaste quand on entretient une relation sexuelle avec un membre de la communauté libertaire, tout simplement. La récupération d'une virginité perdue après un viol est même possible, Johannes Hartmann d'Astmanstett en donne le mode d'emploi. Une jeune fille connaît successivement — la furieuse — dix partenaires. « L'un d'eux, plus grossier de corps et même de capacités naturelles, la possède en premier. Les autres lui succèdent, jusqu'au dernier, qui est le plus petit, le moindre d'entre eux. Eh bien, si celui qui la possède en dernier est libre d'esprit, la fille corrompue récupère grâce à lui la virginité que les autres lui ont ôtée[26]. » Il suffit de savoir organiser l'ordre de passage. Le corps est à disposition de chacun, il a été fait pour cela : c'est l'instrument de la jouissance et la quête de celle-ci est naturelle. Le principe est simple : « Il en va des femmes comme des veaux et des bovidés : comme ils sont créés pour les hommes, qui les peuvent consommer, les femmes ont été créées pour qu'en usent ceux qui vivent dans le Libre-Esprit[27]. » La nature enseigne la simplicité et le penchant à la jouissance ; la culture apprend la complication et le refoulement des plaisirs. La liberté consiste à vouloir la nécessité naturelle qui mène à la jubilation. Les instincts, les passions sont bons, car ils invitent naturellement à chercher le plaisir et à fuir la douleur, le déplaisir.

L'éthique hédoniste des Frères et Sœurs du Libre-Esprit

reprend la thématique mise en place par Aristippe : le corps est le seul instrument de la jouissance ; la morale est relative, il s'agit de la soumettre au principe de plaisir ; l'individu est la mesure du vrai, du bon et du bien, en fonction de son seul arbitraire ; l'instant est la seule dimension du réel ; la nature est un indicateur fiable et la nécessité ne commande que l'agréable ; l'immanence, sinon le matérialisme, sont les seules vérités métaphysiques, il n'y a pas d'arrière-mondes, donc ni péché, ni remords, ni culpabilité ne sont légitimes ; Dieu, les dieux, le divin, le sacré sont sans fondement. Restent la liberté et la jouissance d'icelle. A la question posée par l'inquisiteur sur la nature de cette Liberté de l'Esprit, Johannes Hartmann a répondu : « Elle consiste en ce que le remords de conscience cesse d'exister tout à fait. » Au-delà du bien et du mal, l'homme libre est le créateur de ses propres valeurs, il évolue sur les cimes en compagnie des seuls aigle et serpent. « Ceux qui se trouvent dans ledit esprit de perfection et dans l'esprit de liberté ne sont plus contraints d'obéir aux hommes, ni à quelque précepte que ce soit, ni aux règlements de l'Église : ils sont vraiment libres. Un tel homme libre est le roi et le maître de toutes les créatures. Tout lui appartient. Tout ce qui lui plaît, il peut légitimement le recevoir pour son usage (...). Il peut légitimement entreprendre tout ce qui assure son plaisir. Plutôt que de renoncer à un acte auquel incite la nature, mieux vaudrait que la terre entière périsse[28]. » Faut-il s'étonner que ce père de Sade, Stirner et Nietzsche ait vraisemblablement péri sur le bûcher, à Erfurt, en 1368, en compagnie de six autres bégards ?

L'hédonisme traverse les deux ou trois siècles qui suivent de façon sporadique. Les goliards, par exemple, à mi-chemin du jongleur et du troubadour, sillonnent les contrées en professant une liberté de mœurs manifeste. Le corps féminin est montré comme un vecteur de transport et de jouissances louables. Là où ils passaient, on les entendait dans les registres érotiques et satiriques, bachiques et funèbres, dire ou chanter le plaisir et la mort, la vacuité du temps, et l'impératif de profiter de l'instant présent.

De même, certains cathares ont épuré l'image et la réalité de l'amour pour en dissocier la pratique de l'utilitarisme cynique des riches et des puissants. La sexualité dominante, patriarcale et destinée à la procréation, sinon à l'hygiène, est fustigée au profit d'un érotisme spiritualisé qui modifie la définition du corps et la perception qu'on a de ses potentialités. Le catharisme a purifié la chair en lui rendant son autonomie : le péché originel, la souillure, la haine du corps ont été mis à mal. Ces retrouvailles des individus avec leurs corps permettront à quelques singularités de revendiquer la liberté pour leurs pratiques sensuelles. Ainsi de Béatrice de Planissoles et de Gradiza qui tirent pratiquement les conséquences de la déculpabilisation de l'amour charnel — ce qui autorise René Nelli à écrire : « Le libertinage a incontestablement constitué pour les femmes au XIIIᵉ siècle (...) une protestation inconsciente contre l'ordre social qui les brimait et surtout contre le mariage inégalitaire, à direction masculine[29]. »

A la même époque, l'érotique des Troubadours manifeste une même volonté d'instiller l'hédonisme dans le quotidien et dans les relations sensuelles. Contre le christianisme, malgré lui et ses condamnations, les Fêtes permettent un paganisme de bon aloi en direction des corps. Ainsi du Valentinage ou des Fêtes de Mai qui permettaient de mettre le mariage entre parenthèses le temps des festivités au cours desquelles la sexualité obéissait au principe de plaisir et non plus aux impératifs de la réalité. Des tirages au sort, d'abord, puis des désirs manifestés, mettent en relation des individus qui recouvrent leur liberté de corps le temps de la folie, avant de retrouver la voie du conformisme. Le libertinage faisait ainsi des incursions dans le quotidien, ouvrant des brèches dans l'ordre social au nom de la volonté de jouissance.

Les penseurs baroques, qui officient entre Henri IV et Louis XIII, proposent l'envers de la médaille bigote : Des Barreaux, Luillier, La Mothe, Le Vayer, Chapelle contre Bossuet, Pascal, Malebranche, Fénelon, le libertinage érudit contre les assauts conjugués du quiétisme, du jansénisme et du puritanisme chrétien. Le siècle des saints, comme on l'appelle aussi, n'a pas produit que des parangons de vertu, ou des Descartes, préoccupé de ménager la religion de son Roi et de sa nourrice en élaborant une dérisoire morale par provision qui détruit presque tout, mais épargne l'essentiel. Les libertins érudits attaquent d'ailleurs la philosophie du Poitevin et ses ramifications, même s'ils apprécient le dernier Descartes préoccupé de dissections animales et de questions physiologiques.

Le Grand Siècle, loin d'être conservateur, propose même de fortes individualités qui préparent le matérialisme, l'athéisme et l'humanisme des Lumières. La captation des puissances libertines érudites est même pour beaucoup dans l'élaboration de la pensée éclairée. A certains égards, les penseurs baroques qu'on dit mineurs vont plus loin que les emblèmes tels Rousseau, Montesquieu ou Condorcet. Sur la raison et ses usages, la morale et ses pouvoirs, le corps et ses potentialités, l'athéisme et sa radicalité, les libertins du XVIIᵉ siècle ont puissamment fait la lumière, jusque dans l'outrance, en prêchant l'exemple et en agissant plus qu'en élaborant de lourds volumes théoriques. Le plus encombré de gloses et le plus présentable des libertins érudits est Gassendi, seule concession que l'histoire des idées fasse le plus souvent à cette sensibilité.

La source sur cette question est paradoxalement fournie, comme souvent pour l'Antiquité, par un fort volume — plus de mille pages — d'un prêtre qui entendait de la sorte lutter contre le courant libertin : pour attaquer les principes de cette pensée, il les isole, fait un travail de mise en ordre, en forme, rédige des propositions claires et distinctes qui synthétisent la vision du monde des amis de Des Barreaux. Le Père Garasse, puisqu'il s'agit de lui, donne sa définition du libertin : « J'appelle libertins nos ivrognets, moucherons de tavernes, esprits insensibles à la piété, qui n'ont d'autre Dieu que leur ventre, qui sont enrôlés en cette maudite confrérie qui s'appelle la *Confrérie des bouteilles*. » Et plus loin : « J'appelle impies et athéistes ceux qui sont les plus avancés en nature ; qui ont l'impudence de professer d'horribles blasphèmes contre Dieu ; qui commettent des brutalités abominables ; qui publient par sonnets leurs exécrables forfaits ; qui font de Paris une Gomorrhe ; qui font imprimer *Le Parnasse satyrique* ; qui ont cet avantage malheureux qu'ils sont si dénaturés en leur façon de vivre qu'on n'oserait les réfuter de point en point, de peur d'enseigner leurs vices et faire rougir les blancheurs du papier[30]. » Pourtant, le papier eut à rougir et les vices libertins furent transmis, remercions le Père Garasse, sans lui et son ouvrage de guerre, on ne saurait aujourd'hui presque plus rien sur ce sujet.

Dans le labyrinthe de cette *Doctrine curieuse* — car tel était le titre du livre — Garasse donne des détails sur ce qu'était cette divine confrérie de la bouteille qui est au

xvıı^e siècle ce que sont Académie, Lycée, Jardin et Portique
à l'Antiquité grecque. Le tripot, le cabaret, la taverne accè-
dent à la dignité de lieux philosophiques. Perdus dans des
monceaux de perdrix rôties, évoluant parmi des femmes
avenantes, grands consommateurs de vin frais, les libertins
érudits se retrouvent, en cachette du pouvoir qui traque
les marges, pour rire, boire, manger, lutiner, mais aussi
écrire des vers subversifs, échanger des idées progressistes,
pratiquer l'ironie à l'égard d'un vieux monde qu'il s'agit de
détruire : quand Descartes recourt au doute méthodique
pour réduire à néant une partie de la tradition, les libertins
optent pour l'effet déconstructeur de l'humour, du cynisme
et de toutes les versions du recours à la raillerie. Dans cette
nouvelle Académie, bachique, on s'échauffe souvent, on se
bat parfois. Garasse raconte le fait divers concernant l'un
des habitués : « Étant ivre comme une pie et saoul jusques
au sifflet, après mille vilennies qui feraient honte aux can-
nibales (...), le Destin ou la Providence divine porta qu'un
éclat de verre lui entrant dans la main, il mourrut dans
les trois ou quatre jours avec des frénésies et blasphèmes
incroyables, sans que jamais on pût remédier au salut ni
de son corps, ni de son âme[31]. » On y meurt aussi, donc,
dans ces cabarets philosophiques.

Enfin, on y chante de plus ou moins bonnes chansons,
pourvu qu'elles permettent le blasphème ; on y dit de plus
ou moins mauvais vers, pourvu qu'ils apportent la subversion. Un anonyme qui a laissé quelques imprécations poétiques contre la Résurrection constate, non sans malice,
que même sur la croix, on ne peut s'empêcher de demander à boire, et remarque qu'au moment crucial, car il s'agit
de trépasser, le Christ « eut beau s'écrier : "A l'aide, mon
papa" (...), il ne fut pas ouï[32] ». Plus programmatique, Des
Barreaux enseigne, en deux mots, l'impératif catégorique
hédoniste :« Étudions-nous plus à jouir qu'à connaître / et
nous servons des sens plus que de la raison. » Ou : « Il faut
prendre pendant la vie / tout le plaisir qu'on peut avoir / la
clarté que Dieu nous fait voir / d'une longue nuit est suivie[33]. » Dans les fumées du tripot, on reconnaît également
Vauquelin des Yveteaux qui portait, conquérant, un ruban
jaune sur son chapeau : il avait obtenu cette faveur sous
les robes de Ninon de Lenclos et l'arborait comme un analogon, aurait dit Sartre, sur son couvre-chef. On lui doit
d'avoir énoncé son programme en quelques vers... :

« Chercher en tous temps l'honnête volupté / Contenter ses désirs, maintenir sa santé / (...) / Les jardins, les tableaux, la musique, les vers / Une table fort libre et peu de couverts[34]. »

Le pouvoir est répressif à l'égard des libertins et de tous ceux qui invitent à la liberté de l'esprit. A cette époque, on risque la mort pour avoir osé un propos matérialiste, esquissé un geste mécréant, laissé croire qu'on pouvait être athée. La langue de Vanini sera tranchée et son propriétaire finira sur le bûché ; Théophile de Viau fut condamné à périr par le feu avant de voir sa peine commuée ; Saint-Evremond connaîtra la Bastille avant l'exil en Angleterre ; on sait quel procès fut fait à Galilée ; Jacques Fontanier meurt, lui aussi par les flammes, à cause de son incroyance. Les précautions s'imposent, d'où les pratiques libertines du cénacle, de l'amitié qui garantit des dangers officiels. Les affinités électives permettent une plus grande sûreté dans les échanges, les rencontres et les débats d'idées. On laisse peu de traces susceptibles de se retourner contre leurs fabricants : les écrits sont rares, les livres se comptent sur les doigts d'une main. Le sonnet ou la chanson, le bon mot ou le geste éloquent parlent plus que la somme théorique. La pensée libertine se trouve éclatée, fragmentée. Il faut la chercher dans des morceaux : une action subversive, un trait d'esprit, une attitude philosophique.

Les libertins manifestent une évidente volonté de dépasser le christianisme et d'abandonner tous ses enseignements en matière d'idéal ascétique. La déchristianisation qui sévira au siècle suivant prend ici sa source. Le Père Garasse rapporte les imprécations libertines contre Jésus : les libres esprits disaient : « N'avait-il rien plus à nous dire sinon qu'en bêtes et pécores il faut plier les épaules sous les coups et enfler les joues pour recevoir soufflets quand il plaira à nos ennemis prendre plaisir aux dépens de notre sottise ? N'y avait-il pas un plus honorable chemin pour parvenir à la félicité que celui de la patience d'âne ? Savoir celui de la gloire et du plaisir, qui n'aurait ni tant de travail, ni tant de reproches, et qui eût été fréquenté de tous les bons esprits et généreux courages[35]. » D'où l'anticléricalisme militant des libertins qui ne ménagent aucune fusée contre les représentants de l'ordre ecclésiastique. Le pape, les évêques, les curés en prennent tous selon leur grade.

Les gestes afférents sont nombreux : ils vont du quolibet à ce qu'en terme esthétique on appelle aujourd'hui la performance, en passant par tous les degrés de la dérision.

Presque un siècle avant le Chevalier de La Barre, Théophile de Viau refusera de se découvrir lors du passage d'une procession. A chaque fois qu'il en avait la possibilité, il proclamait l'existence de Dieu, du Diable des Enfers et du Paradis. Le monde libertin se passe sans difficulté de Dieu. De son côté, Des Barreaux s'en prend au Père Garasse, le si précieux chroniqueur de la geste libertine : il vient l'attendre au pied de la chaire après son prêche pour lui lancer quelques anathèmes et le chahuter avec ménagement. Une autre fois, il déserte l'Église pour lui préférer un Temple dans lequel il vocifère des chansons à boire. Plus tard, on le verra se précipiter sur un prêtre qui portait le saint sacrement pour mettre à terre sa calotte afin, disait-il, de lui apprendre la politesse. Les libertins ne manquent pas de courage quand on sait se souvenir que, cent ans plus tard, on envoie au bûcher les fortes têtes pour les mêmes agissements. S'il fallait un symbole de ce courage doublé d'ironie, on pourrait le trouver en la personne de Hieronimo Borro que l'Inquisition inquiéta avec persévérance. Le philosophe niait qu'au-delà de la huitième sphère, la borne du monde, il y eût quoi que ce fût. Devant les juges du tribunal ecclésiastique, le penseur fut invité à se rétracter : ce qu'il ne fit pas. Aux membres de la juridiction d'exception qui le pressaient de dire qu'il existait une réalité divine, quelque chose, au-delà de cette limite, il répondit : « S'il y a quelque chose au-dessus de la huitième sphère, ce ne peut être qu'un plat de macaroni[36]. » Après quoi, il prit ses jambes à son cou. Sagesse italienne, à coup sûr — Galilée fut moins drôle et plus inquiété.

L'anticléricalisme libertin est également iconoclaste. Chez les amis de Des Barreaux, on aime prendre en grippe les images, les symboles, les emblèmes de la chrétienté. Si, par bonheur, on dispose d'un des milliers de fragments de la vraie croix, on essaiera d'en faire brûler un morceau — ce que tâchèrent de faire Condé flanqué d'un curé, l'abbé Bourdelot, un spécialiste en crucifix, d'un médecin et d'une princesse Palatine, Anne de Gonzague. Sans succès, toutefois : il est des moments où l'on finirait par croire en Dieu.

Les croix font l'objet de fureurs particulières. Analogon,

dirait une fois encore Jean-Paul Sartre. Et l'on peut faire confiance à Fontrailles, Brissac et Vitry qui, un jour d'enterrement, chargèrent la procession, épée en main, tailladant le crucifix aux cris de « Voilà l'ennemi ». Il faudrait compter, parmi les forfaits de ce genre, la mise à terre du calvaire qui se trouvait au beau milieu de l'île Saint-Louis, prélude à un saccage en règle avant de vraisemblables ripailles.

Certes, on n'aime pas les curés, les moines et les moniales. Une nonne en fit un jour l'expérience à son corps défendant en subissant, de la main du maréchal de Fervaques, un clystère d'eau bénite. Ce dernier entendait faire ainsi la preuve de l'impiété dont on l'accusait. Pari gagné.

Les sacrements deviennent également des cibles de choix. Ainsi du baptême ou du mariage. Une salle de jeu de paume fut un jour transformée en église pour les besoins de la cause libertine et de son intercesseur, le chevalier de Roquelaure, qui fit, dans les règles, un baptême de chiens. Bussy aurait fait de même, plus tard, ailleurs, avec un cochon de lait et quelques autres animaux, dont des grenouilles. Pour l'occasion, il se fit aider par la marquise Christine de Mosqueron, dont l'histoire a retenu le tempérament fougueux et l'exceptionnelle beauté. Elle fut de plusieurs fureurs anticléricales et commit un libelle aujourd'hui perdu qui avait pour objet les batraciens et le salut de leurs âmes. Avec la marquise, le beau sexe n'était pas en reste. Le libertinage fit tant de progrès qu'il en vint même à concerner les couches les moins nobles de la société puisqu'on a conservé mémoire d'un laquais familier de l'entourage de Retz qui arracha des mains d'un prêtre l'hostie qu'il présentait au moment de l'élévation. Le brave homme mit le Christ en demeure de se montrer. En vain...

L'athéisme est la condition de possibilité de l'hédonisme : l'existence de Dieu est incompatible avec la liberté des hommes. Les rhétoriques déistes ne suffiront pas à invalider cette évidence. Seule la mort de Dieu fournit le préalable à la naissance de l'homme, à l'avènement d'un sujet réconcilié avec lui-même, au-delà des aliénations majeures et des entraves connues. La transcendance divine interdit l'immanence humaine. Et l'on peut comprendre la faveur dont jouit Épicure pendant le Grand Siècle, lui qui fournit avec son atomisme et son matérialisme les moyens

de penser malgré le christianisme, voire contre lui ou au-
delà de lui. Le philosophe grec vaut moins pour son
pseudo-hédonisme que pour sa mise en forme de la tradition abdéritaine appelée au secours pour faire une arme
de guerre contre les doctrines de l'Église. La sensibilité
libertine, outre les fondations athées et matérialistes, peut
être saisie à l'aide de quelques lignes de force : « Prise de
position parfaitement nette en faveur de l'hypothèse hélio-
centrique ; refus de toute autorité en matière de philosophie ; adoption d'un système atomistique à tendances
matérialistes et d'un scepticisme radicalement négateur ;
séparation de la raison et de la foi, mais organisation de la
raison pour combattre toutes les formes du surnaturel et
pour assurer à la conduite humaine une pleine autonomie ; appel à toutes les inspirations du paganisme[37]. » Le
libertinage est une authentique déclaration de guerre à
l'Église et à ses enseignements : Rome enseigne le géocen-
trisme plus ou moins déduit des Écritures ; elle a produit
l'autorité scolastique, idéologie officielle ; elle croit au spiritualisme idéaliste qui permet de créer un Dieu pur objet
d'intellection ; elle donne à croire de lourdes certitudes en
produisant une norme, un vrai et un faux sans ambages ;
enfin elle soumet purement et simplement la philosophie
à la religion et ne donne les moyens d'exister à la première
que si elle se fait vassale de la seconde. Un siècle avant les
Lumières, les idées qui, peu ou prou, produiront la Révolution française, se trouvent en action, à l'œuvre et circulent.
    La positivité libertine suppose le relativisme éthique, la
mise en cause de l'existence de vérités éternelles. La Mothe
Le Vayer, par exemple, met toute son ardeur à fouiller l'histoire pour mettre en évidence la multiplicité contradictoire
des coutumes et des mœurs. Si d'ailleurs il fallait un père
à l'anthroplogie, n'en déplaise à Claude Lévi-Strauss, ça
n'est pas chez Rousseau qu'il faudrait aller le chercher,
mais chez l'auteur des *Dialogues faits à l'imitation des
anciens* (l'un d'entre eux, d'ailleurs, répond au titre *Des
rares et éminentes qualités des ânes de ce temps* et conserve
toute son actualité). Hérodote, Aulu-Gelle, Thucydide,
César, Polybe, Homère, Plutarque sont abondamment mis
à contribution pour montrer qu'en matière de mœurs, tout
est possible. Sur le plan de la sexualité, La Mothe Le Vayer
invite à donner libre cours à toutes les passions après avoir
constaté qu'aucune d'entre elles ne faisait l'objet d'une pro-

hibition universelle ou d'un interdit valable dans toutes les contrées à la fois. Les libertins travaillent donc à l'autonomisation de la morale, ce qui n'est pas sans difficulté après plusieurs siècles d'inféodation de l'éthique à l'idéal ascétique chrétien.

Bien qu'indépendante d'une tutelle transcendante, la morale libertine ne peut fonctionner sans fondation, et c'est la nature qui fournit le socle métaphysique de l'éthique. Le Père Garasse rapporte d'ailleurs cette idée comme un principe architectonique libertin : « Il n'y a point d'autre divinité, ni puissance souveraine au monde que la *Nature*, laquelle il faut contenter en toutes choses sans rien refuser à notre corps ou à nos sens de ce qu'ils désirent de nous en l'exercice de leurs puissances et facultés naturelles[38]. » Ce que la Nature enseigne ne saurait être mauvais, il s'agit de suivre ses penchants, ses impulsions, ses désirs et ses instincts. La civilisation rend les passions dangereuses en les affublant d'un coefficient négatif, en les associant au mal. Et le mouvement naturel conduit à quêter le plaisir et éviter la douleur. Saint-Evremond l'écrit à Ninon de Lenclos dans une lettre à propos de la morale d'Épicure :« L'amour de la volupté et la fuite de la douleur sont les premiers et les plus naturels mouvements qu'on remarque aux hommes ; que les richesses, la puissance, l'honneur, la vertu peuvent contribuer à notre bonheur ; mais que la jouissance du plaisir, la volupté, pour tout dire, est la véritable fin où toutes nos actions se rapportent. C'est une chose assez claire d'elle-même et j'en suis pleinement persuadé[39]. » L'hédonisme est donc une morale de l'intérêt, la seule qui soit susceptible de prendre en compte le réel tel qu'il est et non tel qu'on aimerait qu'il soit. L'altruisme est un produit de la culture, l'amour-propre une donnée psychologique avec laquelle il s'agit de construire l'intersubjectivité. Jouir et faire jouir, donc, afin de donner sens aux relations qu'un sujet peut entretenir, d'abord avec soi, ensuite avec autrui. Mitton le précise : « Pour être honnête homme, il faut prendre part à tout ce qui peut rendre la vie heureuse et agréable aux autres comme à soi[40]. » D'où, en ce qui concerne la jouissance, un nouveau corps et un nouveau type de relation à la matière corporelle, à la chair.

Le corps libertin est pure matière agencée de façon à permettre, durant la vie, la circulation d'énergie, de flux et de vitalité. La mort donne à la matière une impulsion qui modifie les relations mais n'affecte aucunement l'essentiel : les atomes sont immortels, seul leur agencement périt. C'est le même organisme qui va connaître la jubilation, la douleur, l'existence, le trépas, la vie, la mort. L'action doit donc s'inscrire dans le temps présent, l'instant, celui de l'antériorité au néant. Le cadavre n'a rien de sacré, il est matière pure, défaite de la vie, seule réalité sacrée s'il en fallait une. Il est chose parmi les choses, objet parmi les objets. Et la peur de la mort n'a aucune raison d'être en vertu du vieux principe épicurien selon lequel tant qu'elle n'est pas là, ce n'est pas son heure, quand elle est là, on ne peut plus en souffrir. Bussy, l'ordonnateur des baptêmes de chiens et de grenouilles, montre combien il s'agit de désacraliser la chair et les corps pour en faire de fugaces réceptacles à jouissance, le temps de vivre — et rien d'autre. Après la mort, c'est le néant. Accompagné de deux acolytes amateurs de subversion, comme lui, Bussy vint une nuit déterrer un cadavre tout frais pour lui faire danser on ne sait quelle gigue avant de le replacer dans son cercueil et de s'enquérir d'un endroit où finir la soirée avec des femmes et du vin. La proximité de la mort est toujours leçon d'hédonisme pour l'âme lucide. Jouir, donc, tant qu'il en est encore temps...

Théophile de Viau en était convaincu. Il a fait l'éloge du plaisir sans frein et de la débauche — ce qui lui valut, témoignage de sa vie philosophique, une chaude-pisse de taille contractée dans une maison de passe, qui le fit se convertir aux vertus de la sodomisation dont il se fit illico le prosélyte. Souvenons-nous que les amours gomorrhéennes sont à l'époque passibles du bûcher. Ce qui n'empêche pas ledit Théophile, Le Méthel de Boisrobert ou Vanini de s'y adonner.

Dans une réflexion qu'il mène sur les pratiques morales recensées sur toute la planète, La Mothe Le Vayer n'omet aucune précision et vante les mérites de toutes les expériences possibles et imaginables : elles vont de la masturbation — une *déception des nerfs* qui est aussi une *gentille chirurgie*[41] — à la zoophilie en passant par l'homosexualité — les *noces masculines* — et l'inceste... « On pourrait étendre ces problèmes à l'infini, écrit-il, puisque les mœurs, l'âge, la taille, la couleur, l'entretien, avec le reste des bonnes grâces, n'ont rien de certain et déterminé en cette passion, le tout dépendant des humeurs diverses et des différents appétits[42]. » Que chacun fasse confiance à sa fantaisie, sans souci de ce qu'enseignent les autorités morales ou religieuses.

Il en va des autres plaisirs comme de la sexualité. Le corps libertin jouit autant dans l'alcôve qu'attablé devant un repas plantureux. Loin du petit fromage destiné à l'orgie d'Épicure, du pain sec et de l'eau qui doit réjouir le corps du sectateur du Jardin, le libertin veut bonne chère, vins abondants et mets en nombre. Pour montrer combien ils sont soucieux d'un authentique plaisir du ventre, les amis de Des Barreaux vont parfois jusqu'à pratiquer l'indigestion et l'on meurt beaucoup d'avoir trop mangé chez les Frères de la *Confrérie des bouteilles*. Ainsi du marquis de Lavardin, emporté par une apoplexie après bombance, du marquis de la Fare, terrassé par un excès de morue, ou de La Brosse rappelé à Dieu à l'issue d'une orgie de vin et de melons.

Parfois, la gastronomie est prétexte à démonstration philosophique via un bon mot aux vertus pédagogiques. Des Barreaux est connu, quand il l'est, pour le fameux épisode d'une plantureuse omelette au lard commandée un vendredi saint malgré l'interdit alimentaire qu'on sait de consommer de la chair ce jour. Les habitués de la taverne où le philosophe allait commettre son forfait métaphysique ne revenaient pas de pareille audace, sinon de pareille impudence, quand un caprice météorologique leur donna l'impression d'avoir raison : le temps lourd s'était transformé en orage, le ciel sombre se zébra d'éclairs et un coup de tonnerre roula. En moins de temps qu'il ne faut pour le dire, l'omelette passa par la fenêtre, sacrifiée par les couards superstitieux. Des Barreaux, placide, se contenta d'un : « Voilà bien du bruit pour une omelette[43]. » De son côté, Ninon de Lenclos fit à peu près de même en période de Carême et fit transiter par une fenêtre les os du poulet qu'elle consommait avec plaisir. Or le relief ne se contenta pas de choir de manière banale et finit sur le crâne d'un curé de Saint-Sulpice qui passait par là. Elle se réjouit que coïncidences fussent aussi opportunes, elle qui, dit-on, avait l'habitude d'esquisser un pas de danse dès qu'on lui parlait d'oraison... Les repas servaient aux philosophes pour pratiquer l'amitié qu'ils tenaient en haute vertu : on y retrouvait gens sûrs et de bonne compagnie avec lesquels on ne risquerait pas la fréquentation des sycophantes. Un répertoire des tables et des confréries libertines manque : on y trouverait le *Conseil de Vaurienne-rie* de Gaston d'Orléans, la *Compagnie Dionysiaque* de d'Hozier ou *Biberons et Bachistes*, une aimable compagnie sise entre autres — comble de la béatitude ! — à Venise.

Quand ils ne se préoccupaient ni du bas-ventre, ni du ventre, les libertins pouvaient se soucier des plaisirs qu'on dit de l'esprit en taquinant les Muses et en pratiquant le sonnet, le menuet, le trait d'esprit. Vauquelin des Yvetaux composait des mélodies à chanter avec un accompagne-ment de luth ; Des Barreaux quant à lui se disait, en une belle formule, *impatient de toute musique* et confiait connaître avec Euterpe des extases que Vénus lui donnait par ailleurs ; Coypeau de son côté, se fit fort d'illustrer la tendance burlesque du libertinage : on lui dut d'exceller au luth et au lit où il fut sodomite, aux contes et aux voyages qu'il disait avec bonheur.

Les libertins furent une constellation, ils eurent d'inéga-les fortunes avec des talents inégaux. Les uns ont laissé des vers, d'autres des saillies verbales. Certains sont connus pour un libelle, un opuscule, un petit traité ou quelques pages pamphlétaires. D'autres n'ont laissé qu'une histoire, un nom au beau milieu d'un fait divers. Tel a plutôt montré de l'art dans la médecine, tel autre dans celui du trouba-dour. Tous ont en commun d'avoir été une alternative, par-fois *ad hominem*, à l'idéal ascétique et œuvrent aussi bien chez les curés que parmi les philosophes dignes de ce nom. A cet effet, on aurait aimé savoir ce que Descartes, le sage austère, et Luillier, le libertin, se sont raconté lorsqu'ils se sont rencontrés...

Les premières décennies du siècle des Lumières ont fonctionné sur le registre des acquis du libertinage érudit. En de nombreux endroits, on faisait un axiome de la phrase de François Bernier : « L'abstinence des plaisirs me paraît un grand péché[44]. » L'art de vivre au XVIIIe siècle, tel qu'on peut le voir dans les peintures de Boucher, Frago-nard ou Watteau, relève moins de Rousseau que de La Mettrie, de Montesquieu que de Sade. La plupart des phi-losophes qu'on dit des Lumières sont de sinistres person-nages, des dévots de l'idéal ascétique et du renoncement, des prêtres qui mettent au goût du jour laïc les enseigne-ments du christianisme. La Révolution française, d'ailleurs, va devoir nombre de ses idéaux à un pur et simple démarquage des principes évangéliques. La religion du Christ continue sa carrière avec des philosophes rationalistes comme propagateurs, et le comble du paradoxe est de lire chez Helvétius ou d'Holbach, par ailleurs matérialistes, des invitations à la fraternité qui ressemblent à s'y méprendre à une version laïque de l'amour du prochain, ou des mises en exergue de vertus que n'auraient pas reniées les prêtres si seulement on leur avait fait croire que les idées qu'on leur soumettait provenaient des Évangiles et non de l'*Éthocratie* du Baron d'Holbach. L'authentique subversion, à cette époque, vient de philosophes qui, ce n'est pas un hasard, connaîtront ou l'exil ou l'embastillement — et non la douceur des Salons, ces institutions où l'on pensait le bonheur du peuple et la substitution de la bourgeoisie à l'aristocratie. Le premier est un médecin qui commence sa carrière en écrivant des traités sur les maladies vénériennes, le second un débauché qui ne jouit que par fustigations — nommons La Mettrie et Sade, les deux emblèmes du matérialisme hédoniste.

Julien Onfray de La Mettrie est un praticien de la médecine et entend ne pas oublier sa dévotion à Hippocrate lorsqu'il s'occupe de philosophie : il est moins soucieux d'élaborer une théorie dans le vide, sans base, que de penser à partir de l'observation et de l'expérimentation. D'où la revendication d'un matérialisme radical, pourfendeur de toutes les perversions idéalistes. Dans son souci de penser le système d'Épicure conjointement avec les découvertes de l'iatromécanisme, La Mettrie met au point un singulier matérialisme soumis à l'ordre jubilatoire : il s'agit moins du plaisir en soi que de l'état de contentement qui suit la fin de la tension consécutive à la jouissance. Le voluptueux se distingue nettement du jouisseur : il « distingue la volupté du plaisir, comme l'odeur de la fleur qui l'exhale, ou le son de l'instrument qui le produit. Il définit la débauche un excès de plaisir mal goûté, et la volupté, l'esprit et comme la quintessence du plaisir, l'art d'en user sagement, de le ménager par raison, et de le goûter par sentiment[45] ». La jouissance est donc un art qui exige distinction, finesse et raffinement : on ne saurait la déclencher d'une manière simple et sommaire, brutale et fruste.

La mesure est essentielle, il s'agit d'y parvenir par un calcul, une arithmétique hédoniste.

Le corps libertin est avant tout une machine matérielle, comme tout ce qui, dans le réel, est doué de vie — animal ou plante. Dans la chair, on distingue un système nerveux : c'est du corps ; un influx : c'est encore du corps ; de la pensée : c'est toujours du corps. Le monde n'est qu'une collection des myriades de modifications empruntées par la matière. Il n'y a pas d'idées, pas d'esprit, pas de substances immatérielles. Tout ce qui existe obéit aux lois naturelles qui régissent la matière. La réflexion, la conscience, la méditation ne sont que des produits du cerveau que La Mettrie définit d'ailleurs, en une formule d'une étonnante modernité, comme : « le viscère de la pensée[46] ». Les neurobiologistes d'aujourd'hui disent la même chose.

Après avoir constaté, ironique et provocateur, que « des animaux à l'homme, la transition n'est pas violente[47] », La Mettrie compare les bêtes à leurs propriétaires pour consentir à une distinction, mais en défaveur des seconds : les mammifères qu'on dit inférieurs sont en effet doués d'une formidable capacité à l'adaptabilité, qualité qui manque singulièrement aux hommes qui pourraient mourir à côté d'aliments n'ayant pas l'heur d'entrer dans leurs habitudes culinaires. Les singes ont donc sur les humains l'avantage d'une plus grande souplesse intellectuelle. Si différence il y a, c'est donc au détriment du *sommet de la création* diraient les chrétiens. En revanche, le babouin et le philosophe sont frères en physiologie, on s'étonnerait même de les voir si proches parents le ventre ouvert, les entrailles sur une table de dissection. La preuve serait ainsi faite que pour certains, la ressemblance ne concerne pas seulement le visage. Animal de cirque et bateleur d'amphithéâtre sont de la même manière parcourus par un flux, une énergie — la « force innée de nos corps[48] » écrit La Mettrie — inégalement répartie dans les organes du corps : certains en sont richement dotés, d'autres plus pauvrement. Ainsi s'expliquent les disparités fonctionnelles et l'importance des diverses parties d'un organisme. La métaphore à laquelle recourt le philosophe-médecin est dynamique : tous les ressorts subalternes sont ramenés à un principe architectonique, l'âme, principe « incitant et impétueux (qui) a son siège dans le cerveau à l'origine des nerfs, par lesquels il exerce son empire sur tout le reste du corps[49] ». Le fonctionnement du corps est envisagé selon les lois qui régissent ce que, plus tard, on appellera la thermodynamique : l'échauffement du sang, l'accélération, la fièvre, l'augmentation de la chaleur intérieure, le transport, la tension des nerfs, leur excitabilité, le trouble, les titillations, le désir, les fluides vifs comme l'éclair, les traces laissées dans la matière du cerveau. La machine corporelle connaît des élévations de température, des abaissements aussi, elle subit des pressions et décompressions, des modifications qui impliquent troubles, dysharmonies ou quiétude, harmonie. La chair est le lieu où se fait la pensée, elle est aussi le composé de matière que traversent désirs et plaisirs. Le corps est une machine à jouir et à souffrir, et il est possible d'agir sur son fonctionnement.

Le matérialisme implique qu'il n'est pas d'éthique possible sans diététique : la machine nécessite un carburant avec lequel il faut jouer. La nourriture suppose l'ingestion de matière à destination de la matière, pour entretenir sa conformation. Manger, c'est agir sur les rouages internes de la mécanique corporelle, soit en facilitant, soit en entravant l'ordre dynamique. En vertu de ces principes, « la seule philosophie qui est ici de mise (est) celle du corps humain[50] ». La gastronomie a des visées morales, c'est avec elle qu'on produit l'organisme qui, à son tour, produira la pensée. La matière se nourrit de matière, les corps se constituent avec des corps, le mouvement de la nature est dialectique : ingestion, digestion, combustion — la pensée est tout simplement l'une des modalités de cette combustion.

Au centre de la matière, on rencontre l'âme, mais, cela va sans dire, celle-ci est intégralement atomique : « L'âme n'est qu'un principe du mouvement, ou une partie matérielle du cerveau, qu'on peut, sans craindre l'erreur, regarder comme un ressort principal de toute la machine, qui a une influence sur tous les autres[51]. » Fluides et solides entretiennent une étroite relation complice qui, dans un jeu de perpétuelles métamorphoses, génère la dynamique, donc la vie. L'oscillation entre les liquides et les solides, les uns nourrissant les autres, donne, en effet d'entropie, une énergie qui se perd en vitalité. Et le plaisir surgit au moment de cette combustion singulière : il se confond à la décharge de tension, à la libération de l'énergie. Ensuite apparaît la volupté, comme une vapeur après cet effort thermodynamique, une constellation brumeuse issue de ce travail du corps. L'état que connaît l'hédoniste en pareil moment est un hapax existentiel de douce exaltation : « Une vraie et longue extase, écrit La Mettrie, espèce de catalepsie d'amour qui fuit les débauchés et n'enchaîne que les voluptueux[52]. » L'art de jouir suppose la soumission de la conscience à la jouissance : savoir et vouloir cette catalepsie, la désirer, l'appeler, consentir à l'émancipation libératrice de l'énergie en soi, mettre la totalité des sens, des sensations, du corps, de la chair, de la matière au service de cette opération qui vise le ravissement. Le jouisseur est un grand affirmateur, producteur du plaisir à des fins apaisantes : il vise la volupté comme l'état de suprême félicité, le contentement et la béatitude maximales. « Le plaisir ressemble à l'esprit aromatique des plantes ; on en prend autant qu'on en inspire ; c'est pourquoi vous voyez le voluptueux prêter à chaque instant une oreille attentive à la voix secrète de ses sens dilatés et ouverts ; lui, comme pour mieux entendre les plaisirs, eux, pour mieux le recevoir[53]. » Le matérialisme hédoniste de La Mettrie suppose une exacerbation de la présence au monde, une adhésion pleine et entière à ce qui fait la substance du réel. L'attitude est inaugurale de ce que Nietzsche proposera en invitant au grand oui, à la grande affirmation et à l'acceptation de la santé qui nous habite. Les cinq sens deviennent les instruments de l'appréhension voluptueuse du monde. L'enthousiasme est le moteur de la jubilation et les égarements ont des vertus méthodologiques : « Leur délire est d'un prix fort au-dessus d'une raison froide qui déconcerte, glace l'imagination et effarouche les plaisirs[54]. » Il s'agit d'investir l'instant d'un maximum de densité affirmative, le moment présent est la seule et unique vérité. Le conseil d'Horace — cueillir dès aujourd'hui les roses de la vie — est réactualisé, magnifié et mis en perspective avec une vision du monde cohérente. Le matérialiste ne connaît d'autre dimension au temps que le présent. Tout s'y rapporte et le passé, aussi bien que le futur, ne sont que des versions ludiques inscrites dans la plus pure des immédiatetés : on se souvient, on imagine, on a la nostalgie, on échafaude, mais le tout dans le seul cadre du point momentané dans lequel on se trouve. Donc « jouissons du présent ; nous ne sommes que ce qu'il est. Morts d'autant d'années que nous en avons, l'avenir qui n'est point encore, n'est pas plus en notre pouvoir que le passé qui n'est plus. Si nous ne profitons pas des plaisirs qui se présentent, si nous fuyons ceux qui semblent aujourd'hui nous chercher, un jour viendra que nous les chercherons en vain, ils nous fuiront bien plus à leur tour[55] ». Il faut vivre de façon que nous n'ayons jamais à le regretter et vouloir chaque instant comme s'il devait être le dernier, comme s'il devait sans cesse se répéter. Le temps perdu ne se rattrape pas, la vérité d'une seconde est dans sa fugacité. Son caractère éphémère en fait sa valeur. Le temps libertin est innocence et vertu, la pratique libertine, jubilatoire et voluptueuse. Dans *L'Art de jouir*, La Mettrie écrira quelles activités l'ont ravi, quelles expériences il a menées qui l'ont conduit à connaître ces extases, cette catalepsie de l'âme dont il parle à plusieurs reprises et qui ont leur métaphore, sous la plume du médecin, dans l'opium : « Je ne voudrais revivre que comme j'ai vécu ; dans la bonne chère, dans la bonne compagnie, la joie, le Cabinet, la Galanterie ; toujours partageant mon temps entre les femmes, cette charmante école des Grâces, Hippocrate et les Muses ; toujours aussi ennemi de la débauche, qu'ami de la volupté ; enfin tout entier à ce charmant mélange de sagesse et de folie, qui, s'aiguisant l'une par l'autre, rendant la vie plus agréable, et en quelque sorte plus piquante[56]. » En exil à la cour du roi de Prusse, amateur de bons vins et de bonne chère, vivant avec une femme légère qu'il avait apportée de France, sans pour autant négliger les avantages des Prussiennes qui s'offraient, toujours délirant, rempli de talent pour les facéties, La Mettrie succomba à une indigestion, mort matérialiste s'il en est. La correspondance de Voltaire nous le montre également, face cachée qui dénonce l'authentique libertin, comme un personnage capable des plus grandes tristesses et des désespoirs les plus profonds. Aucun gai savoir n'est libre d'une conception tragique du réel. Le rire de La Mettrie n'annonçait-il que tableaux burlesques ? L'un de ses plus fins lecteurs dira combien il se gorgeait de la lucidité avec laquelle on fait la cruauté qui constate les malheurs de la vertu, voire les prospérités du vice.

Le siècle des Lumières est traversé, de part en part, de réminiscences chrétiennes. De l'Être suprême à la fraternité révolutionnaire en passant par l'ascétisme républicain austère, spartiate, les idéaux de 89 font penser à une pure et simple reprise de l'enseignement évangélique. Peu d'auteurs échappent à ce travers et l'on compte sur les doigts d'une seule main ceux qui ont osé profiter de l'époque pour aller au-delà des lieux communs et de l'idéologie admise dans le dessein de fonder une morale post-chrétienne. Les plus audacieux ont donné dans la déchristianisation œuvrant pour une table rase propédeutique à éthique moderne. On songe à Jacques Roux, Sébastien Maréchal, Collot d'Herbois, Lepeletier de Saint-Fargeau et aux hébertistes. Les philosophes sont peu nombreux à avoir donné quelques pages qui permettent une réflexion sur la pensée radicale. L'un d'entre eux, pourtant, a porté à son incandescence la métaphysique pour une pensée post-chrétienne, il s'agit du marquis de Sade que l'institution persiste à confiner dans le registre de la pornographie — de l'érotisme pour les plus complices — pour mieux faire l'économie d'une réflexion sur la philosophie. Car il y a une pensée du marquis de Sade sans laquelle on ne peut rien comprendre des textes qui mettent en scène les corps dans des architectures jubilatoires. Comment saisir le sens de ce qu'on appelle les perversions de Sade, les délires savamment catalogués dans *Les 120 journées de Sodome*, si l'on ne prend pas garde de lire, en sous-bassement, les théories du philosophe sur la matière, la nécessité, l'immanence, le vitalisme ? Sade est avant tout un penseur radical qui pousse dans ses extrêmes conséquences sa méditation sur la Nature et la place de l'homme en elle.

La bibliothèque du Marquis est forte de nombre de volumes, dont ceux de La Mettrie qu'il possède, très tôt en totalité. Pour l'avoir lu et plusieurs fois relu, il saura qu'il peut se cacher derrière le nom de son prédécesseur pour masquer son identité lors de la publication d'un libelle qu'il croit, à raison, dangereux pour sa liberté : *La Vérité*, sous-titré *Pièce trouvée dans les papiers de La Mettrie*. Par ailleurs, à plusieurs reprises, il citera de longs fragments de *L'Homme-machine*, ou d'autres textes, sans prendre aucunement la précaution de livrer ses sources. Sade et La Mettrie sont parents, ce qui autorise ce genre d'usurpation d'identité. Tout n'est-il pas confondu dans la même nécessité ? Le sujet n'est-il pas une illusion dans la métaphysique du matérialisme hédoniste ?

Toutefois, la familiarité a ses limites : en faisant du plaisir un moyen dont la fin serait la volupté, La Mettrie s'inscrivait plus dans une logique épicurienne que dans la perspective cyrénaïque. Sade veut le plaisir pour lui-même et la jubilation qu'il permet en soi, comme fin. L'un veut une ataraxie voluptueuse, l'autre une apocalypse ravageuse. Sade aime le dérèglement autorisé par la violence sensuelle, l'anarchie vitaliste qui se produit dans le corps au moment de ce qu'il appelle la décharge. L'hédonisme sadien est corporel de façon intégrale : il vise plus l'influx et l'intensité en eux-mêmes que la raison et son contentement. Le Marquis fait de la raison et de la conscience des accessoires que le plaisir emporte dans sa fougue : il s'agit de faire exulter la machine et de l'emmener au bord des gouffres. Et l'on songe à cette phrase de *L'Art de jouir* dans laquelle La Mettrie disait : « La volupté a son soleil et son ombre[57]. » Sinon ses ténèbres.

Le matérialisme sadien est à la base de toute la métaphysique libertine qui suit. Outre le fait qu'il n'y ait pour le philosophe d'une seule matière, diversement modifiée, comme pour La Mettrie, il faut préciser que celle-ci est parcourue d'une vitalité en laquelle réside tout le mystère. Sade parle de *fluide électrique*, d'*atomes électriques*, de *fibres* ou de *cours des liqueurs* avant d'expliquer la diversité des comportements, et leur multiplicité, par la différence « d'âcreté dans le sang ou dans les esprits animaux[58] ». Le secret du réel gît dans cet abîme qu'est le corps — ou dans toutes les formes prises par la matière. La nécessité corporelle est un incontournable philosophique : « Partout dans le règne animal, il y a du sang, des os, de la chair, des muscles, des nerfs, des viscères, du mouvement, de l'instinct (...). L'essence est partout la même, et (...) les diversités n'ont uniquement que les modes pour objet (...). De quelque manière que l'on s'y prenne, on ne voit que la matière dans tous les êtres qui existent[59]. » D'où l'absence de place pour Dieu, l'esprit, l'âme et autres billevesées spiritualistes et chrétiennes. La transcendance est morte et avec elle les raisons de connaître le péché, la faute, le refoulement ou la culpabilité : tout est placé sous le signe de l'immanence et de la nécessité. L'individu est une machine asservie à ces lois et rien ne peut faire qu'il soit sous une autre emprise que celle du nécessaire. La matière est un tyran impérieux qui soumet le réel à ses principes.

L'animation de la machine se fait par le système nerveux

et l'influx qui préoccupent beaucoup Sade en tant qu'ils offrent une alternative au vieux principe idéaliste de la causalité spirituelle ou divine. Ce qui met en mouvement les hommes est rien moins qu'un subtil réseau de matière nerveuse. Sur ce sujet on peut lire quelques développements intéressants dans *La Nouvelle Justine* : « Il n'y a point dans le corps humain de parties plus intéressantes que le nerf. (...) C'est des nerfs que dépendent la vie et l'harmonie de la machine, les sens et les voluptés, les connaissances et les idées ; c'est, en un mot, le siège de toute l'organisation ; c'est là où est celui de l'âme, c'est-à-dire de ce principe de vie qui s'éteint avec les animaux, qui croît et décroît avec eux, et est par conséquent tout matériel (...). Une grande inflammation agite extraordinairement les esprits animaux qui coulent dans la cavité de ce nerf et les détermine au plaisir, si cette inflammation est produite sur les parties de la génération ou sur celles qui l'avoisinent[60]. » Dans cette perspective, Sade entreprend une définition étiologique du plaisir et recourt au matériel, au corporel. Contre La Mettrie qui fait résider le plaisir dans la volupté qui suit la décharge jubilatoire, Sade installe la jouissance au cœur de la matière, et plus particulièrement, de la matière nerveuse : elle est une « secousse violente que (la) passion imprime à la masse des nerfs[61] ». Elle est donc dépense, décharge énergétique, décompression vitale, exaltation de la part maudite. Personne n'est responsable de ce jeu, en lui, des troubles agréables ou désagréables : la complexion de chacun est afférente à la nécessité naturelle, on ne peut se vouloir autre que ce qu'on est. On peut seulement consentir, contre la répression sociale, aux pulsions qui nous fouillent et veulent une issue dans l'hédonisme. La seule liberté qui soit réside dans l'acceptation et le consentement à faire de son corps un instrument pour jouir, une machine destinée à produire de la jouissance.

Le sensualisme est une obligation méthodologique. Les sens permettent les seules voies d'accès possibles à l'information de la matière, donc du corps. Avec leur aide, le réel est perceptible comme effluve, son, saveur, image, impression tactile, on peut alors envisager la combinaison des sens qui produira l'intellection, la compréhension, la réflexion. Car « qu'est-ce que penser, jouir, souffrir, sinon sentir ? Qu'est-ce que la vie, sinon l'assemblage de ces différents mouvements propres à être organisés ? Ainsi, dès que le corps cesse de vivre, la sensibilité ne peut plus s'exercer ; il ne peut plus y avoir d'idées, ni, par conséquent, de pensées. Les idées ne peuvent donc nous venir que des sens (...). La vie est la somme des mouvements de tout le corps ; le sentiment et la pensée font une partie de ces mouvements[62] ». La chair est donc le lieu où s'impriment les sensations, l'espace fini et limité dans lequel s'entrechoquent les énergies, les courants, les dynamiques. En dehors de ce vitalisme contenu dans la forme d'un corps, il n'y a rien. D'où la notion, centrale dans le système sadien, de solipsisme : avec elle, on comprend pourquoi l'intersubjectivité est placée sous le signe de l'inadéquation, de l'impossible, du leurre. On ne peut communiquer, échanger, car la peau empêche qu'on aille plus loin, en autrui, qu'à sa surface. Et l'on comprend les multiples tentatives faites par les héros sadiens pour aller au fond, au creux, au tréfonds de leurs partenaires d'infortune. Pour des raisons métaphysiques, les relations avec autrui ne peuvent qu'en rester à l'affleurement, le reste est fantasmatique.

Le regard porté par le Marquis sur le monde est, en partie pour cette raison, empreint de mélancolie, voire de désespoir. Traversant l'œuvre, on peut voir l'homme considéré comme *un malheureux bipède*, l'existence comparée à *une carrière épineuse* où il est souvent question des *caprices bizarres de la fortune*. L'hédonisme glacial de Sade s'enracine dans un pessimisme radical qui ne manque pas d'apparaître lorsque l'on suit les pérégrinations des Dolmancé, Saint-Fond, Justine, Juliette et autres Mirvel et Saint-Ange. Ainsi, avec le libertinage, « le malheureux individu connu sous le nom d'homme et jeté malgré lui sur ce triste univers, peut réussir à semer quelques roses sur les épines de la vie[63] ». Toutefois, le plaisir sadien est solitaire, il révèle le solipsisme et sa cruelle évidence. La tragédie de l'énergie se joue à l'intérieur d'un corps qui subit ses limites parce qu'il n'est autre que matière zébrée d'influx. La jouissance est la résultante d'un certain type de relation entretenue par la chair et les nerfs, la peau et les fibres — comme il est de coutume d'en parler à cette époque. Autrui n'a aucune place dans un système pareil où les hommes sont des modalités de la matière au même titre que des animaux ou des végétaux, voire des minéraux ou des choses.

L'atomisme implique la solitude de par la configuration des éléments du réel : en dehors de ces figures constitutives et du vide dans lequel elles s'agrègent, il n'y a rien. L'ordre même de leur association est sans importance, sans intérêt et ne doit mériter aucun culte. Si la matière s'est constituée autour d'une figure humaine, il n'en faut pas pour autant donner à celle-là supériorité à celle qui se sera organisée autour d'une figure simiesque. Là encore, babouin ou philosophe, c'est indifférent. L'anti-humanisme sadien n'est pas un souhait du philosophe, mais un constat de ce qui est, purement et simplement. Les atomes, la matière, la nécessité, les lois de la nature obligent à l'évidence : par-delà le bien et le mal, le réel est cruel...

L'impératif éthique du libertin est donc négateur d'autrui, non pas parce qu'il faudrait en finir avec l'autre, mais parce que la Nature oblige à cette indifférence en imposant le solipsisme. Il s'agit donc « de se rendre heureux, n'importe aux dépens de qui ; (...) de ne rien se refuser de tout ce qui peut augmenter notre bonheur ici-bas, faudrait-il même, pour y réussir, troubler, détruire, absorber absolument celui des autres. La Nature, qui nous fit naître seuls, ne nous commande nulle part de ménager notre prochain[64] ». L'éthique est un recours impuissant et de toute façon infondé : on ne peut lutter contre la Nécessité. La seule liberté possible consiste à *vouloir* le mouvement naturel.

Le langage, loin de combler l'abîme qui sépare les êtres, creuse la distance, il met en évidence la solitude et l'impossibilité de communiquer. L'imaginaire sadien fonctionne sur le registre philosophique qu'il prend comme socle. Les personnages de fiction évoluent dans le grand théâtre du monde en jouant le rôle qui leur revient : on ne peut s'impliquer dans un autre emploi que celui qui nous incombe — Tartufe ou Femme Savante, Arlequin ou Pantalon, Eugénie ou Dolmancé, Chérubin ou Figaro. Le contre-emploi est impossible, impensable même. Chacun connaît l'enfermement en lui-même, la prison de la forme et de l'identité. Dans sa vieillesse, qui mit sa solitude au paroxysme, dans l'asile où il croupit à Charenton, Sade met en scène des pièces de théâtre : l'asile comme scène, le monde comme scène, les personnages comme fiction, sa propre existence comme fiction. La mort le trouvera dans ce jeu avec le leurre et l'illusion, en grand ordonnateur de marionnettes, en animateur de pantins emblématiques. Où l'on retrouve l'automate de Descartes, l'homme-machine de La Mettrie et les animaux de Vaucanson...

Des poupées habitées de ressorts, de mécanismes, de poulies et de tuyaux qui conduisent les esprits animaux ne connaissent ni bien, ni mal, elles sont pure indifférence devant d'autres poupées qui, comme elles, s'agitent, mues par un principe qui a nom Nature. Leurs mouvements ignorent les conséquences qu'ils ont sur les autres formes matérielles : le plaisir du libertin est un pur produit de la machine qui obéit aux lois naturelles, il ignore le consentement d'autrui ou sa résistance, non par volonté morale et cynique, mais par incapacité métaphysique. Le solipsisme est absorbant, il organise le réel autour de la singularité qui le connaît et se nourrit de tout ce qui advient. L'impérieuse tyrannie de la nécessité a détruit les yeux avec lesquels on pourrait voir tout signe émanant d'une autre altérité. Aveugle, le sujet erre dans un monde où il est réduit à ne connaître que lui et à mettre les autres en demeure d'obéir à la force qui l'anime : « Pourvu que je sois heureux, le reste m'est absolument égal (...) car que désire-t-on quand on jouit ? Que tout ce qui nous entoure ne s'occupe que de nous, ne pense qu'à nous, ne soigne que nous (...). Il n'est point homme qui ne veuille être despote quand il bande[65]. »

Et c'est vraisemblablement cette tendance naturelle qu'ont les hommes à réduire la réalité à leur propre personne qui fait l'objet des attaques de la volonté éthique. L'impératif catégorique kantien infère l'existence d'autrui à partir de la mienne : il suppose que l'autre existe comme moi parce que j'existe ainsi. Il est une pure construction métaphysique qui fait l'économie d'une réflexion, non pas sur le statut d'autrui, mais sur son existence même. Quand Descartes s'interrogeait sur ce qui existait sous les machines couvertes de chapeaux qu'il voyait passer dans la rue, il posait un problème loin d'être vain. Sade le pose et le résout. Sous ces feutres animés, il n'y a rien d'autre que de la matière. Autant que dans un singe ou dans un melon. La modalités de la matière qui n'est pas mobilisée pour produire ma forme n'ont aucune raison de m'intéresser. D'ailleurs en auraient-elles qu'elles ne le pourraient pas. Et si d'aventure il me venait l'impression que je veux compatir à cette autre matière que moi, ce serait pure illusion, car il n'y aurait dans cette opération de l'esprit que modifications de ma seule matière : on n'échappe pas à soi et tout ramène à soi. Le matérialisme est impitoyable. D'où les conséquences concrètes et le constat : « Il n'y a aucune comparaison entre ce qu'éprouvent les autres et ce que nous ressentons ; la plus forte douleur chez les autres doit assurément être nulle pour nous, et le plus léger chatouillement de plaisir éprouvé par nous nous touche ; donc nous devons préférer, à quelque prix que ce soit, ce léger chatouillement qui nous délecte à cette somme immense des malheurs d'autrui qui ne sauraient nous atteindre[66]. » On ne peut compatir, on ne peut connaître la sympathie, on jouit seul, on souffre seul, et on meurt seul. Imaginer infractions à ces vérités est illusoire. La Rochefoucault avait superbement montré comment, un siècle plus tôt, nous subissons cette loi de l'amour-propre qui nous condamne à l'égocentrisme éthique, puis métaphysique. Sade éclaire cette vérité, puis l'assène : son œuvre complète est ironie désespérée, cynisme produit par la fatalité et pédagogie du pire.

L'amoralisme sadien suppose qu'on saisisse l'inanité de toute tentative d'émonder les végétations luxuriantes que sont les énergies singulières. La morale veut museler la vie, les forces et les puissances qui habitent les corps. Son but est castrateur et ses prétentions infinies. Or la nature a fait les êtres d'une façon totalement inégalitaire. Les flux sont inégalement partagés : l'un va connaître d'impérieuses énergies, l'autre en sera quasi dépourvu, tel sera habité par une authentique fureur utérine, tel autre subira la plus désolante des frigidités. La morale ne contient que les flux défaillants : elle agit chez les natures débiles mais ne peut suffire à contenir les instincts puissants de qui subit la vitalité la plus démoniaque. Dans un cas elle vise à produire ce qui est déjà sans elle, malgré elle et qui, de toute façon, durera de la sorte indépendamment d'elle. Dans l'autre, elle est totalement impuissante, incapable d'assurer les résultats qu'elle se propose d'obtenir. Ici et là, elle montre sa totale inutilité. Le faible reste faible, le fort demeure fort. Les individus sont donc dominants ou dominés, quoi qu'en dise la morale, quoi qu'elle fasse pour qu'il en aille autrement. Sade invite à ce que chacun consente à sa nature, que le fort aime la force en lui et lui donne tous les moyens de son expansion. Que le faible croupisse dans son ressentiment et son impuissance. D'où sa farouche détermination à mettre à terre tout ce qui contrarie les natures énergiques, jubilatoires et hédonistes. Si quelqu'un dispose d'une complexion adaptée à la jouissance, d'une machine à jouir spécialement performante, qu'il fasse fonctionner son corps dans cette optique et que rien ne l'arrête. La volonté de jouissance se doit d'être totale et le principe de plaisir doit ouvrir la voie, malgré le principe de réalité, et contre lui. C'est pourquoi Eugénie s'entendra dire par Dolmancé, au moment de son initiation : « Fouts, en un mot, fouts ; c'est pour cela que tu es mise au monde ; aucune borne à des plaisirs, que celle de tes forces ou de tes volontés ; aucune exception de lieux, de temps et de personnes ; toutes les heures, tous les endroits, tous les hommes doivent servir à tes voluptés ; la continence est une vertu impossible, dont la nature, violée dans ses droits, nous punit aussitôt par mille malheurs[67]. » On sait combien Sade aime à montrer les malheurs de la vertu et les prospérités du vice, Justine et Juliette en savent quelque chose.

Pour faire justice de la prétendue misogynie du Marquis, il faut comprendre combien sa réduction d'autrui à la pure ustensilité, pour les raisons métaphysiques que l'on sait, en vertu même du solipsisme, révèlent moins un mépris des femmes qu'une misanthropie généralisée dans laquelle sont comprises les sœurs de Justine et Juliette. S'il fallait s'en persuader, on pourrait lire les invitations, faites par le philosophe en direction des femmes, à se réapproprier leur corps. Ainsi, dans *la Philosophie dans le boudoir*, Eugénie s'entend dire : « Ton corps est à toi, à toi seule ; il n'y a que toi seule au monde qui aies le droit d'en jouir et d'en faire jouir qui bon te semble. Profite du plus heureux temps de la vie : elles ne sont que trop courtes ces heureuses années de nos plaisirs[68]. » Ne pas vouloir le plaisir, c'est s'exposer à de plus grands risques encore : ceux de l'énergie retournée contre soi-même, ceux de la force concentrée sur sa propre personne. L'hédonisme sadien permet une libération qui, si elle fait défaut, expose l'individu à subir les effets négatifs de l'influx qui l'habite : « Les passions ont un degré d'énergie dans l'homme où rien ne peut les captiver : plus on essaie alors de leur faire entendre la voix de la raison, plus leur perversité comprime cette voix ; et presque toujours alors les moyens présentés pour éteindre l'embrasement ne servent qu'à lui donner plus d'activité ». Et plus loin : « Les passions des hommes sans frein sont terribles ; c'est un fleuve qui déborde, et qui ravage tous les environs si on n'ouvre pas une issue[69]. » Plus tard, Freud reprendra cette distinction entre le principe de plaisir — le *doux effet des passions* chez Sade —, le principe de réalité — *la ridicule autorité* —, pour montrer comment le premier est presque toujours sacrifié au profit du second afin de produire la civilisation, le prix à payer étant le refoulement suivi du malaise. Sade veut éviter cette logique et son désir vise le plus grand plaisir possible sans souci aucun de la réalité et de ses exigences. Il s'agit d'éviter les souffrances qui surgissent lorsque l'on cède sur ses désirs. Dans la logique de la deuxième topique freudienne, Sade n'aurait écrit son œuvre que pour faire la promotion du Ça contre le Surmoi, en ignorant même l'existence des instances répressives et des lois qui les accompagnent.

La jouissance, chez Sade, a trop souvent été mise en perspective avec l'érotisme et la seule dimension sexuelle. Or, il existe chez le Marquis d'autres façons de permettre aux désirs un maximum d'expansion. Le fil conducteur de l'hédonisme sadien est l'excès, l'abandon aux forces et à leurs puissances. Dans cette perspective, l'ironie et la dérision ont une place de choix. Nombre de pages ne sont d'ailleurs compréhensibles qu'en ayant présente à l'esprit l'idée que Sade veut la profusion, la démesure. Une fois, on rencontre un homme qui porte une femme sur le bout de son vit, ailleurs, c'est le même instrument qui frappe contre la cloison d'une chambre pour dire son désespoir d'être maintenu dans la chasteté, quand il n'est pas transformé en casse-noix qui brise le fruit sec, disons d'un coup de gland. Modeste, Sade éteint parfois un volcan avec les quelques centimètres cubes de sa liqueur séminale. Pléthorique dans la performance, notre philosophe met parfois en scène un coprophage à l'appétit tel qu'il surclasse n'importe quel mangeur, quel que soit l'aliment de sa performance. Le nombre connaît un gonflement particulier et certains libertins disposent de listes qui font de Leporello chantant son air du catalogue le valet d'un gagne-petit. Jubiler par la démesure, par le ravage que permet le rire est aussi une façon singulière de mettre le corps en demeure d'expulser l'énergie qu'il contient en profitant de l'occasion pour prendre un plaisir libérateur.

Le corps libertin est aussi une chair qui mange et prend plaisir à l'activité gastronomique. Les plaisirs de la bouche sont revendiqués par Sade comme venant immédiatement après ceux du sexe, les premiers étant d'ailleurs propédeutiques aux seconds, car se nourrir, c'est mettre la machine en état de se procurer du plaisir. S'alimenter, c'est reconstituer les forces et les énergies utiles à la dépense, ingérer une potentialité à décharger, entretenir la mécanique hédoniste, échauffer le cerveau, prédisposer les nerfs. L'opération alimentaire est alchimique et permet une transmutation de matière en force. Dans le registre du ventre, Sade confiait : « Je sacrifierais mille individus, si cela était nécessaire, pour manger un plat plus appétissant ou plus recherché. Je ne m'étonne pas que les Romains aient fait un dieu de la gourmandise. Vivent à jamais les peuples qui divinisent ainsi leurs passions ! Quelle différence des sots sectateurs de Jésus à ceux de Jupiter[70]. » Et notre libertin de vanter les mérites de dindes aux truffes et pâtés de Périgueux, de la mortadelle de Bologne et de potages d'Italie au safran, de bisques au coulis de jambon et d'aloyau de bœuf à l'anglaise, d'esprit de cannelle et de liqueur des îles, sans parler de champagnes, volney, aï, tokay, falerne... Après ces banquets plantureux « combien alors nos esprits vitaux se trouvent exaltés, écrit-il. Il semble qu'une nouvelle chaleur circule dans nos veines ; les objets lubriques s'y peignant avec plus d'énergie ; le désir qu'on a d'eux devient d'une telle force qu'il n'est plus possible d'y résister[71] ». Et l'énergie accumulée d'appeler à nouveau libération, *perpetuum mobile*. S'opposer à cette dynamique de l'éternel retour de l'énergie, c'est s'exposer au refoulement, donc au malaise. L'hédonisme est diététique. Par lui le corps accède à la sagesse en prenant l'habitude de ne rien sacrifier à ces forces qui le parcourent : « Nous ne devons avoir de sacré que ce qui nous délecte : tout ce qui s'écarte de là est faux, sujet à l'erreur et seulement fait pour être méprisé de nous. » Et encore : « Franchissez toutes les digues, ne respectez aucun frein[72]. » Jamais philosophe ne sera allé aussi loin dans le mépris de la loi et dans l'éloge de la jouissance. Jamais l'idéal ascétique n'aura trouvé à ce point un pourfendeur à sa mesure. Jamais pensée post-chrétienne n'aura été poussée aussi en avant dans son radicalisme. La volonté de néant à ce point est étourdissante mais salutaire : c'est à partir de pareils excès qu'il s'agit de penser une éthique hédoniste viable et non théorique à ce point. Sade fournit avec son œuvre ce que Kant appellerait une Idée de la Raison, un modèle, un idéal impossible donc, par définition, à réaliser. Sa fonction consiste à enseigner une direction. La leçon est simple – faire du principe de réalité un ennemi, faire du principe de plaisir un guide. Refuser l'idéal ascétique, vouloir l'idéal jubilatoire : Kant est à l'instance castratrice ce que Sade est à l'instance libératrice. Leur point commun est d'être invivables, l'un comme l'autre. Au feu de Sade, il s'agit de se réchauffer, non de se brûler.

Dans le testament de Sade, on découvrira une volonté formelle de ne pas subir de dissection, comme si, en ouvrant son corps, on avait pu découvrir un mystère qu'il entendait conserver jusque dans la tombe. Puis il donne des détails concernant son enterrement : le premier taillis qui se trouve dans le bois de sa terre de Malmaison fera l'affaire. Sur la terre fraîchement remuée, le philosophe veut qu'on sème des glands pour que disparaisse toute trace de sépulture et que sa mémoire s'efface de l'esprit des hommes. Las ! Avec la mort de Sade, c'est toute une conception du matérialisme hédoniste qui disparaît, toute une époque aussi. La Révolution française a sévi et avec elle ont disparu certaines valeurs féodales. Ainsi de la grande individualité trop concurrente avec les éloges du peuple qu'on fait alors depuis la mort de Louis XVI. On n'aime pas les singularités qu'on ne voit plus qu'inscrites dans la collectivité. L'hédonisme individuel disparaît au profit d'un eudémonisme social. On pense alors qu'il suffit de faire une révolution sociale pour assurer le bonheur de tous, ou du plus grand nombre, et qu'on offre ainsi les conditions de possibilité d'un plaisir singulier. Le Tout réalisé doit permettre la réalisation des Parties.

Avant 1789, l'hédonisme est une affaire de singularités déterminées ou d'individus isolés. On pratique avec bonheur ce que Nietzsche appelait *l'amitié stellaire* et souhaitait voir se réaliser dans une forme de cloître, une société dans la société. Les cyrénaïques, les gnostiques, les Frères et Sœurs du Libre-Esprit, les Libertins érudits fonctionnent en affinité, forment des cénacles, cristallisent des sensibilités dans de petites communautés qui expérimentent leurs formes de vie sans souci du social de leur temps. Ils veulent moins changer l'ordre du monde, demain, que se changer eux-mêmes, ici et maintenant, aujourd'hui. Leur souci est pragmatique et ils vivent ce qu'ils enseignent. Leurs idées n'appellent pas à une transformation du réel dans l'avenir, mais à une révolution singulière dans l'instant. L'utopie n'est pas de mode, la vie est directement philosophique.

L'un des venins de la Révolution française réside dans la promotion d'une eschatologie futuriste : c'est toujours demain qu'on réalisera l'idéal. Au nom de ce différé, on justifie le pire pour l'instant. Le paradis qui chante dans l'avenir fonctionne comme une obsession au nom de laquelle on transforme l'instant en cauchemar. Subtile arme aux mains des détenteurs du pouvoir : la revendication de la jouissance, ou du bonheur, soyons plus modestes, suppose une croyance en l'avenir tout en laissant le présent soumis au pire qui le gouverne. Les vieux schémas théologiques sont réinvestis, la philosophie n'est plus un moyen de transformer le présent, c'est un moyen de fantasmer l'avenir. Avec La Mettrie et Sade s'effondre un monde. Tous deux ont vécu à la hauteur de leurs enseignements : du libertinage à l'exil en passant par l'indigestion et l'hédonisme au quotidien pour l'un aux affaires de mœurs, à la Bastille et à l'échafaud promis pour l'autre. Vivre, c'était alors philosopher en acte autant que philosopher c'était engager sa vie.

L'avènement de la société industrielle, et de la révolution du même nom, fut le dernier cadeau empoisonné de 1789. Avec elle, l'hédonisme devient un vœu pieux et ses chantres donnent dans l'existence modeste, voire étriquée. Nous sommes loin des facéties d'Aristippe, des fêtes gnostiques, des orgies du Libre-Esprit et des performances libertines. Charles Fourier, par exemple, invite à une sexualité cosmique, généralisée, à l'attraction passionnelle et aux délires d'une société festive pendant qu'il se contente d'une sexualité à la petite semaine, vraisemblablement limitée aux plaisirs d'Onan. Enfin, le marchand drapier, qui deviendra épicier, donne dans son œuvre un modèle d'utopisme hédoniste qui mérite quelques stations tant la subversion est généralisée, tant la passion y est promue moteur principal. On lira Fourier comme une alternative jubilatoire au sinistre Marx tout en sachant qu'on pourra s'inspirer du *Nouveau monde amoureux* dans son propre quotidien sans attendre que la Civilisation laisse place à l'Harmonie, la période dévolue aux plaisirs dans l'eschatologie fouriériste.

Contre la haine des passions que transmettent les morales dominantes depuis des siècles, Fourier écrit : « La terre est ensanglantée depuis trois mille ans par des sornettes éloquentes sur les passions ; il faut mettre un terme à tant de maux, procéder régulièrement dans tout ce qui touche à cette désolante énigme des passions[73]. » Et notre philosophe de se mettre dans la peau des grands découvreurs de continents, nouveau Christophe Colomb de l'éthique jouissive, formulation nouvelle d'un Newton de l'attraction des passions. L'amour — plus Éros qu'Agapé — devient le levier avec lequel on pourra soulever le réel et le faire basculer de l'état où il se trouve à celui qu'il aura lors de la réalisation harmonieuse des passions. La passion devient donc la puissance architectonique qui permettra de réaliser sur terre ce que les religions proposent dans le ciel, elle accède au rang de vertu sublime et participe quelque peu de la divinité. « J'annonce, écrit Fourier, un Dieu mécanicien, équilibriste, ennemi des intempérances, comme des privations ; sachant établir la balance dans toutes les jouissances, et les garantir d'excès par leur abondance même ; elle dispensera de patience et de frugalité, en prévenant tout abus des plaisirs par leur fréquente variété[74]. » Un Dieu arithméticien aussi, grand calculateur des puissances festives, ordonnateur des jubilations collectives destinées à produire un hédonisme bien tempéré qui s'incarnera dans le phalanstère.

Partant du principe, avéré, que « les détracteurs des passions, les philosophes et prêtres, n'ont imaginé des institutions que pour comprimer les passions d'autrui et satisfaire les leurs[75] », Fourier met en place une éthique de combat qu'il appelle la *contre-morale*. Elle pulvérise le renoncement et fait du plaisir l'axe autour duquel construire les principes d'action. Les appétits sensuels seront mis en exergue afin de produire, chacun dans leurs registres, des jubilations particulières et nouvelles. « Ma théorie, précise Fourier, se borne à utiliser les passions réprouvées telles que la nature les donne, et sans rien y changer. C'est là tout le grimoire, tout le secret calcul de l'attraction passionnée[76]. » Dans le langage qu'il forge pour dire son système, le philosophe annonce qu'il s'agira, doré-navant, d'utiliser les passions en contre-morale.

Le corps fournira les instruments de l'hédonisme fourié-riste. Toutes les sensations sont cultivées dans leurs spéci-ficités, comme des plantes rares et précieuses dont il faut assurer la croissance de façon harmonieuse et exponen-tielle. L'amour devient la vertu des vertus, mais il faut savoir l'entendre dans sa nouvelle acception : rien à voir, bien sûr, avec l'*Agapé* des chrétiens, cette invitation à la charité prude et chaste, à la communion en Dieu par autrui. Il faut plutôt considérer *Éros*, ou *Vénus* sa version latine, comme le modèle de ce nouvel ordre amoureux. Ainsi, lorsqu'il entretiendra de l'amour physique, Fourier parlera du matériel qui « loin d'être entravé, sera pleine-ment satisfait et (...) le besoin en ce genre ne sera pas plus indécent que ne le sont les appétits des autres sens, des festins, des concerts, parfums, parures, etc. Ce ne sera qu'en satisfaisant le matériel qu'on assurera en amour l'es-sor des mœurs nobles dont la jeunesse en Civilisation n'a que très peu connaissance[77] ». Les penchants naturels sen-suels seront flattés, on les dynamisera afin de leur donner une forme socialement utile, acceptable et agréable. En Civilisation, certaines passions sont dites perverses et en fonction de cet a priori on les flétrit alors qu'il suffirait de les intégrer dans un projet global où elles donneraient leur pleine mesure en autorisant l'épanouissement du corps qui les contient. Toute passion peut être bonne si on la met au service de la mécanique harmonieuse.

L'ancienne morale génère la tristesse, l'ennui et la per-version. Elle produit culpabilité, ressentiment et angoisse : « La triste morale dit (...) à la jeune femme, haïssez les diamants, les perles, méprisez les châles et les modes, n'ai-mez qu'à écumer le pot et torcher les marmots. Elle dit au jeune homme, haïssez les danseuses de l'Opéra et les beaux chevaux, n'aimez que les beautés de la Charte ; elle dit à l'enfant, haïssez les confitures et les crèmes sucrées ; n'ai-mez que le pain sec, et le rudiment latin ; elle dit au peuple, méprisez les friandises de la foire, le fromage pourri, la cochonnaille rance, les fouaces au beurre fort, la galette cireuse, et le vin de bois de l'Inde ; n'aimez que la souverai-neté sans pain, sans travail[78]. » Morale négative, donc, que cette invitation perpétuelle à céder sur son désir, à haïr, détester et ne pas aimer. Morale de l'idéal ascétique et du renoncement, du mépris de soi et du goût pour l'autoflagellation. En inversant ce que Fourier critique, on obtient quelques-unes des vertus de son Harmonie : le luxe, le frivole, l'agréable, le doux, le beau, la gourmandise contre la lourdeur, le travail, l'austérité. En passant, on remarquera le fantasme des danseuses d'opéra qui n'aurait certes pas déplu au Nietzsche amateur de danse, de légèreté et de grâce.

Le pouvoir est le grand pourvoyeur de castration. La référence à la Charte de Louis XVIII montre en quelle estime Fourier tenait les imprécations vertueuses de la société du temps. Elles sont constitutives de l'idéal ascétique utilisé comme moyen de gouverner, de tenir en laisse les passions, donc les hommes : « Toute méthode qui tend à les réprimer ne sert qu'à tourmenter et abrutir le plus grand nombre pour favoriser les plus forts qui se rient des lois, et la sagesse doit avoir pour but de donner aux passions le plus grand essor conciliable avec l'ordre public[79]. » Sade est mort qui voulait exacerber le principe de plaisir par-delà le principe de réalité, contre et malgré lui. Fourier veut une conciliation, plus pragmatique, plus réaliste, peut-être, aussi.

Le culte des passions minoritaires et voluptueuses permettra d'encenser les goûts marginaux, rejetés par la Civilisation. En Harmonie, ils seront ordonnateurs des nouvelles jouissances. Avec eux se construiront de nouvelles façons de jouir qui réconcilieront les corps avec eux-mêmes. Dès le plus jeune âge, les passions seront cultivées par les pédagogues phalanstériens. Les instincts enfantins naturels pour la gourmandise et la mutinerie seront utilisés à des fins sociales : la gastrosophie et la promotion de la nouveauté donneront au plaisir de nouvelles chances. Le goût des jeunes filles pour la parure et l'ostentation sera entretenu, exacerbé. Les séries passionnelles seront soumises à la production d'une jouissance régulière, constante, harmonieuse. Pour ce faire, chacun s'intégrera librement dans le groupe auquel correspond sa passion dominante : il aura la liberté d'en changer, de devenir fidèle s'il le veut, quand bien même il aurait été groupiste sexuel auparavant, mais il lui faudra impérativement relever d'une catégorie hédoniste. Chaque ensemble regroupe des individus qui communient dans la même passion et associent leur volonté de jouissances à un projet hédoniste volontaire.

Les séries viseront la promotion particulière d'un goût, chaque sens connaîtra la convergence des soucis vers sa réalisation.

Les passions tactiles seront cultivées à l'aide de l'amour libre, de la disposition harmonieuse des corps de chacun. Des *trêves conjugales ou suspens de fidélité* seront organisés pour contrevenir au statisme social et sexuel qui menace. Si la fidélité monogame est une passion libre, elle n'est pas obligatoire et tendra naturellement à disparaître dans l'état d'Harmonie. Les sentiments de propriété qui fondent la jalousie n'auront plus aucune raison d'être quand plus rien n'appartiendra à personne, ou que, plutôt, tout appartiendra à tout le monde. La limitation du plaisir est une imprécation des vieilles morales. La contre-morale fouriériste veut l'expansion des désirs et de leurs satisfactions. Le philosophe trouve une préfiguration micro-sociétaire de son ordre harmonieux chez quelques Russes dont il fait l'apologie : « Je ne connais rien de plus remarquable qu'une association de Moscovites (j'en parle par ouï-dire) nommée le Club Physique. Les associés, admis par un concierge qui les connaissait (les initiés), se déshabillaient dans un cabinet et entraient nus dans la salle de séance, qui était obscure et où chacun palpait, fourrageait et opérait au hasard sans savoir à qui il avait à faire[80] ». Divines orgies ! L'ordre sociétaire organisera ce genre d'amour du prochain et de fraternité sexuelle basé sur l'attraction passionnelle.

En matière de sexualité, toutes les fantaisies seront autorisées, permises, mieux, on leur donnera la possibilité d'être intégrées dans le projet collectif et l'on aura le souci de ceux qui, habituellement, sont les laissés-pour-compte de la sensualité corporelle. Ainsi des vieillards, abandonnés pour cause d'improductivité sociale, dans le cas de la Civilisation, mais spécialement choyés dans l'hypothèse de l'Harmonie. On organisera, à leur intention, des séances où ils pourront consommer, à leur guise, des jeunesses en fleur, des beautés épanouies, ou n'importe quelle autre friandise à leur goût. De même, les personnes spécialement défavorisées par la nature, ou par un accident, et qui sont tout particulièrement laides, ne seront pas pour autant exclues de ce nouvel ordre amoureux : les laiderons auront leurs gitons, les maritornes ignoreront les cornes. La catégorie dépêchée auprès des disgraciés sera dite angélique, car on choisira parmi les harmoniens les beautés les plus représentatives. Si, par ailleurs, quelques frustrés quêtent de quoi assouvir leurs besoins étranges, des bacchantes s'offriront à les satisfaire : saphisme, polygamies diverses, pédérastie, sadismes et masochismes dans toutes leurs versions : orgies circonstanciées, fétichismes en toutes rubriques et autres menues perversions trouveront leurs acteurs. Aucun partenaire ne fera défaut à quelque passion que ce soit. Fourier montre, par exemple, combien les gratteurs de talon, les lécheurs d'orteils et autres maniaques du stade oral pourront trouver fournisseurs de pieds à leur intention. En Harmonie, il n'est pas question de laisser la frustration s'installer. « Tous les goûts, à condition qu'ils ne soient pas nuisibles et vexatoires pour autrui, ont un emploi précieux dans l'état sociétaire et y deviennent utiles[81]. » Le catalogue raisonné des passions possibles ne permettrait pas de prendre Fourier en défaut : on trouve tout dans les galeries phalanstériennes.

Si d'aventure le tactile n'est pas impérieux chez tel ou tel, et que l'odorat est plutôt leur passion prédominante, il y aura pour eux expériences à leur dimension : des séries se soucieront d'organiser des polarisations spécifiques sur l'art des parfums, la science des odeurs. Toutes les passions olfactives seront gérées. Ainsi du goût qu'ont les enfants pour les odeurs désagréables, pour le jeu avec les matières malpropres. Fourier constate ici ce que Freud va mettre en évidence, plus tard, lorsqu'il montrera l'intérêt porté par les enfants à leurs matières fécales et par tout un chacun à la scatologie. Ces penchants pour la fange seront intégrés dans les séries qui deviendront des *petites hordes* et s'occuperont tout particulièrement de ce qui, sous la plume de Fourier, devient *la carrière de la cochonnerie*. L'Harmonie permet rien moins que la sublimation au sens freudien, sublimation qu'elle gère et organise. Les petites hordes s'occuperont donc des activités de vidange, de nettoyage, de curage des égouts, de service des fumiers, de triperie et Fourier d'ajouter, etc.[82]. La passion extravagante est brimée en Civilisation. En Harmonie, elle est utilisée : dans un cas, la frustration est au bout du chemin, dans l'autre, c'est l'épanouissement. Dès le manuscrit du *Nouvel ordre amoureux*, Fourier énonce la thèse qui, chez Freud, deviendra celle du refoulement. Il en montre même les mécanismes pour mieux les critiquer : « Toute passion engorgée produit sa contrepartie qui est aussi malfaisante que la passion naturelle aurait été bienfaisante[83]. » Entendre le refoulement comme une étiologie probable, sinon véritable, du négatif à l'œuvre dans une civilisation est une idée forte de l'hédonisme. Elle suppose de comprendre le réel comme le résultat d'un compromis passé entre le principe de plaisir et le principe de réalité, compromis dont la jouissance fait immanquablement les frais et dont le réel social sort vainqueur et renforcé. La réconciliation des deux principes est un impératif architectonique dans toute philosophie du plaisir.

Quand dans le tactile, le génésique, l'olfactif, un harmonien n'aurait rien trouvé qui le satisfasse, Fourier prévoit une mise en scène pour le jouisseur spectaculaire, celui qui connaît l'essentiel de ses satisfactions de manière visuelle. Pour lui, un musée vivant serait pensé, puis réalisé. On y exposerait de beaux corps, de très beaux corps. Par ailleurs, si tel ou telle était spécialement gratifié d'une belle partie de corps, on l'exposerait dans son seul fragment. Ainsi, dans ce musée, pourrait-on voir des bras, des croupes, des chutes de reins, des cuisses — c'est Fourier qui choisit ces morceaux — à défaut de permettre une nudité intégrale qui serait seule réservée aux spécimens, rares, de la beauté canonique. Les fétichistes du talon, du gros orteil — Georges Bataille aurait ici trouvé matière à jouissance —, du coup de pied ou du jarret trouverait bonheur dans l'abandon à la contemplation avant peut-être, car la chose est soufflée par Fourier, de prendre date pour inviter tel morceau de corps à une orgie pour une fête à venir.

La gastronomie aura une place de choix dans le nouvel ordre sociétaire. Elle est même située dans l'empyrée des activités : « La cuisine est de tous les arts le plus révéré dans l'Harmonie[84]. » Chaque harmonien y sacrifie avec plus ou moins de bonheur, de talent pour l'invention ou la composition, mais tous donnent dans cette science hédoniste. La gourmandise ainsi sublimée permettra une dynamique agonistique de substitution : au lieu de faire la guerre sur le terrain, avec armes et soldats, les commensaux du phalanstère pratiqueront la joute à l'aide de plats préparés de petit pâtés pivotaux, de bouchons de champagne et de salves de liquides. Un jury décidera des meilleurs et la suite réunira les protagonistes dans un banquet immense et salvateur — on y visera la satisfaction de tous les convives*.

Enfin, aux mélomanes, Fourier réserve l'éloge du plus divin des arts : l'opéra, cette activité sublime qui concilie toutes les esthétiques dans une même œuvre. Lisons-le : « C'est être ignorant sur la nature de l'homme que de ne pas placer l'opéra en première ligne parmi les ressorts de l'éducation du bas âge qu'on ne peut attirer qu'aux études matérielles. L'éducation sociétaire envisage dans l'enfant le corps comme accessoire et coadjuteur de l'âme : elle considère l'âme comme un grand seigneur qui n'arrive au château qu'après que son prétendant a préparé les voies ; elle débute par façonner le corps, dans son jeune âge, à tous les services qui conviendront à l'âme harmonienne, c'est-à-dire à la justesse, à la vérité, aux combinaisons, à l'unité mesurée. Pour habituer le corps à toutes les perfections, avant d'y façonner l'âme, on met en jeu deux ressorts bien étrangers à nos méthodes morales, ce sont *l'opéra et la cuisine*, ou gourmandise appliquée[85]. » L'opéra est le lieu de la magie et de la fantasmagorie, du rêve et de l'accomplissement esthétique. On y assiste aux noces réussies du chant et de la voix, de la musique et des sons, de la poésie et de la cadence, de la pantomime et des gestes, de la danse et des mouvements, de la gymnastique et de l'exercice musculaire, de la peinture et des costumes. C'est véritablement la fête de tous les sens, la promotion de toutes les sensations et de toutes les facultés de l'âme hédoniste. Pour dire à quel point l'opéra est un art absolu, Fourier en fait « l'emblème actif de Dieu[86] ». Confusion de l'éthique et de l'esthétique au-delà desquelles on ne trouverait que musique des sphères ou, pour parler en thèmes fouriéristes, gémissement entendus lors de la copulation des planètes...

Jamais le social n'avait été à ce point mobilisé pour satisfaire les passions, les instincts et les multiples potentialités sensuelles. On rit de voir Marx empêtré dans ses calculs de plus-value pour donner des allures de sérieux à ses rêveries utopiques de société réconciliée avec elle-même. A donner dans l'utopie, l'hédonisme est bien plus jubilatoire : les orgies de musée contre la dictature du prolétariat, la

* Sur le rôle de la gastronomie chez Fourier lire le chapitre V de mon *Ventre des philosophes*, « Fourier et le Petit Pâté Pivotal », pp. 103-127.

sexualité généralisée contre l'appropriation collective des moyens de production, les gratteurs de talons contre les commissaires du peuple, les petites hordes scatologiques contre l'avant-garde éclairée du prolétariat, la gastronomie agonique contre l'impérialisme idéologique, l'opéra comme éthique au lieu de l'économique comme limite. Comment ne pas être fouriériste ? Disons plutôt les choses autrement : comment peut-on être marxiste ?

Si Marx représente l'idéal ascétique dans sa version politique, il n'en demeure pas moins qu'à partir de lui, quand on a su le contrebalancer par Nietzsche ou Freud, quelques-uns parmi les freudo-marxistes ont su donner à leurs engagements dans la cité des formes hédonistes qui, si elles pèchent parfois par excès de simplisme, n'en permettent pas moins de lire l'histoire de la jubilation jusque dans ses effets les plus récents. Herbert Marcuse est de ceux qui ont tenté un dépassement de Marx tout en prenant en considération la puissante aliénation générée par le capitalisme et les aboutissements contemporains de la révolution industrielle. Marcuse trouve inacceptable la perversion de l'eudémonisme pratiquée, avec succès, par la civilisation marchande et ses impératifs de consommation, de rentabilité, de matérialisme grossier. Tel Fourier qui part en guerre contre la Civilisation au nom de l'Harmonie, Marcuse fait fonctionner sa théorie critique contre le capitalisme industriel au nom d'une nouvelle sensibilité qu'il appelle de ses vœux.

Le projet de Marcuse est nietzschéen dans son fondement puisque, sans citer Nietzsche lui-même — le père de la formule — Marcuse appelle à « une transmutation radicale des valeurs[87] ». La table rase est nécessaire, il faut en finir avec l'aliénation des corps et des sens nécessaire au capitalisme qui absorbe, comme un Léviathan, l'énergie des hommes dans le travail, pour en faire des sujets dociles, des objets soumis au principe de réalité et aux valeurs du monde industriel. Le capitalisme veut un Homme Unidimensionnel, castré, abdiquant ses désirs propres au profit des leurres lancés par le social et qu'il finira par faire siens au point de croire, sommet de l'illusion, qu'il est à l'origine des désirs qui sont les siens quand il ne fait qu'obéir à la plus vaste des entreprises de mise en conditionnement qui soit. Les désirs humains sont pervertis, massacrés, détruits. A la place des pulsions naturelles, on greffe dans l'âme de l'homme unidimensionnel une volonté d'adéquation aux modèles sociaux : on ne désire plus librement, mais on veut ce que le social nous montre comme, apparemment, le seul désirable possible. L'aliénation est à son comble, on veut le désir qu'on nous suggère en abandonnant ceux qui nous sont propres : le principe de plaisir est tout entier asservi, à l'aide des techniques dans lesquelles le capitalisme excelle — système médiatique et société du spectacle —, au principe de réalité. Il s'agit de faire désirer ce qui est utile d'être désiré pour le social — les marchandises, les biens de consommation, par exemple. De fausses idoles sont promues idéaux et l'on invite à un hédonisme vulgaire qui détourne de l'hédonisme authentique : on aime avoir quand il s'agirait d'être, on veut accumuler, posséder, consommer quand il faudrait jubiler, aimer, jouir.

Reprenant les thèses énoncées par Freud dans *Malaise dans la civilisation*, Marcuse constate que le social se nourrit de l'aliénation des hommes, que le réel vit de la substance aliénée des sujets : « La civilisation est fondée sur l'assujettissement permanent des instincts humains (...). La libre satisfaction des besoins instinctuels de l'homme est incompatible avec la société civilisée[88]. » L'énergie qui fait fonctionner la civilisation est captée chez les individus qui s'en défont, sans s'apercevoir qu'ils se dépouillent de leurs propres capacités à jouir, à décider de leur vie, à décider de leur existence. Le plaisir authentique est sacrifié sur l'autel du réel, et pour toute compensation, les fanatiques d'autocastration se ruent sur la consommation : avoir les dispense d'être. Toutes les superstructures idéologiques invitent les hommes à se défaire de leurs propres forces : l'École, l'Église, la Famille et les idéaux qui leurs sont accolés — le Savoir, la Religion, la Morale. L'Armée fonctionne de même avec la Patrie, la Politique avec la Nation. Le marché est simple : donnez votre liberté, votre intelligence, votre capacité à vous déterminer librement et, en échange, vous deviendrez citoyen, diplômé, père ou mère de famille, soldat, gradé. Fantôme, ombre de soi-même, fonction sociale...

Dans cette opération qui sécrète l'aliénation, le corps est tout entier modelé, voulu. La docilité du corps est essentielle : il doit être obéissant, brisé aux postures que le social attend de lui, passif devant les autorités qui s'en emparent et le gèrent. Plus on le désexualisera, mieux il fonctionnera : d'où la réduction de la sensualité à la génitalité, elle-même soumise aux impératifs sociaux — la monogamie, la fidélité, la procréation. Les chairs sont ainsi produites, toutes semblables. Les riches assurent leur domination sur les pauvres, les hommes sur les femmes, les adultes sur les enfants et les adolescents, les dépositaires du savoir sur les illettrés, les incultes. Les corps produisent alors des enfants, de la sexualité domestique, de l'énergie socialement utilisable. Rien qui soit susceptible de permettre l'épanouissement, l'équilibre. Un nouveau social issu du Grand Refus appelé de ses vœux par Marcuse donnerait aux passions les moyens de se dire à nouveau dans le sens de l'hédonisme : « Libérés de la tyrannie de la raison répressive, les instincts tendent vers des relations existentielles libres et durables — ils donnent naissance à un nouveau principe de réalité[89]. » Une nouvelle sensibilité surgirait : « Tout le corps deviendrait un objet de la catharsis, une chose pour jouir, un instrument de plaisir (...). L'organisme tout entier devient le fondement de la sexualité[90]. » Et Marcuse de citer Fourier...

Laissons de côté les moyens par lesquels le social pourrait être transformé dans le sens de l'hédonisme : désublimation de la raison, autosublimation de la sensibilité, technologies de l'automation, production d'abondance, suppression de la division du travail, construction du temps libre, le propos de Marcuse, sur ce sujet, est abondant. Peut-être sous-estime-t-il la capacité plastique du capitalisme, ses raffinements dans le recours, non plus au fascisme, mais à la perversion de la société de consommation. Jamais peut-être plus qu'aujourd'hui elle n'aura produit l'obscénité qu'il est loisible de voir tous les jours...

Marcuse fut suivi d'effets et l'hédonisme social eut quelques heures de gloire, en mai 1968. Les murs diront ce que, depuis, la philosophie ne dit plus : *je prends mes désirs pour la réalité, car je crois à la réalité de mes désirs* à la Sorbonne ; *vivre sans temps mort, jouir sans entrave* dans la rue ; *les réserves imposées au plaisir excitent au plaisir de vivre sans réserve* dans un comics ; *prenez vos désirs pour des réalités* sur une affiche. Depuis, le ciel est devenu bas et lourd. l'idéal ascétique a trouvé de beaux esprits qui redorent le blason de vieilles vertus qui ont beaucoup servi et qui s'ingénient à donner une nouvelle jeunesse à Épicure, Spinoza, Kant. Et il faut se réjouir quand il ne s'agit pas de Jésus, ni de Bouddha...

NOTES

1. Fourier (Charles), *Œuvres complètes*, éditions Anthropos, tome IX, p. 769.

2. Diogène Laërce, *Vies, doctrines et sentences des philosophes illustres*, trad. R. Genaille, Garnier Flammarion, p. 130.

3. *Ibid.*, p. 134.

4. *Ibid.*, p. 135.

5. *Ibid.*, p. 136.

6. *Ibid.*, p. 138.

7. Épicure, *Lettre à Ménécée*, trad. M. Solovine, 131-132, Hermann, pp. 102-103.

8. *Ibid.*, in Épicure, *Doctrines et maximes*, Hermann, p. 41.

9. *Ibid.*, Fr. B. 59.

10. Alain, *Les Idées et les Âges*, 85 in *Les Passions et la Sagesse*, Pléiade.

11. Lacarrière (Jacques), *Les Gnostiques*, Idées Gallimard, p. 42. Ouvrage essentiel auquel je dois la presque totalité de mes informations sur ce sujet. Lire aussi Hippolyte de Rome, *Philosophumena ou réfutation de toutes les hérésies*, trad. A. Siouville, Archè, Milan, 1988 et Jean Doresse, *Les Livres secrets des gnostiques d'Égypte*, Plon.

12. *Corinthiens*, 1. VI. 9-10. *Éphésiens* V. 5 et *Thessaloniciens* IV. 3.

13. Lacarrière, *op. cit.*, p. 82.

14. *Ibid.*, pp. 103-104.

15. *Ibid.*, p. 97.

16. Vaneigem (Raoul), *Le Mouvement du Libre-Esprit. Généralités et témoignages sur les affleurements de la vie à la surface du Moyen Age, de la Renaissance, et, incidemment, de notre époque*, éd. Ramsay. Ouvrage majeur, le seul disponible en langue française qui soit aussi exhaustif, p. 48.

17. *Ibid.*, p. 115.

18. *Ibid.*, p. 153.

19. *Ibid.*, p. 161.

20. *Idem.*

21. *Idem.*

22. *Ibid.*, p. 164.

23. *Ibid.*, p. 169.

24. *Ibid.*, p. 176.

25. *Ibid.*, pp. 161-162.

26. *Ibid.*, p. 176.

27. *Idem.*

28. *Ibid.*, p. 174.

29. Nelli (René), *Les Cathares*, Marabout, p. 110.

30. Garasse (Père), *Doctrine curieuse*, pp. 37-38, cité in Adam (Antoine) *Les Libertins au XVIIᵉ siècle*, textes choisis, Buchet-Chastel.

31. *Ibid.*, p. 756.

32. Adam (Antoine), *Les Libertins au XVIIᵉ siècle*, textes choisis, Buchet-Chastel, p. 83.

33. *Ibid.*, p. 195.
34. *Ibid.*, p. 202.
35. Garasse, *Doctrine curieuse, op. cit.*, pp. 709-710.
36. Perrens (F.T.), *Les Libertins en France au XVII⁰ siècle*, Calmann-Lévy, p. 165.
37. Pintard (René), *Le Libertinage érudit dans la première moitié du XVII⁰ siècle*, Slatkine, Genève-Paris, 1983, p. 567.
38. Garasse, *op. cit.*, p. 268.
39. Saint-Évremond, *Textes choisis*, éd. Alain Niderst, éd. sociales, p. 324.
40. Perrens, *op. cit.*, p. 138.
41. La Mothe Le Vayer, *Dialogues faits à l'imitation des anciens*, Fayard, Corpus, p. 96.
42. *Ibid.*, p. 105.
43. Perrens, *op. cit.*, p. 136.
44. *Ibid.*, p. 358.
45. La Mettrie (Julien Onfray de), *L'Art de jouir*, Œuvres philosophiques, Fayard, Corpus, tome II, p. 327.
46. La Mettrie, *Système d'Épicure*, O.C. tome I, p. 361.
47. La Mettrie, *L'Homme-machine*, Denoël-Gonthier, p. 109.
48. *Ibid.*, p. 133.
49. *Ibid.*, pp. 134-135.
50. *Ibid.*, p. 151.
51. *Ibid.*, p. 138.
52. La Mettrie, *L'Art de jouir, op. cit.*, p. 322.
53. *Ibid.*, pp. 327-328.
54. La Mettrie, *Système d'Épicure, op. cit.*, p. 380.
55. *Ibid.*, p. 381.
56. *Ibid.*, p. 380.
57. La Mettrie, *L'Art de jouir, op. cit.*, p. 329.
58. Sade (D.A.F. de), *La Nouvelle Justine*, 10/18, tome I, p. 357.
59. *Ibid.*, tome II, pp. 670-671.
60. *Ibid.*, tome II, p. 546.
61. *Ibid.*, tome I, p. 107.
62. *Ibid.*, tome I, pp. 245-246.
63. Sade (D.A.F. de), *La Philosophie dans le boudoir*, Folio, p. 38.
64. Sade, *La Nouvelle Justine, op. cit.*, tome I, pp. 139-140.
65. Sade, *La Philosophie dans le boudoir, op. cit.*, p. 259.
66. *Ibid.*, p. 169.
67. *Ibid.*, pp. 82-83.
68. *Ibid.*, p. 84.
69. Sade, *La Nouvelle Justine, op. cit.*, tome I, p. 74.
70. *Ibid.*, tome II, p. 580.
71. *Ibid.*, tome II, p. 580.
72. *Ibid.*, tome II, p. 632.
73. Fourier (Charles), *Œuvres complètes*, VII, p. 38.
74. *Ibid.*, VIII, p. 285.
75. *Ibid.*, X. 2., p. 191.
76. *Ibid.*, V, p. 157.
77. *Ibid.*, VII, p. 445.
78. Fourier, *Œuvres complètes*, IX, p. 537.
79. *Ibid.*, XI. 3., pp. 311-312.
80. *Ibid.*, VII, p. 327.
81. *Ibid.*, III, p. 23.

82. *Ibid.*, VI, pp. 206-207.
83. *Ibid.*, VII, p. 390.
84. *Ibid.*, VII, p. 131.
85. *Ibid.*, VI, p. 222.
86. *Ibid.*, VI, p. 223.
87. Marcuse (Herbert), *Vers la libération. Au-delà de l'homme unidimensionnel*, trad. J.-B. Grasset, Denoël-Gonthier, p. 18.
88. Marcuse (Herbert), *Éros et civilisation. Contribution à Freud*, suivi de *La Notion de progrès à la lumière de la psychanalyse*, trad. J.-G. Nény, B. Fraenkel, éd. de Minuit, Points Seuil, p. 15.
89. *Ibid.*, p. 183.
90. *Ibid.*, pp. 186 et 188.

L'ennui est tombé sur notre siècle, et avec lui le désir d'en finir avec les contempteurs de la vie. La morale sert depuis bien trop longtemps à donner à la mort toute sa puissance dès l'éclosion même des personnalités. Elle poursuit de ses foudres la chair et les corps, les esprits et les enthousiasmes pour éradiquer de la matière les énergies qui révèlent la vie. Si la notion de péché fait rire, celle de mal radical a toujours ses adeptes ; si celle de faute n'attire plus guère les suffrages, on sacrifie encore volontiers à la culpabilité. Enfin la laïcité triomphante a repris à son compte tous les lieux communs du christianisme. On ne peut se retourner dans le parc à philosophes spécialistes en éthique sans voir un adepte de l'idéal ascétique. Tous sont préoccupés des lois mosaïque, épicurienne, spinoziste ou kantienne et succombent au premier général venu quand il invite à laisser l'éthique au profit du missile. Pauvre morale, pauvres moralistes !

Quand elle n'est pas l'occasion de donner forme philosophique aux manuels distillés jadis en primaire pendant les leçons de morale, l'éthique sert à dispenser l'époque de moralité. Certes, il y a l'immoralité triomphante des cyniques vulgaires — les patrons et les marchands, les prêtres et les militaires, les politiciens et les gens de spectacle —, mais nous aurions, comme avers à cette médaille malpropre des penseurs, des intellectuels, des philosophes et des sages qui nous diraient le bien, la loi morale, le juste, le bon, le désirable pour autrui, entre deux performances médiatiques et une leçon *ex cathedra* à l'université. Mais souvent, les morales de ces gens-là s'arrêtent à la table des matières de leurs livres. Leur manifeste éthique est tout entier dans leur quatrième de couverture. Leur vie n'est pas concernée, leur quotidien n'est pas impliqué. Nietzsche voulait que la philosophie soit l'occasion de nouvelles et belles possibilités de vie, non pas à la dimension de la planète — le temps des eschatologies universelles est mort, et tant mieux —, mais dans les limites de sa propre existence. La sagesse ne mérite pas une heure de peine si elle n'est pas l'occasion de mettre en perspective sa vie et sa pensée, sa réflexion et son action. Quel intérêt à développer une œuvre complète de moraliste si c'est, la première opportunité venue, pour rejoindre le camp de ce que Flaubert appelait les bourgeois et qu'il caractérisait par leur ardeur à penser bassement ? Jamais Baudelaire n'a été à ce point d'actualité lui qui écrivait au milieu du siècle dernier : « Si un poète demandait le droit d'avoir quelques bourgeois dans son écurie, on serait fort étonné, tandis que, si un bourgeois demandait du poète rôti, on le trouverait tout naturel[1]. » Depuis, les bourgeois en ont pris l'habitude : ils s'offrent à chaque repas du poète, rôti, grillé, en sauce, ou même cru. Les philosophes, pour finir dans ces assiettes rehaussées d'or fin, ne tarissent pas d'obséquiosité. Et l'on a vu quelques kantiens oublier les rudiments de la morale de l'intention pour quelques prébendes et avantages. Pour tâcher de créer la diversion sur leurs compromissions, ils ne reculent pas devant un peu de procédure ou quelques mises en œuvre de principes machiavéliens. Le Prussien et le Florentin font si souvent bon ménage...

Honte donc à l'hédoniste, au jouisseur dont la morale conduit directement aux camps de la mort ! Sade et Nietzsche penseurs nazis quand Jules Lagneau — ce Kant français — serait le seul rempart contre l'obscène et l'infâme... La morale du plaisir vise autrui autant que soi, elle invite à vouloir autant la jouissance de l'autre que sa propre jouissance, l'une étant d'ailleurs la condition de possibilité de l'autre — ruse de la raison, l'amour-propre, au sens où l'entend La Rochefoucauld, impliquant qu'on fasse de l'autre un sujet de jouissance dispensateur, en retour, de notre propre plaisir. On ne construit pas le nazisme ou le stalinisme à l'aide d'une éthique hédoniste, ni le christianisme, mais avec des invitations à l'effort, au renoncement, à l'universel, toute la panoplie de l'idéal ascétique.

L'hédonisme veut la confusion des genres éthiques et esthétiques en des vies singulières. « Avant tout, être un grand homme et un saint pour soi-même[2] » écrivait Baudelaire lorsqu'il invitait au dandysme contre la Révolution industrielle, à la belle singularité contre la toute-puissance des valeurs marchandes. La morale qui fait sienne l'impératif de plaisir veut la production d'un style, le contraire de l'uniformité et de l'intégration dans la masse : elle est individualiste et libertaire. Le modèle éthique n'est plus la science, mais l'art. Il faudra finir par comprendre ce que Nietzsche veut dire quand il écrit dans *La Volonté de puissance* : « L'art a plus de valeur que la vérité[3]. » Le chef-d'œuvre dont il est question en matière d'éthique, c'est l'existence, la vie, la production d'un style.

A suivre l'évolution du mot, on partirait du stylet de l'Antiquité, ce simple objet, cette pointe taillée avec laquelle on peut graver ses pensées, ses dessins et ses divagations dans la cire, sur la terre humide. A ce jeu de calligraphie, il n'y a que des subjectivités. Les meilleurs se reconnaissent, se distinguent. Certains traits sautent au visage par leur originalité, leur puissance évocatrice. On parle alors de beauté, de belle œuvre. La manière de procéder, le geste avec lequel on fait naître des formes sous les doigts met en évidence la façon d'aborder la réalité. Le style est dans l'œuvre, c'est d'ailleurs sa quintessence.

Les formes deviennent style par l'art : l'éthique est l'instance par laquelle une vie prend corps, se dessine, se distingue et s'informe. La tension morale peut viser l'utilité, l'efficacité ou l'opportunité. Elle se fera utilitariste, pragmatique ou machiavélique. Elle peut aussi se proposer la beauté, c'est-à-dire, et avant tout, la seule production subjective d'une émotion. Sûrement pas une prétention à l'universalisable. Faisons-nous même antikantien dans la formulation de notre esthétique : le beau est ce qui plaît singulièrement, il suppose un plaisir intéressé, sa finalité est la jouissance singulière. Et faisons-nous nietzschéen en affirmant l'intime collusion de l'art et la morale.

L'éthique doit être ludique, la leçon est hédoniste à souhait. Dans la typologie élaborée par Roger Caillois[4] elle devient l'une des émanations de l'illinx entendu comme poursuite du vertige. Dans la terminologie de Nietzsche, elle serait figure du dionysisme défini comme obéissance à la vie. Il s'agit d'en finir avec la calomnie jetée sur la vie. Vivre n'est pas un mal, mais mal vivre en est un. Dans la perspective d'une éthique libérée du salut et de la damnation, la sanction d'un geste dépourvu de beauté est en lui-même : sa laideur. La morale collective est une illusion, il n'est d'éthique que dans le rapport qu'un sujet entretien entre lui et lui : comme le dandy de Baudelaire, l'hédoniste « doit aspirer à être sublime sans interruption : il doit vivre et dormir devant un miroir[5] ». Il est le seul à pouvoir se juger, à savoir s'il évolue, ou non, dans la laideur.

L'idée qu'une éthique puisse être fondée est une illusion. On ne peut codifier, tout juste est-il possible d'affirmer de façon péremptoire quelles vertus on a fait siennes. Rien de plus. Au même titre que les autres une éthique esthétique n'est pas susceptible de généralisation en lois et en systèmes. Jamais l'impératif catégorique n'a empêché le criminel d'accomplir son forfait. La limite d'une éthique est son inefficacité, son impuissance. Pas plus une morale hédoniste ne pourra convertir un partisan de l'idéal ascétique. Tout prosélytisme est exclu, et c'est heureux. Reste l'expression de sa singularité dont l'expansion vise, au maximum, la communauté élective — les amis.

Incapable de devenir science, parce qu'incapable de produire des vérités universelles, l'éthique ne peut prendre pour modèle que l'esthétique et ses figures : l'aléatoire, l'enthousiasme, l'improvisation, l'émotion et la subjectivité du goût. Le plaisir, enfin. Le beau geste seul est moral. Mais qu'est-ce qu'un beau geste, demandera-t-on ? Celui qui exprime un style, une subjectivité évidente qui se développe en dehors de l'attendu et inclut autrui dans une volonté hédoniste. Esthétique de la surprise, le beau geste s'impose comme tel, il ravit le suffrage et emporte l'adhésion. Quand il est convenu qu'on peut faire du *jouir et faire jouir* un impératif catégorique hédoniste, on met en œuvre une stratégie qui permet l'émergence de vertus — les vertus de la jubilation. Elles feront l'objet de mon prochain livre.

NOTES

1. Baudelaire (Charles), *Fusées*, 65.
2. Baudelaire (Charles), *Mon cœur mis à nu*, Livre de Poche, p. 7.
3. Nietzsche (Frédéric), *La Volonté de puissance*, trad. Bianquis, § 853.
4. Caillois (Roger), *Les Jeux et les Hommes. Le Masque et le Vertige*, Idées Gallimard, pp. 67 *sq*.
5. Baudelaire (Charles), *Mon cœur mis à nu*, op. cit., p. 119.

Coda

DISJECTA MEMBRA

Trois années après mon infarctus, avec la complicité d'un cardiologue devenu ami, me vint l'idée de retrouver le centre hospitalier avec la curiosité du spectateur de leçon d'anatomie. A Vienne, au musée historique de la ville, j'étais tombé en arrêt devant une toile d'Herbert Boeckl intitulée *L'Anatomie*. Entre la nausée, la fascination et l'impression d'assister à l'immortalisation de la vérité d'une chair, je voyais ce corps, blanc et vert, ouvert et laissant surgir comme en extension, comme en un jet d'ossements, le thorax, les côtes et les viscères. Les yeux du cadavre regardaient la nuit quand le regard des chirurgiens fouillait, découpait, arrachait, scrutait la chair morte. Les toiles de Rembrandt sur le même sujet sont empreintes d'une immense sérénité, d'un calme olympien. A Amsterdam, je ressentais l'exercice de style comme une invitation à la pacification avec le réel dans l'unique perspective de montrer l'œuvre de la lumière sur des matières vivantes, sur un cadavre, sur des visages et des corps. En Autriche, l'expressionnisme portait à son comble la vérité de la chair désertée par la vie. La toile est parcourue d'une dynamique qui s'empare du corps de celui qui regarde, et l'on se sent écœuré, soulevé, détruit, brisé, noué. Jamais la lucidité ne produit d'effets aussi immédiats, jamais l'anatomie n'est à ce point mise à l'épreuve...

Au seuil de l'hôpital, j'ai senti l'hiver dans sa brutalité : l'haleine est fumante, l'air glacé qui entre dans le nez est anesthésiant. Les membres sont gourds, soit à cause de la température, soit parce que le projet semble inhumain, au sens étymologique. L'entrée se fait sans le public des visiteurs, avec celui des étudiants en médecine. Rapidement, on laisse derrière soi l'ambiance universitaire, les tableaux saturés d'affiches, les résultats d'examen et les petites annonces punaisées sur les panneaux de liège. Et l'enfilade de couloirs invite au labyrinthe sans qu'on sache vers quels minotaures on se dirige. Les lumières du néon sont blanches, déjà elles font songer à celles des blocs opératoires. Les portes se succèdent, d'un jaune verdâtre, des étiquettes signalent le bureau d'un patron, l'entrée d'un laboratoire ou le Musée qui est en fait un magasin des horreurs où s'entassent des bocaux dans lesquels flottent les erreurs anatomiques, les monstruosités qui insistent sur l'animalité des hommes, jusqu'à la caricature. Les vibrations de l'éclairage saturent le silence. Derrière les portes, on imagine le pire. Le corps est entre le tremblement et le haut-le-cœur.

La salle de dissection ressemble à n'importe quelle pièce, et pourrait, à quelques détails près, servir de lieu d'habitation. De forts éclairages concentrent leur lumière exceptionnellement blanche sur les objets disséqués. Et l'on découvre, d'un seul coup d'œil, des membres épars sur une paillasse de fer, comme jetés là par accident, une guerre ou une quelconque apocalypse. Deux avant-bras sur un plan de travail, et, sur l'autre, deux mains. L'une est sectionnée à la hauteur du poignet. Elle est de couleur marron et se révèle être d'une femme : le vernis est resté sur les ongles. Soit la réaction chimique du produit conservateur, soit l'originalité du maquillage, la pellicule est d'un brillant d'acier. On dirait l'extrémité de doigts mutants. Des ongles de fer.

Les deux avant-bras sont restés roses, blancs. La coupure à la hauteur du coude permet la saillie de la couleur ivoire des articulations, et des points blancs qui terminent le câblage des nerfs. La peau est celle d'un homme qu'on imagine encore jeune. Les poils sont régulièrement orientés, comme par un flux liquide ou un souffle imaginaire, les ongles propres, même si, sous l'un d'entre eux, on distingue quelques traces qui donnent l'impression d'une main vivante. Autour du poignet, mon regard est arrêté par un fil d'acier, vraisemblablement le support sur lequel on fixe l'étiquette porteuse d'un numéro, d'un chiffre. En même temps, la volonté de fiction aidant, on se prend à transformer l'objet fonctionnel en bijou, ultime dérision —

coquetterie pour l'au-delà. J'imagine une éventuelle alliance, une bague, une montre, là, sur ces objets écartelés, disposés en une configuration inhabituelle sur le plan d'acier.

A regarder la main, légèrement refermée sur elle, je songe à la posture d'un dormeur : elle pourrait sortir d'un lit, son immobilité trahirait un sommeil profond. Mais il suffit de s'arrêter sur l'articulation et la regarder : l'organe qui fut harmonieux dans un corps est devenu un objet inerte, de la matière pure. Dans la paume court la lame de rasoir, fine, vive, précise. Chaque geste contribue à lever la peau, à soulever le mystère, à libérer l'invisible : entre la peau et le muscle, strié, rouge, bombé, j'aperçois les concrétions de graisse, jaunes, en petits paquets, en petites boules. L'anatomiste procède avec une placidité émouvante. Et je retrouve le calme de Rembrandt.

A côté, sur un autre plan de travail, gisent d'autres morceaux de corps, d'autres organes séparés de leurs corps. Une autre paillasse est couverte d'un drap. Au pied de la forme, je vois une petite flaque de liquide teintée de sang, rougeoyante et légèrement brune sur les bords, là où l'on imagine le travail de la coagulation. Un médecin passe, comme en dansant, il évite les obstacles et soulève, pour information, le suaire qui couvre le cadavre d'une vieille femme. Cheveux blancs, corps nu — impression de marbre pour la couleur, la densité et la température. Avec la même dextérité, le tissu est reposé. Fragment de seconde, apparition d'éternité.

Derrière une baie vitrée qui sépare deux pièces, quatre ou cinq personnes sont penchées sur un torse : décapité, jambes sectionnées à des hauteurs différentes, absence de bras. Je songe au torse du Belvédère, à Rome, en imaginant qu'il aurait pu délaisser la pierre pour cette chair elle aussi désertée.

Singulièrement, le corps est moins impressionnant que la main, moins symbolique, vraisemblablement. Le thorax est ouvert, la peau a été entaillée horizontalement, sous les seins, puis verticalement, de la base du cou au-dessous du sternum. Les pans de peau se soulèvent avec la même facilité que s'il s'agissait d'un voile. L'un des anatomistes vient chercher le cœur qu'il atteint après avoir défait la poitrine comme une pièce de boucherie, en deux morceaux qui libèrent l'accès à l'organe. Le muscle est silencieux, immobile et gît dans un peu de sang épandu. Sur les veines, les formes, les volumes, le médecin pose du tulle qui boit la couleur. A proximité bout une marmite posée sur un réchaud. Elle sert à cuire les organes pour, plus tard, séparer la chair et les os. Cuisine d'enfer...

Soudain, alors que ma raison lutte contre les arguments du corps, je sens l'étourdissement m'envahir : pas d'odeurs ni de formes nouvelles pourtant. Rien qui justifie ce malaise à ce moment-là. Il me faut m'asseoir. La sueur perle sur mon front, glaciale. Ma bouche s'empâte. Dehors, par la fenêtre, je vois passer les voitures, les phares tracent des volutes, loin, loin. Et mon regard retrouve le thorax défoncé, ouvert, gisant. M'approchant du corps, je découvre la dissection : un triangle de peau, à l'aine. Le sexe, tourné sur le côté, flaccide, encapuchonné dans un mystérieux petit paquet — du papier, du tissu ? — serré par un élastique. Le ventre est vidé de ses viscères, creux, la peau formant une grande concavité. Les os du bassin sont saillants, ronds. On imagine la dureté et la douceur en même temps, sous les mains.

La cage thoracique paraît immense, gonflée, gorgée d'air bien qu'éclatée. La corpulence du cadavre semble importante. Pourtant, il n'en est rien. La dissection a éclaté le corps en morceaux qui sont tout juste juxtaposés : les côtes, les organes à l'intérieur, comme un magasin d'accessoires.

J'imagine la tête, le visage séparé de ce tronc mutilé sur lequel s'exercent, patients, les apprentis chirurgiens. L'ambiance est laborieuse, quelques mots sur le rouge à ongles des mains exposées. La lumière poursuit les ombres. Tout baigne dans une clarté régulière qui congédie des fantômes, les taches imaginaires et les fantasmes. Sous le rai froid et blanc, l'organe est mis en évidence et saillit sur la paillasse. Autour de lui se reforme l'ombre, tout du moins une lumière de moindre intensité.

Le malaise a disparu. En même temps, j'ai l'impression d'assister à une scène fictive, trop épouvantable pour être vraie : les organes épars, la chair éclatée, les membres dispersés, l'absence d'odeurs, les lumières cruelles, le bleu des vêtements, le chaudron, les outils du corps, les filets de sang, la propreté impeccable des plans de travail, l'ambiance de concentration, l'isolement de chacun, penché sur l'objet disséqué...

L'idée que ces chairs furent animées, marquées par un nom, un prénom, une identité, une histoire, n'effleure pas même la pensée. Plus, toutefois, dans une main que dans un tronc, dans un avant-bras que dans un sexe. Le visage est ce qui révèle le plus absolument la personne.

Puis il faut partir, car le travail est long et la patience à rude épreuve, le temps perd de son évidence, il se dilue, je ferme la porte derrière moi sur ces visions roses, blanches, rouges de cadavres rendus à l'amorphe quand tout bouge autour. Retrouver les néons, les couloirs et l'odeur de cuisine du centre hospitalier où se croisent malades et visiteurs, retrouver la vie, le mouvement, le bruit.

Dehors, l'hiver s'est installé, avec son froid piquant. La nausée a disparu, j'aimerais prendre la vie à pleines brassées, mais tout est beaucoup plus simple : la rue absorbe ma chair qu'elle distille au milieu de la matière. La nuit se referme sur moi, je suis fourbu. L'envie me vient d'entendre une voix aimée, puis d'user la vie jusqu'à la corde...

Merci à mon vieux maître Lucien Jerphagnon pour ses précieuses remarques. A Patrick Hurel, Jean-Paul Lerayer, Jean-Pierre Pouchet pour leurs relectures. A Claudine Lemaire pour tant de choses. Et à Jean-Paul Enthoven, pour tout.

Table

Composition réalisée par S.C.C.M. – Paris XIVe

Achevé d'imprimer en juillet 2006 en France sur Presse Offset par

BRODARD & TAUPIN

GROUPE CPI

La Flèche (Sarthe).
N° d'imprimeur : 35880 – N° d'éditeur : 74573
Dépôt légal 1re publication : février 1994
Édition 06 – juillet 2006
LIBRAIRIE GÉNÉRALE FRANÇAISE – 31, rue de Fleurus – 75278 Paris cedex 06.